Kohlhammer

**Der Autor und die Autorin**

**Christian Paulick**, Prof. Dr. phil., ist Professor für Sozialarbeitswissenschaft und Beratung an der Hochschule Merseburg. Er ist Sozialpädagoge, Systemischer Berater (SG/DGSF), Systemischer (Familien-)Therapeut (SG/DGSF) und Systemischer Supervisor (SG) sowie Mitglied im Forum Beratung der DGVT. In seiner Forschung und Lehre beschäftigt er sich mit Beratung, Systemischer Sozialer Arbeit, Professionalität und Professionalisierung, Täter*innenarbeit sowie Selbstsorge.

**Sandra Wesenberg**, Prof. Dr. phil., ist Gastprofessorin für Klinische Psychologie mit den Schwerpunkten Beratung und Therapie an der Alice-Salomon-Hochschule Berlin. Sie ist Sozialarbeiterin, absolviert eine methodenübergreifende Weiterbildung zur Kinder- und Jugendlichenpsychotherapeutin und ist Mitglied im Forum Beratung der DGVT. In ihrer Forschung und Lehre beschäftigt sie sich u. a. mit Beratung und psychosozialen Interventionen für psychisch hoch belastete Kinder, Jugendliche und Familien.

Christian Paulick,
Sandra Wesenberg

# Beratung lehren im Studium Sozialer Arbeit

Verlag W. Kohlhammer

Für Petra Franke

Dieses Werk einschließlich aller seiner Teile ist urheberrechtlich geschützt. Jede Verwendung außerhalb der engen Grenzen des Urheberrechts ist ohne Zustimmung des Verlags unzulässig und strafbar. Das gilt insbesondere für Vervielfältigungen, Übersetzungen, Mikroverfilmungen und für die Einspeicherung und Verarbeitung in elektronischen Systemen.

Die Wiedergabe von Warenbezeichnungen, Handelsnamen und sonstigen Kennzeichen in diesem Buch berechtigt nicht zu der Annahme, dass diese von jedermann frei benutzt werden dürfen. Vielmehr kann es sich auch dann um eingetragene Warenzeichen oder sonstige geschützte Kennzeichen handeln, wenn sie nicht eigens als solche gekennzeichnet sind.

Es konnten nicht alle Rechtsinhaber von Abbildungen ermittelt werden. Sollte dem Verlag gegenüber der Nachweis der Rechtsinhaberschaft geführt werden, wird das branchenübliche Honorar nachträglich gezahlt.

Dieses Werk enthält Hinweise/Links zu externen Websites Dritter, auf deren Inhalt der Verlag keinen Einfluss hat und die der Haftung der jeweiligen Seitenanbieter oder -betreiber unterliegen. Zum Zeitpunkt der Verlinkung wurden die externen Websites auf mögliche Rechtsverstöße überprüft und dabei keine Rechtsverletzung festgestellt. Ohne konkrete Hinweise auf eine solche Rechtsverletzung ist eine permanente inhaltliche Kontrolle der verlinkten Seiten nicht zumutbar. Sollten jedoch Rechtsverletzungen bekannt werden, werden die betroffenen externen Links soweit möglich unverzüglich entfernt.

Gestaltung der Grafiken: Romy Käßemodel

1. Auflage 2024

Alle Rechte vorbehalten
© W. Kohlhammer GmbH, Stuttgart
Gesamtherstellung: W. Kohlhammer GmbH, Stuttgart

Print:
ISBN 978-3-17-039262-5

E-Book-Formate:
pdf:   ISBN 978-3-17-039263-2
epub:  ISBN 978-3-17-039264-9

# Geleitwort

Beratung ist spätestens seit dem Anfang der 1970er Jahre ausgerufenen »Beratungsboom« nicht nur in alle traditionellen Felder und Organisationen sozialer und psychosozialer Arbeit eingezogen und hat viele neue erschlossen und begründet. Sie wurde *die* zentrale Handlungsorientierung und Querschnittsmethode – symbolisiert z. B. in Seiberts Buch von 1978 »Soziale Arbeit als Beratung« – auch in ganz anderen Bereichen der Sozialen Arbeit in Gesundheit und Pflege, Prävention und Rehabilitation, Erziehung und Bildung, Arbeit und Beruf etc.

Gleichzeitig mit ihrem langsamen Eindringen in Hochschulausbildung und Weiterbildung wurde Beratung auch zu einem bedeutenden Professionalisierungsmotor der Sozialarbeit und Aufstiegsprojekt für Sozialarbeiterinnen und Sozialarbeiter – und das vor 50 Jahren! Und so scheint es fast ein schlechter Witz, dass erst heute im Jahr 2024 dieses wichtige Buch zur Theorie und Praxis der Vermittlung von Beratungskompetenzen im Studium Sozialer Arbeit erscheint – zum Glück erscheint!

Beratung in der Sozialarbeit und Sozialpädagogik hat es lange verdient, endlich auch in der Hochschullehre (wie in anspruchsvollen wissenschaftsfundierten Weiterbildungen) gut konzeptionell – theoretisch begründet und reflektiert und ebenso gut methodisch –, praktisch und didaktisch kreativ vermittelt einen zentralen Platz zu finden. Dieser Band ist ein großer und wichtiger Schritt dorthin.

Im Gegensatz zu den existierenden Publikationen, die für Studierende Beratung theoretisieren oder Beratungsmethoden beschreiben und Beratungsübungen vorschlagen, finden wir in dem Band von Christian Paulick und Sandra Wesenberg erstmals (!) eine beratungstheoretische und beratungsprofessionelle, wie genau darauf ausgerichtete lehrdidaktische Grundlegung von Beratungs-Kompetenzerwerb, explizit im formalen Studienordnungsraster, im organisatorischen Rahmen sowie im räumlichen Setting Hochschule, mit all den damit und darin offenen Möglichkeiten wie auch (z. T. engen, z. B. zeitlichen) Grenzen.

In den didaktischen Zugängen zur Aneignung von Beratungskompetenzen offenbart sich eine bereits in den Grundlegungen dominante systemische Perspektive. Ein Argument dafür: Systemisches Denken hat faktisch und praktisch früher herrschenden Beratungskonzepten (tiefenpsychologischen, humanistischen, behavioralen etc.) den ersten Rang abgelaufen, in der Weiterbildung, wie in der praktischen Arbeit gerade in sozialarbeiterischer, sozialpädagogischer und psychosozialer Tätigkeit. Ein empirisch fundiertes »allgemeines« oder »pluralistisches« Counselling-/Beratungsmodell hat sich (bisher) nicht durchgesetzt. Systemisches Denken und Handeln bestimmen heute die Arbeit vieler Beratungskollegen und -kolleginnen in Ausbildung und Beruf.

Man mag diese explizite Schwerpunktsetzung kritisch sehen, allerdings eröffnet diese Perspektive – so wie sie hier ausbuchstabiert wird – »inklusive« Orientierungsmöglichkeiten auch für Vertreter*innen aller anderen möglichen Beratungsrichtungen und für deren Studierende.

Zum zweiten: Die Autor*innen fokussieren dankenswerterweise Selbsterfahrung, Selbstreflexion und Selbstsorge im Beratungshandeln und Beratungslernen sowie biographische Einordnung, persönliche Überzeugung und Berater*innen-Habitus, und das Konzept übergreifend, jenseits einfach gestrickter Methodenübungen und -trainings. Andererseits lassen sie es hierbei nicht bei den so oft vorzufindenden Allgemeinplätzen bewenden, die diese komplexeren Haltungen scheinbar nahelegen. Nein – sie operationalisieren die empfohlene Vermittlung von Beratungskompetenzen detailreich und differenziert in konkreten und handlungsanleitenden Methoden – und Strategievorschlägen. Diese reichen von Klassikern wie dem Rollenspiel und Videoaufzeichnungen, der kollegialen Fallberatung und dem Reflecting Team bis hin zu ethnographischen Praxisprotokollen, Auftragsklärungen und »Self-blind-Dating« oder der Selbstsorgeentwicklung.

Es gelingt ihnen dabei, die von Beginn an postulierte untrennbare Verwobenheit von »Beratungsperson« und Beratungshandeln/Beratungsmethode nicht nur in der Beratungspraxis, sondern auch in der Beratungslehre zu verdeutlichen, ohne beides in die alte Dichotomie von »Kunst« oder »Wissenschaft« münden zu lassen.

Berater*innen wie auch Beratungslehrende sind immer aktive Subjekte, wirkmächtige »Werkzeuge«, wie anschauliche Modelle für Klient*innen oder Studierende in den jeweiligen Interaktionsprozessen. Und Vorgehensweisen müssen nicht nur zu einer Problemstellung, zu den Klient*innen- oder Studierenden-Bedürfnissen und zu den Interventions- oder Hochschulkontexten passen, sondern eben auch zu den professionellen Berater*innen und Beratungslehrer*innen.

Wer Beratung vermitteln will, muss sie »können« und sich darin »kennen«, wenn er*sie Studierende mit auf die spannende Reise nehmen und sie unterstützend dabei anleiten und begleiten will, selbst Beratungskompetenz zu entwickeln und professionelle*r Berater*in zu werden. Das vorliegende Buch von Paulick und Wesenberg bietet alle Voraussetzungen dafür, dass das gelingen kann.

Sie als Adressat*innen müssen es nur gewissenhaft lesen, kritisch reflexiv und in Beziehung zur eigenen Person verarbeiten und in Ihre Lehre der Beratung einmünden lassen – Sie werden davon profitieren und Ihre Studierenden auf der Beratungsreise werden es Ihnen danken.

Frank Nestmann

# Inhalt

Geleitwort .................................................................. 5

Einleitung – Zu diesem Buch ........................................ 11

**Teil I Vermittlung von Beratungskompetenzen im Studium – Grundannahmen, Konzepte und Rahmenbedingungen**

**1  Vermittlung von Beratungskompetenzen in der Hochschullehre** .................................................. 17
 1.1 Beratungslehre im Studium Sozialer Arbeit ................. 17
 1.2 Beispiele hochschulischer Beratungslehre .................. 20
 1.3 Spezifische Besonderheiten und Herausforderungen der Hochschullehre ............................................... 25

**2  Lehrdidaktische Grundannahmen** ............................. 32
 2.1 Grundverständnis von Beratung .............................. 32
 2.2 Beratungskompetenzen systemisch lehren – Die Beobachtung der*des Beobachter*in ......................... 34
 2.3 Lernziele ........................................................... 36
 2.4 Bild von Studierenden und leitende Überzeugungen ...... 37
 2.5 Rolle(n) von Lehrenden ........................................ 38
 2.6 Systemische Haltung(en) ...................................... 40

**3  Beraterische Professionalität – Das magische Dreieck professioneller Identität** ....................................... 43
 3.1 Elemente beraterischer Professionalität ..................... 43
 3.2 Theorie ............................................................. 45
 3.3 Praxis ............................................................... 46
 3.4 Selbstreflexion ................................................... 47
 3.5 Selbstsorge ....................................................... 50
 3.6 (Selbst-)Erfahrung .............................................. 51

## Teil II Didaktische Zugänge zur Aneignung von Beratungskompetenzen

**4 Theoretische Zugänge zu psychosozialer Beratung in der Sozialen Arbeit** .................................................... 57
    4.1    Definitorische Annäherungen .............................. 57
    4.2    Kurz gefasst: Spezifika von Beratung in Sozialer Arbeit und aktuelle Diskurse ........................................... 59
    4.3    Empfehlungen zum Weiterlesen ........................... 66

**5 Beratungshandeln erfahren** ....................................... 70
    5.1    Vorüberlegung: (Selbst-)Erfahrung als Berater*in und Klient*in als notwendige Bedingung guter Beratung ........ 70
    5.2    Rollenspiele ................................................ 72
    5.3    Videoaufzeichnung und Reflexion des (eigenen) Beratungshandelns .......................................... 78
    5.4    Umgang mit »Tabuthemen« und ethisch-rechtlichen Herausforderungen ......................................... 81

**6 Systemische Beratungsmethoden erproben und erlernen – Das systemische Erstgespräch** .................................... 85
    6.1    Vorüberlegung: Erstgespräche als besonders geeignete Lernfelder für Beratungshandeln ......................... 85
    6.2    Settinggestaltung und »establishing of a yes-set« ............ 88
    6.3    Auftragsklärung – Auftragsvereinbarung .................... 96
    6.4    Problemexploration – Ressourcenorientierung – Interventionen – Lösungen ................................ 105
    6.5    Gesprächsabschluss ......................................... 114
    6.6    Prüfungsleistung – Rückmeldung ........................... 115

**7 Praxiserfahrungen reflektieren** ................................... 118
    7.1    Vorüberlegung: Bedeutung von Praxisphasen im Studium Sozialer Arbeit ............................................. 118
    7.2    Erfahrungen aus Praxisphasen im Studium als Quellen für Beratungslernen ............................................ 123
    7.3    Ethnographische Praxisprotokolle ........................ 134
    7.4    Kollegiale Fallberatung ..................................... 137
    7.5    Reflektierendes Team ...................................... 143

**8 Zugänge zu Biographie, Haltung und Überzeugungen eröffnen** ............................................................ 146
    8.1    Vorüberlegung: Selbstreflexionen als »Blind Date mit sich selbst« und ihre Bedeutung für die Entwicklung beraterischer Professionalität ............................. 146
    8.2    Biographische Wege von Sozialarbeiter*innen und Berater*innen ..................................................... 149

|  |  | 8.3 | Selbstreflexionsprozesse in hochschulischen Lerngruppen anregen | 152 |

| 9 | Selbstsorge kultivieren | | | 158 |
|---|---|---|---|---|
|  | 9.1 | Vorüberlegung: Die Sorge um sich – Ein Blick auf die Historie der Selbstsorge | | 158 |
|  | 9.2 | Selbstsorge zwischen unabdingbarer Voraussetzung professionellen Handelns und Zwang zur Selbstoptimierung | | 161 |
|  | 9.3 | Kultivieren eines Selbstsorge-Habitus | | 163 |

**Schlussbetrachtungen** ... **169**

**Anhang**

**Literatur** ... **173**

**Anhang A: Zehn Bücher, die Ihre Professionalität bereichern können** ... **188**

**Anhang B.1: Selbstreflexionen (besonders geeignet für Einzelarbeit)** **192**

**Anhang B.2: Selbstreflexionen (geeignet für Einzelarbeit oder dyadische Arbeit in Interview-/Gesprächsform)** ... **200**

# Einleitung – Zu diesem Buch

»Was ist schwer? ›Sich selbst erkennen.‹ Was leicht? ›Einem andern einen Rat erteilen.‹«
Thales von Milet (ca. 600 v. Chr.), zit. in Diogenes Laertius (2008):
Leben und Meinungen berühmter Philosophen, S. 19.

Beratung gehört zweifelsohne zu den zentralen Schlüsselkompetenzen in der Sozialen Arbeit. Gleichzeitig ist Beratung in postmodernen Vergesellschaftungen von Vielfalt, Feindifferenzierungen und stetigen Weiterentwicklungen gekennzeichnet. »Gute« Beratung in Sozialer Arbeit zu realisieren, ist eine hohe Kunst. In der Expertiseforschung verdichtet sich die Zahl von zehn Jahren bzw. 10.000 Stunden kontinuierliche Arbeit, die es braucht, um beraterische Professionalität im Sinne von höchster Meister*innenschaft herauszubilden. Die Erlangung dieser Expertise braucht neben einer umfassenden Qualifizierung insbesondere Erfahrungsbildung, Routinisierung und eine systematische Verknüpfung von Wissensbeständen und Erfahrungen. Das heißt vor allem also auch: Professionalisierung braucht Zeit! Dies stellt nicht unbedingt eine ideale Voraussetzung für die Vermittlung von Beratungskompetenzen innerhalb bolognarisierter Curricula des Hochschulstudiums dar. In einem Hochschulstudium können – aber sollten! – folglich »nur« Grundsteine gelegt und Weichen gestellt werden. Doch gerade diese Weichenstellungen, so unsere Beobachtung, sind von hoher Bedeutsamkeit für die Herausbildung einer beraterischen Grundhaltung und etwa der Frage, ob Selbstreflexionen und damit einhergehende Irritationen und Impulse zur Neuorientierung und individuellen Weiterentwicklung als punktuelle Elemente in einer Lehrveranstaltung vorkommen oder als Grundidee von Beratungsprofessionalität und über ein Hochschulstudium hinausgehend habitualisiert werden.

In dem von uns hier vorgelegten Buch werden folgende Fragen verfolgt:

- Was macht Beratung in Sozialer Arbeit aus?
- Was kennzeichnet eine*n gute*n Berater*in?
- Was lässt sich unter Beratungsprofessionalität verstehen?
- Wie bildet sich Professionalität heraus?
- Wie lassen sich im Kontext von Hochschule zentrale Elemente von Beratungsprofessionalität vermitteln?
- Inwieweit lässt sich Beratungsprofessionalität anregen oder gar auf Dauer stellen?
- Kurz gesagt: Wie lässt sich Beratung im Studium Sozialer Arbeit lehren und lernen?

Wir möchten mit diesem Band ein hochschuldidaktisches Lehrbuch vorlegen, das Lehrenden Anregungen gibt, wie Studierenden der Sozialen Arbeit oder Sozialpädagogik innerhalb der vorgegebenen und zeitlich eng gerahmten Studienstrukturen Beratungskompetenzen nähergebracht und ihre ersten Schritte auf dem Weg zur Entwicklung beraterischer Professionalität begleitet werden können. Präsentiert werden dabei nicht nur Übungen zu spezifischen Beratungsmethoden oder -techniken, sondern im Fokus steht v. a. die Entwicklung und Reflexion einer spezifischen Beratungshaltung.

Aufbauend auf einer kurzen Einführung in die allgemeinen Bedingungen von Hochschullehre, die den Rahmen für Beratungslehre im Studium Sozialer Arbeit markieren, skizzieren wir die konkreten Grundannahmen, die unsere eigene Lehre zur Vermittlung von Beratungskompetenzen bestimmen. Unsere Haltung als Hochschullehrende orientiert sich dabei zentral an der systemisch-konstruktivistischen »Ermöglichungsdidaktik« (nach Rolf Arnold, vgl. u. a. Arnold 1999, 2007, 2012, 2018; Arnold & Schüßler 2003; Arnold & Schön 2017, 2019). Anschließend stellen wir ein Modell beraterischer Professionalität vor, welches als Hintergrundfolie für unsere Beratungslehre dient. Nach diesem Modell entwickelt sich Professionalität dynamisch und prozessual innerhalb eines selbstsorgerisch grundierten und von kontingenten (Selbst-)Erfahrungen beeinflussten Dreiecks von Theorie, Praxis- und (Selbst-)Reflexion (Paulick & Wesenberg 2020). In dieser Entwicklung spielen eben jene Faktoren, die in der Person der*des Professionellen selbst zu verorten sind und ihre Erstausprägung in biographisch-informellen Kontexten erfahren, eine zentrale Rolle, was sich im Wesentlichen schon dadurch begründet, dass – so Hans Thiersch (2004, S. 706) – »die Person das Werkzeug des Pädagogen und Beraters« ist. Entsprechend erscheinen Selbstreflexion und (Selbst-)Erfahrung – etwa in Form des Bewusstwerdens subjektiver Theorien, des konkreten Ausprobierens und Erlebens von Methoden etc. – sowie die damit assoziierte Förderung von größerer Selbstbewusstheit (»self-awareness«; also des Wissens und Verständnisses von sich selbst im Hinblick auf handlungsleitende Werte, Überzeugungen, Lebenserfahrungen und Weltanschauung) als wichtige Elemente der Entwicklung von beraterischer Professionalität.

Aufbauend auf der Vorstellung des Modells beraterischer Professionalität rückt im zweiten umfassenden Teil des Buches die Frage in den Mittelpunkt, wie die verschiedenen Komponenten – Theorie, Praxis, Selbstreflexion, Selbstsorge und (Selbst-)Erfahrung – innerhalb der Beratungslehre im Studium Sozialer Arbeit adressiert werden können. Die Ausführungen sind dabei nicht zu verstehen als lineares Handlungskonzept aufeinander aufbauender Kapitel, die nacheinander bearbeitet werden müssen. Vielmehr können je nach Lehrkontext, Vorwissen der Studierenden, spezifischer Zielsetzung des Moduls, Einbindung im Curriculum etc. einzelne angesprochene Aspekte in der Gestaltung konkreter Seminare besonders relevant sein, während andere möglicherweise schon als bekannt vorausgesetzt werden können und wieder andere an einem späteren Punkt im Studienablaufplan aufgegriffen werden.

Wir möchten unsere Überlegungen in der Gestaltung von Beratungslehrveranstaltungen nachvollziehbar machen, verdeutlichen, welche Überlegungen, Konzepte und Entwürfe anderer uns in der Lehre inspirieren und entscheidend beeinflussen, und unsere Ideen sowie Erfahrungen aus verschiedenen Seminarkontexten an verschiedenen Hochschulen als Vorschläge anbieten. Verbunden ist dies mit der ausdrücklichen Einladung an die Lesenden, mit den angebotenen Ideen zu experimentieren, individuell unpassend Erscheinendes zu verwerfen und Stimmiges aufzugreifen, zu modifizieren und weiterzuentwickeln. Letztlich ist nach unserer Erfahrung auch die Lehre von Beratung eng mit der Person der*des Lehrenden verknüpft. Es geht in Beratungsseminaren vorrangig nicht um die Weitergabe von deklarativem Faktenwissen, sondern um die Vermittlung und gemeinsame Erprobung von handlungspraktischem Wissen, die Anregung eines Rollenbewusstseins, die Förderung der Entwicklung einer eigenen Beratungshaltung und die Begleitung der ersten Schritte der Reise angehender Berater*innen, die sich für Studierende teilweise mühevoll und entmutigend anfühlen können, die zugleich aber auch das große Potential haben, eine gute Grundausrüstung für die weitere Reise zu legen. Dies alles bedeutet für Lehrpersonen auch, sehr viel stärker als in anderen Lehrveranstaltungen im Studium als Person in Erscheinung zu treten, als Modell zu wirken und für Studierende im unmittelbaren Tun erfahrbar zu werden. Entsprechend kann sich die konkrete Ausgestaltung von Beratungslehre zwischen einzelnen Personen deutlich unterscheiden, auch wenn sie auf ähnlichen didaktischen Konzepten, Methoden, Theoriebeständen etc. aufbaut. Auch wir beide haben schon deutliche Unterschiede in der Gestaltung unserer Lehrveranstaltungen bemerkt und ebenso bereits festgestellt, dass bestimmte Methoden, die sich für eine*n von uns sehr bewährt haben, für den*die andere keineswegs so erfolgreich umsetzbar waren. Dies mag immer auch mit anderen Parametern – Gruppengröße, -zusammensetzung, Studiensemester etc. – zusammenhängen, ist neben all diesem in unserer Erfahrung aber ebenso entscheidend mit der individuellen Person des*der Lehrenden verknüpft. Entsprechend war auch die Erstellung dieses gemeinsamen Buches zu Beratungslehre auf den ersten Blick ein Experiment mit ungewissem Ausgang, zumal wir trotz aller Nähen in Beratungsverständnis und -haltung ursprünglich in unterschiedlichen Beratungs-/Therapieansätzen sozialisiert sind (Christian Paulick als systemischer Berater, Therapeut und Supervisor, Sandra Wesenberg als angehende Kinder- und Jugendlichenpsychotherapeutin im Richtlinienverfahren Verhaltenstherapie mit methodenübergreifender Ausbildung, u. a. im ergänzenden Verfahren Systemische Therapie), in verschiedenen Praxisfeldern tätig waren und zudem an zwei unterschiedlichen Hochschulen beschäftigt sind. Auf den zweiten Blick jedoch war es gerade diese Konstellation, die sich als besonders hilfreich erwiesen hat. Insbesondere durch die jeweils eigene Erfahrung von Beratungslehre an unseren Hochschulen ließen sich Parameter des Systems Hochschule und Herausforderungen besser verstehen, didaktische Ideen präzisieren, Komplexitäten verdichten und Gelingensprozesse erproben. Neben diesen Austauschprozessen zu unseren individuellen Erfahrungen sind es zudem die seit mehreren Jahren erprobten gemeinsamen Beratungsseminare im Co-Teaching, in denen sich unsere Ideen zu »Beratung lehren im Studium Sozialer Arbeit« entwickelten und letztlich zu diesem Buch führten.

Als zentrale Zielgruppe des Bandes werden Lehrende in Bachelor- und Masterstudiengängen von Sozialer Arbeit oder Sozialpädagogik an Universitäten und Hochschulen für angewandte Wissenschaften sowie sozialpädagogische Fachkräfte in der Aus- und Weiterbildung für Sozialberufe angesprochen. Im weiteren Sinne gehören zu den Interessent*innenkreisen auch Dozierende in Studiengängen naher Bezugsdisziplinen (etwa Sonderpädagogik, Pflegewissenschaften etc.), deren Absolvent*innen ebenfalls beraterisch tätig sind. Zugleich richtet sich der Band explizit an Studierende der entsprechenden Fachrichtungen, die etwa in Form von Selbststudienanteilen, selbst organisierten Lerngruppen oder Wahlseminaren einem Tiefenverständnis von Beratung nachgehen wollen und Lust auf das Abenteuer beraterischer Professionalisierung verspüren.

Überlegungen zu Hochschullehre von Beratung und Sozialer Arbeit enden bestenfalls nicht am Ende des Curriculums oder mit dem Modulabschluss. Vielmehr ist es unser Anspruch und Wunsch, Impulse und Anregungen zu geben, die dazu beitragen, eine Idee von nachhaltigem Lernen und eine Professionalisierungslust auf Dauer zu stellen. Wir möchten den Versuch unternehmen, die Komplexitäten von Beratung, Professionalität, Lehren und Lernen im Kontext von Hochschule zu thematisieren, Ideen dazu anzubieten, Herausforderungen sichtbar zu machen, aber auch dazu einladen, dies als Anregungen zu verstehen, um die eigene Haltung als Lehrende*r, Lernende*r und Berater*in zu kultivieren. Wie im Buch zu sehen sein wird, kann sowohl Beratung als auch Professionalisierung und nicht zuletzt auch die Entwicklung als Lehrende*r als eine Form von Reise verstanden werden. Nach unserer Idee gehen Lehren und Lernen Hand in Hand. So wie wir in jeder Lehrveranstaltung immer selbst etwas Neues lernen (z. B. durch Fragen und Rückmeldungen von Studierenden oder über spannende Beobachtungen im Gruppengeschehen) war auch das Schreiben über Lehren ein unglaublich bereichernder Lernprozess. Insofern ist dieses Lehrbuch in vielerlei Hinsicht zugleich für uns ein »Lernbuch« geworden und markiert eine wichtige Etappe auf unserer weiter fortzusetzenden Reise als Lehrende und Lernende.

**Teil I Vermittlung von Beratungskompetenzen im Studium – Grundannahmen, Konzepte und Rahmenbedingungen**

# 1 Vermittlung von Beratungskompetenzen in der Hochschullehre

> »Der Ursprung der Wissenschaft liegt im Wissen, daß wir nichts wissen.«
> Fernando Pessoa (1997 [Orig. 1988]): Die Stunde des Teufels, S. 55.

## 1.1 Beratungslehre im Studium Sozialer Arbeit

Beratung gilt als zentrale Querschnittsmethode (Sickendiek, Engel & Nestmann 2008) oder Kernkompetenz (Sauer 2012, S. 249) Sozialer Arbeit. Weitgehende Einigkeit herrscht ebenfalls dazu, dass

> »Beratung in der hier gemeinten reflexiven Ausprägung (Nestmann et al. 2014b, 2014a) [...] mehr [sei] als eine hypertrophierte Form sozialer Alltagskompetenzen und auch kein bloßes Rat geben im Sinne einer Informationsweitergabe. Obwohl ihre höchste Expertiseform phänomenologisch oft als spielerisch-leichte Interaktion erscheint, ist diese Mühelosigkeit gemäß der Expertiseforschung einer hochkomplexen, stark verkörperlichten und implizit gewordenen Wissensbasis geschuldet (Strasser 2006; Strasser und Gruber 2015)« (Weinhardt 2019, S. 144).

Berater*innen, die in Beratungsstellen tätig sind, haben überwiegend einen umfassenden Qualifizierungsprozess zur Ausbildung beraterischer Fähigkeiten durchlaufen. Für viele, die einen der vor der Bologna-Reform existierenden Diplomstudiengängen in Pädagogik, Sozialpädagogik, Sozialarbeit, Sozialer Arbeit oder Psychologie durchlaufen haben, schloss sich nach dem Studium und einer ersten Phase der Berufspraxis eine mehrjährige praxisnahe Beratungsweiterbildung an – parallel zur Tätigkeit in einem Beratungsfeld und begleitet durch Supervision und Intervision. »Eine solche Form der Beratungsprofessionalisierung vollzog sich vor Bologna ganz überwiegend berufsbiographisch spät und hatte sehr implizite Formen, die sich entlang der Strukturen der Beratungslandschaft ausrichteten« (ebd.).

Dem Qualifizierungsweg zum*zur Berater*in wird dabei nach Wolfgang Widulle (2016) von Sozialarbeiter*innen häufig subjektiv eine sehr hohe Bedeutung beigemessen: Die Beratungsweiterbildung wird als zentrale Etappe des beruflichen Entwicklungswegs und als hochbedeutsam für die eigene Berufsidentität beschrieben. Oft findet sich zur Beschreibung des Entwicklungsweges beraterischer Kompetenz auch die Metapher einer »Reise des Beraters« (McLeod 2004, S. 351). Die Metapher der Reise und damit assoziierte Wachstumserfahrungen werden prominent auch von Scott Peck und Irvin Yalom betont. Während Scott Peck in »Der wunderbare Weg« (1978) den Hilfeprozess und die Persönlichkeitsentwicklung als Wachstumserfahrung beschreibt, und Irvin Yalom Therapeut*in und Klient*in als »gemeinsam Reisende« (2010, S. 23) beschreibt, bezieht John McLeod die Reisemetapher auf die biographisch-reflexiv grundierte Professionalisierung von Berater*innen. Berater*in

> »zu werden kann als eine Reise betrachtet werden, die oft einige Jahre dauert und in der viele Herausforderungen bewältigt werden müssen. Welche Fähigkeiten und Werkzeuge haben Sie bei dieser Reise mit dabei und wie können ihre Ressourcen am besten genutzt werden?« (McLeod 2011, S. 39).

Wie Widulle (2016, S. 23) treffend feststellt, beginnt allerdings »[f]ür Studierende der Sozialen Arbeit [...] die Reise zur Beratung recht unmystisch mit dem Regelstudium an Hochschule und Universität und dort mit den Pflichtveranstaltungen zur Beratung, die das Curriculum vorsieht«. Diese Lehrveranstaltungen sind vom Umfang und Stellenwert im Gesamtcurriculum eines Bachelorstudiengangs häufig sehr begrenzt und können allein im Vergleich gegenüber der »Reisezeit« einer Beratungsweiterbildung oder eines postgradualen Masterstudiums Beratung sicherlich nur einen sehr begrenzten Teil beraterischer Kompetenz vermitteln. Und dennoch stellt sich gerade in den (im Vergleich zu Diplomstudiengängen) verkürzten und modularisierten Bachelorstudiengängen Sozialer Arbeit die Frage, welche Aspekte von »Beratung« in welcher Form gelehrt und gelernt werden und wie diese »Kernkompetenz« Sozialer Arbeit bereits im grundständigen Studium erworben werden kann.

Petra Bauer und Marc Weinhardt (2014) kritisierten vor knapp zehn Jahren, dass die Frage nach dem Erwerb von Beratungskompetenz in der Hochschullehre in der deutschsprachigen sozialpädagogischen Diskussion bislang wenig bearbeitet und kaum thematisiert sei. »Die Fähigkeit, AdressatInnen zu beraten, erscheint als naturwüchsiges Nebenprodukt des Studiums bzw. der daran anschließenden feldspezifischen Einsozialisation in die Praxis, die häufig der Formel ›Learning by doing‹ folgt« (ebd., S. 86). Betrachtet man die heutige Situation, so gibt es inzwischen einige Überlegungen, erste Fachveranstaltungen (u. a. 2. Berner Tagung »Beratung lehren – Erfahrungen und Reflexionen aus Wissenschaft und Praxis« im Januar 2022) und verschiedene publizierte (und zum Teil umfassend evaluierte) Konzepte zur Beratungslehre im Hochschulkontext (u. a. von Marc Weinhardt, Petra Bauer und Kolleg*innen, Christine Kröger und Michael Vogt, Wolfgang Widulle), die beispielhaft im folgenden Kapitel skizziert werden. Insgesamt ist die Diskussion aber nach wie vor überschaubar und viele der Publikationen stellen sehr elaborierte und erfolgreiche, zugleich aber auch mit hohen Anforderungen an die personelle und organisationale Ausstattung verknüpfte Lehrformate vor. Insbesondere hinsichtlich der Ermöglichung von Lernprozessen in den Regelstudiengängen von Sozialer Arbeit und Sozialpädagogik, in denen die »Beratungs-Module« oft nur mit einer sehr überschaubaren ECTS-Zahl vorgesehen sind, bleiben nach wie vor viele Fragen offen.

> »Welche Funktion soll die Beratungsausbildung in Regelstudiengängen haben: Primär die Vermittlung wissenschaftlichen Wissens oder die Ausbildung grundlegender Beratungskompetenzen? Primär eine Vorbereitung auf und Zulieferfunktion für die postgradualen

Beratungsausbildungen oder die Grundlegung praxistauglicher Beratungskompetenzen? Adressiert die Ausbildung ein generisches Modell von Beratung oder wird bereits arbeitsfeldspezifisch vertieft? Und schließlich trotz Abebbens der ›Schulenkriege‹: Favorisiert man einen schulenspezifischen Zugang oder bildet man im Rahmen eines transtheoretischen, integrativen Paradigmas aus?« (Widulle 2016, S. 25).

Die von Widulle (2016) angeführten Fragen verweisen auf verschiedene Kontroversen der Diskussion um Ziele und Inhalte hochschulischer Ausbildung allgemein wie im Besonderen auf den Stellenwert des Erwerbs von Beratungskompetenz in den Studiengängen Sozialer Arbeit und sind nur schwer und vermutlich immer noch einschränkend und differenzierend zu beantworten. Wenn Beratung als Querschnittsmethode Sozialer Arbeit verstanden wird, dann beginnt beraterisches Tun für nahezu alle Studierenden unmittelbar nach dem Studienabschluss bzw. unseres Erachtens schon studienbegleitend, etwa innerhalb des Praxissemesters oder in den verbreiteten (und mit zahlreichen Herausforderungen und Ambivalenzen hinsichtlich der Professionalisierung verknüpften, vgl. Weinhardt 2022a) Teilzeitbeschäftigungen in Einrichtungen der Sozialen Arbeit parallel zum Studium. Ein Erwerb grundlegender Beratungskompetenzen bereits im Studium erscheint uns daher unerlässlich. Hierfür ist wissenschaftliches Wissen unabdingbar, reicht aber allein nicht, wenn keine reflexive Verknüpfung mit Handlungsmethoden und Handlungspraxis (in ihren vielfältigen Formen) bereits im Studium erfolgt.

Anschließend an Widulle (2016, S. 26) verstehen wir Beratung zudem auch als »komplexe Handlungsform«, in der »sich biographische Erfahrungen, Menschenbilder, Werthaltungen, Motivlagen und Einstellungen [integrieren] – für die Beratung werden diese zu Grundannahmen über Menschen und menschliche Veränderungsprozesse.« Der Erwerb von Beratungskompetenz beinhaltet in unserem Verständnis zwingend die Berücksichtigung dieser biographisch-subjektiven Dimension und die Reflexion bisheriger Erfahrungen, subjektiver Theorien und eigener Handlungsmuster. In der Hochschullehre stellt gerade die Berücksichtigung dieser Dimension eine zentrale Herausforderung dar, wie Gunther Graßhoff und Cornelia Schweppe (2012) in einem Artikel zu »Fallarbeit – Studium – Biographie« verdeutlichen. Die Autor*innen beschreiben, dass Fallanalysen bzw. das Einbringen von Berichten aus der eigenen Handlungspraxis oft unmittelbar mit einer Thematisierung der eigenen Person verbunden sind:

»Denn das in den Fällen Thematisierte und das, was bei Fallanalysen zur Sprache kommt, ist oft an die Person des beziehungsweise der jeweiligen Studierenden geknüpft beziehungsweise oft schwer von der Person zu trennen: Eigene Alltagsdeutungen, Vorlieben, eigene Bedürftigkeiten und Sympathien, verkürzte Handlungsstrategien, ›blinde Flecken‹ etc.« (ebd., S. 246).

Einerseits erscheint es als notwendiger Bestandteil des Studiums, dass in den Lernprozessen alltagsweltliche und biographisch geprägte Deutungs- und Handlungsmuster hinterfragt und in fachlich begründete Argumentations- und Orientierungsmuster transformiert werden – ein Prozess, der selten ohne Irritationen, Enttäuschungen und Verunsicherungen verläuft. Andererseits muss die »Gefahr biographischer Zumutungen« (ebd., S. 248) nach Graßhoff und Schweppe (2012) im Kontext der Hochschullehre in einem überschaubaren und bearbeitbaren Rahmen bleiben. »Die zentrale Funktion von Hochschulen liegt in der Vermittlung von

Wissen« (ebd., S. 246) und sie sehen Fallarbeit in einer besonderen »Gefahr, die Funktion der Wissensvermittlung von Universitäten zu überschreiten« (ebd., S. 247). Bezogen auf die oben angeführte Frage von Widulle (2016) – Welche Funktion soll die Beratungsausbildung in Regelstudiengängen haben: Primär die Vermittlung wissenschaftlichen Wissens oder die Ausbildung grundlegender Beratungskompetenzen? – würde die Antwort von Graßhoff und Schweppe also vermutlich weniger eindeutig ausfallen als unsere. Wir sehen wie beschrieben eine zentrale Funktion von Hochschulen, insbesondere in Regelstudiengängen Sozialer Arbeit und Sozialpädagogik (die als primärqualifizierende Studiengänge für eine Berufstätigkeit als Sozialarbeiter*in/Sozialpädagog*in qualifizieren), in der Vermittlung handlungspraktischen Wissens sowie grundlegender Beratungskompetenzen. Dies erfordert insbesondere die Thematisierung eigener Erfahrungen, subjektiver Theorien und Orientierungsmuster (vgl. u. a. auch Engel-Unterbrecher & Haselbacher 2019). Zugleich teilen wir die Bedenken von Graßhoff und Schweppe (2012), dass die Hochschule als Lernort mit besonderen Herausforderungen und Risiken hinsichtlich der Auseinandersetzung mit der eigenen Person verbunden ist. Die Besonderheiten des Lernorts Hochschule, die die komplexen Rahmenbedingungen des Beratens, Lehrens und Lernens vorgeben, werden wir in Kapitel 1.3 (▶ Kap. 1.3) näher betrachten. Eine zentrale Anforderung an Lehrformate zur Vermittlung von Beratungskompetenzen liegt darin, Möglichkeiten der Auseinandersetzung mit biographischen Erfahrungen zu schaffen und zugleich im Sinne Graßhoffs und Schweppes »unzulässige Zu- und Übergriffe auf das ›Private‹ der Studierenden« (ebd., S. 247) zu verhindern. Dies ist eine Gratwanderung und tatsächlich mit Zumutungen gegenüber Studierenden (wie auch Lehrenden), aber auch mit Zutrauen in die Möglichkeiten der Schaffung »starker Lernumgebungen« (Widulle 2016) und die Ressourcen der Lerngruppe verknüpft.

## 1.2 Beispiele hochschulischer Beratungslehre

In der Literatur finden sich Beschreibungen verschiedener Konzepte, wie die Vermittlung von Beratungskompetenz innerhalb des Studiums von Sozialer Arbeit, Sozialpädagogik oder anderer Studiengänge, die auf eine spätere Berufstätigkeit vorbereiten, in der beraterisches Handeln zum »Alltagsgeschäft« der professionellen Helfer*innen gehört (u. a. Lehramtsstudiengänge, Schulpsychologie), realisiert werden kann. Insbesondere in einer Arbeitsgruppe um Petra Bauer und Marc Weinhardt sind verschiedene Formen hochschulischer Lehre entwickelt, durchgeführt und in mehreren Begleitstudien evaluiert worden (u. a. Bauer 2014; Bauer & Weinhardt 2014, 2015a, 2016a; Blessing 2015; Harter 2015; Lauinger 2015; Maier-Gutheil & Weinhardt, 2020; Szeteli 2015; Weinhardt 2013, 2014a, 2014b, 2015a, 2019, 2021; Weinhardt & Kevala 2016; Weinhardt et al. 2022; Zürcher 2019). Begonnen haben diese Entwicklungen vor etwa 15 Jahren an der Universität Tübingen und in der Folge sind verschiedene Ausdifferenzierungen und Systematisierungen erfolgt. Zentraler Bestandteil des methodischen Konzepts ist – neben der Vermittlung relevanter Grundlagenkenntnisse zum zugrunde liegenden Beratungskompetenzmodell (vgl. u. a. Weinhardt 2013, 2015b) und einer Einführung in konkrete Beratungsmethoden – die Durchführung von Beratungsgesprächen in einer Simulationsumgebung. Das von Marc Weinhardt entwickelte »BeraLab« umfasst »eine hoch immersive Simulationsumgebung für psychosoziale Beratung, in der in einem stark realitätsangenäherten Setting (Voranmeldung der Fälle, Wartebereich, Beratungszimmer) Beratungsgespräche von Studierenden mit Simulationsklient*innen durchgeführt werden« (Maier-Gutheil & Weinhardt 2020, S. 47; vgl. weiterführend Bauer & Weinhardt 2015a; Weinhardt 2018a). Neben theoretischem Input spielt es in dem Lehrkonzept also eine zentrale Rolle, Lerngelegenheiten zu schaffen, »in denen die konkret-praktische Erprobung von Beratungshandeln ermöglicht wird« (Maier-Gutheil & Weinhardt, 2020, S. 47 f.) und theoretisches Wissen und eigene Handlungspraxis reflexiv verbunden werden kann. Über die Arbeit in einer Simulationsumgebung lässt sich dies nach Weinhardt (2018a) in hervorragender Weise realisieren:

> »In der Lehrkomponente haben StudentInnen aller Erfahrungsstufen (also auch und gerade in ganz frühen Lernstadien) die Möglichkeit, unter ethisch unproblematischen Bedingungen echte Erfahrungen zu sammeln. Sind sie bereit, in der hoch immersiven BeraLab-Situation zu lernen, bekommen sie Voranmeldungen zum Fall, holen AdressatInnen im Wartebereich der Beratungsstelle ab und führen ein Beratungsgespräch mit trainierten SimulationsklientInnen, die sich verhalten, wie das echte AdressatInnen auch tun – mit dem Unterschied, dass es ausgebildete und supervidierte SchauspielerInnen sind, die prototypische Anliegen aus der psychosozialen Versorgung präsentieren«.

Die Beratungsgespräche mit den Simulationsklient*innen werden auf Video aufgezeichnet und das Beratungshandeln (über Selbst- und Fremdbeurteilung u. a. unter Verwendung der Tübinger Kompetenzentwicklungs-Skala) zu Lern- sowie Forschungszwecken systematisch reflektiert und ausgewertet. Das BeraLab-Konzept wird kontinuierlich (unter Verwendung der Ergebnisse der Begleitforschung) weiterentwickelt und aktuell etwa von einer Gruppe um Marc Weinhardt im TRIBS-Projekt (Trierer Beratungssimulation) an der Universität Trier realisiert (www.tribs lab.de). Als Simulationsadressat*innen, die prototypische Fälle aus der Sozialen Arbeit darstellen, wirken im TRIBS-Labor Studierende mit, die in Kleingruppen die Rollen entwerfen, durch das TRIBS-Team und theaterpädagogische Fachkräfte für die realistische Darstellung der Rolle im Beratungsgespräch geschult werden, in dieser Rolle die 45-minütigen Beratungsgespräche mit den Berater*innen (Studierenden) durchführen und ihre Erfahrungen per Feedback-Bogen an die Berater*innen übermitteln.

Die Arbeit mit Simulationsklient*innen ermöglicht nach Bauer und Weinhardt (2014, S. 94) »das Üben unter weitgehend realistischen Bedingungen, die mit den üblichen Verfahren (z. B. Rollenspiele mit KommilitonInnen) nicht hergestellt werden können«. Die Durchführung von Beratungsgesprächen mit Schauspieler*innen in einer hochimmersiven Simulationsumgebung bildet unseres Erachtens ein Best-Practice-Beispiel, wie erste Beratungserfahrungen in hochschulischer Lehre ermöglicht werden können. Allerdings ist diese Form zugleich mit hohen Anforderungen insbesondere an die (dauerhaft notwendige) Finanzierung (Aufbau und

Erhalt einer simulierten psychosozialen Beratungsstelle, Ausbildung und Bezahlung von Simulationsklient*innen) verknüpft, die an vielen Hochschulen nicht gegeben ist. Einerseits ergibt sich die klare Forderung, an mehr Hochschulstandorten die Arbeit mit Simulationsumgebungen nach dem BeraLab-Konzept zu etablieren (an einzelnen Standorten wird hierbei auch die Arbeit in Immersive Virtual Reality-Laboren erprobt, z. B. an der Berner Fachhochschule, vgl. Abplanalp & Bachmann 2019; Bachmann, Abplanalp & Born, 2019), andererseits besteht die Notwendigkeit für Lernkonzepte, die unter den bestehenden Bedingungen »gute« Beratungslehre ermöglichen. Hierfür scheint uns der Rückgriff auf Rollenspiele (etwa anhand von Fallvignetten) sowie das Einbringen eigener überschaubarer Beratungsanliegen von Studierenden in Beratungsgespräche auch eine gewinnbringende Möglichkeit, wie wir an anderer Stelle (▶ Kap. 5.2) noch ausführen.

Die Arbeit mit »›echte[n]‹ Beratungssituationen [...], in denen die Studierenden, die als Klient*innen in ein Übungsgespräch gehen, eigene Anliegen einbringen« (Kröger & Vogt 2020, S. 23) stellt ein Kernelement eines anderen didaktischen Konzept von Beratungslehre an einer Hochschule dar. An der Fakultät Soziale Arbeit und Gesundheit der Hochschule Coburg haben Studierende die Möglichkeit, parallel zum Regelstudium ein Begleitstudium »Person- und erfahrungsorientierte Beratung« zu absolvieren und hierüber eine zusätzliche Qualifikation zu erwerben. Das Begleitstudium stellt ein optionales Angebot dar, welches Studierende nach Absolvierung des praktischen Studiensemesters wählen und über drei Semester (5. bis 7. Fachsemester) absolvieren können. Etwa 20 Teilnehmende arbeiten als feste Gruppe zusammen in den Seminareinheiten, die als Blockveranstaltungen an jeweils vier Wochenenden pro Semester realisiert werden. Das Begleitstudium beinhaltet im ersten Semester zudem ein Selbsterfahrungswochenende, das außerhalb der Hochschule am Institut für psychosoziale Gesundheit (ISPG), einem An-Institut der Hochschule Coburg, von einem externen Dozenten durchgeführt wird (ebd.). Das ist ein zentrales Merkmal dieses Begleitstudiums, welches einzelnen Herausforderungen vorbeugt, die aus Prüfungsnotwendigkeiten in Lehrveranstaltungen mit hohen Selbstreflexions- und Selbsterfahrungsanteilen resultieren, wie wir im folgenden Kapitel noch ausführen.

Im Begleitstudium Beratung steht insbesondere »die Entwicklung einer personorientierten professionellen Grundhaltung und der Ausbau von Kompetenzen, die ein Aufgreifen, einen Zugang und eine Bearbeitung des inneren Erlebens von Klient*innen ermöglichen« (ebd.) im Mittelpunkt. Ähnlich wie in den oben beschriebenen Lehrformaten, die auf dem BeraLab-Konzept basieren, gehen Christine Kröger und Michael Vogt (2020, S. 24) davon aus, »dass Beratungskompetenz über die drei Semester hinweg aus einer zunehmend engeren wechselseitigen Bezogenheit zwischen Theoriefundierung, selbstreflexiven Kompetenzen und dem konkreten Vorgehen in der Beratungspraxis erwächst«. Eine Besonderheit des didaktischen Konzepts besteht darin, dass »echte« Beratungssituationen zur Übung genutzt werden, in denen Studierende, in der Klient*innen-Rolle eigene Anliegen einbringen. Kröger und Vogt (2020, S. 24) beschreiben dieses Vorgehen für sehr wertvoll,

> »weil die Studierenden auf der Basis des eigenen Erlebens einen Zugang zur Klient*innen'rolle' und den damit verbundenen Themen und Gefühlen – wie Erwartungen an eine Beratung, Angst, Scham, Ausgeliefertsein, Macht, aber auch Hoffnung und Zuversicht –

entwickeln und das Potential einer personorientierten Grundhaltung direkt erfahren können. […] [Zudem] gewinnt auch die Auseinandersetzung mit der Berater*innenrolle durch die Authentizität der Gesprächssituationen an Intensität und Tiefe (z. B. im Hinblick auf das Erleben der eigenen emotionalen Resonanz oder in Bezug auf Fragen der Nähe und Distanz, der Verantwortlichkeit etc.).«

Begleitet wird das Beratungsgespräch durch Studierende, die in der Rolle von Beobachter*innen die Interaktion verfolgen und anschließend die Reflexion des Gesprächs durch ihre Beobachtungen bereichern (auf die wertvolle Rolle von Beobachter*innen in Beratungsübungen gehen wir in ▶ Kap. 5.2 weiterführend ein). Das didaktische Element von »echten« Beratungsgesprächen wird von Kröger und Vogt (2020) dabei auch explizit hinsichtlich ethischer Vertretbarkeit reflektiert und an bestimmte Voraussetzungen gebunden: Die Arbeit erfolgt in einer festen Gruppe über einen Zeitraum von anderthalb Jahren, der Prozess wird von zwei Dozierenden mit langjähriger beraterisch-therapeutischer Berufserfahrung begleitet und die Studierenden absolvieren das (zusätzliche) Begleitstudium freiwillig.

Das Begleitstudium Beratung an der Hochschule Coburg stellt u. E. ein weiteres Beispiel gelungener Hochschullehre zur Vermittlung von Beratungskompetenzen dar, unterscheidet sich aber insbesondere hinsichtlich der langen Dauer, der festen Gruppenkonstellation und des Grades der Freiwilligkeit der Studierenden von den Modulen zu Beratung in grundständigen Studiengängen Sozialer Arbeit, die häufig nur ein oder zwei Semester umfassen und von allen Studierenden durchlaufen werden müssen. Auch wir hatten bereits die Gelegenheit, im Rahmen eines Projektmoduls zum Thema »Psychosoziale Beratung mit Kindern, Jugendlichen und Familien« an der Alice Salomon Hochschule Berlin (ASH) über vier Semester hinweg mit einer (weitgehend) festen Studierendengruppe zu zentralen Aspekten beraterischer Professionalität zusammen zu arbeiten (Paulick & Wesenberg 2020). Die Themen der Projektmodule an der ASH werden von Studierenden angeregt und Aufbau sowie Durchführung gemeinsam geplant und gestaltet. Es stehen in jedem Semester mehrere Projektmodule zu verschiedenen Themen zur Auswahl und insofern ist bei den Studierenden, die das Projektmodul zu psychosozialer Beratung belegt haben, in ähnlicher Weise wie in dem von Kröger und Vogt (2020) beschriebenen Begleitstudium von einem hohen Interesse an psychosozialer Beratung und einer Bereitschaft zur Erprobung von Beratungshandeln ebenso wie zur Selbstreflexion auszugehen. Als sehr hilfreiches Gestaltungselement hat sich in unserem spezifischen Modul zu Beratungskompetenzen die Durchführung im Team Teaching (über die Dauer von vier Semestern in einem festen Team von zwei Dozierenden mit beraterisch-therapeutischer Qualifikation und Praxiserfahrung) erwiesen, welche im Projektmodul im Bachelorstudiengang Soziale Arbeit an der ASH Berlin explizit vorgesehen ist. Zudem erfolgt an der ASH im Praxissemester eine supervisorische Begleitung der Praxiserfahrungen in Kleingruppen, wobei sich in unserer Erfahrung die Reflexionsprozesse in Supervision und Projektmodul sehr gut ergänzt und den (Selbst-)Erfahrungs- und Reflexionsraum für die teilnehmenden Studierenden erweitert haben. Zentrale inhaltliche und didaktische Elemente, die wir im Rahmen des Projektmoduls im Bachelorstudiengang Soziale Arbeit an der ASH Berlin, aber auch unserer Lehrtätigkeiten in anderen Modulen und Studiengängen erprobt haben, werden in den weiteren Kapiteln dieses Buches vorgestellt.

Die bislang skizzierten Beispiele verdeutlichen einerseits vor allem, wie unterschiedlich didaktische Lehrformate zur Vermittlung von Beratungskompetenzen in der Hochschullehre aussehen können, und andererseits welche (sich zwischen den konkreten Konzepten überschneidenden) Elemente zu einer gelingenden Realisierung von Lernzielen (▶ Kap. 2.3) innerhalb des besonderen Settings Hochschule beitragen können. Bevor wir uns einzelnen Besonderheiten und Herausforderungen hochschulischer Beratungslehre nochmals vertieft zuwenden, möchten wir den Überblick über verschiedene existierende Lehrformate mit einer Darstellung eines didaktischen Konzepts von Widulle (2016) zur Vermittlung von Beratungskompetenzen innerhalb eines zweisemestrigen Pflichtmoduls »Grundlagen der Kommunikation, Gesprächsführung und Beratung« an der Hochschule für Soziale Arbeit FHNW (Fachhochschule Nordwestschweiz) abschließen. Dieses Modul entspricht hinsichtlich von Dauer und Umfang von 6 ECTS-Punkten (im Vergleich zu den längeren und umfassenderen Modellen von Kröger & Vogt 2020 und Paulick & Wesenberg 2020) und der zugrunde liegenden Ressourcen für die Gestaltung der Hochschullehre (im Vergleich zu den Lehrformaten, die auf dem BeraLab-Konzept nach Weinhardt beruhen) am ehesten den »üblichen« Bedingungen des Beratungslernen in Regelstudiengängen. Zudem beschäftigt sich Widulle (2016) explizit mit den besonderen Anforderungen der Lehre in eben solchen Regelstudiengängen und sein Text stellt damit eine wichtige Grundlage für die Vertiefung im folgenden Kapitel dar.

Das von Widulle beschriebene Modul vermittelte im ersten Semester Grundlagen der Kommunikation und professionellen Gesprächsführung (vgl. Widulle 2020) und im aufbauenden zweiten Semester Grundlagen der Beratung in der Sozialen Arbeit. Das didaktische Konzept kombinierte das Konzept der gemäßigt-konstruktivistischen Lernumgebung nach Diethelm Wahl (u. a. Wahl 2002, 2013) mit dem Flipped Classroom (Handke 2014; Kück 2014, zit. nach Widulle 2016). Mithilfe von Videolectures und Pflichtlektüre bereiteten sich die Studierenden auf die Präsenzlektionen vor.

Es wurde an beratungsbezogenen Fallsituationen Wissen konkretisiert, Berater*innen- und Klient*innenverhalten anhand von Inszenierungen oder Beispiel-Videos von Beratungssituationen analysiert sowie Modell-Lernen praktiziert. In festen (für je ein Semester gebildeten) Trainings- bzw. Prüfungsgruppen wurden Rollenspiele, standardisierte Beratungsübungen und »echte« Beratungsgespräche zu (kleineren) persönlichen Anliegen der Studierenden durchgeführt. Zudem vertieften die Studierenden ihre Kenntnisse bei Interesse und übten, sofern dies möglich war, in ihren Praxisfeldern die erworbenen Fertigkeiten. Widulle geht zudem umfassend (und kritisch) auf den Leistungsnachweis ein, mit dem das Modul abgeschlossen wurde. Der Leistungsnachweis bestand aus einem videogestützten Gruppenkolloquium der Prüfungsgruppe aus drei Personen. Alle Studierenden der Gruppe stellten hierfür die Reflexion eines durchgeführten und videographierten Beratungsgesprächs vor, in dem sie als beratende Person gehandelt haben. Insbesondere wählten sie eine kurze, ca. 5-minutige bedeutende Sequenz ihres Beratungshandelns aus, die sie einbringen und reflektieren. Nach der Präsentation (Beschreibung der Fallsituation, Problemrepräsentation, Überlegungen zum Vorgehen und wissensgestützte Reflexion der Videoaufzeichnung, Überlegungen zur

Optimierung des Beratungshandelns) fand ein Prüfungsgespräch statt, in welches auch die beiden anderen Personen der Prüfungsgruppe (die innerhalb der Beratung als Klient*in und Beobachter*in involviert waren) einbezogen wurden. Als Modell für diesen kollegialen fachlichen Austausch dient das Konzept kollegialer Beratung oder Intervision.

Hinsichtlich des so genannten »Constructive Alignment« – der Passung zwischen Lernzielen, Lehrinhalten und Prüfung (▶ Kap. 1.3) – sieht Widulle (2016, S. 31 f.), insbesondere mit Blick auf den Leistungsnachweis, noch Optimierungsbedarf:

> »Zurzeit können Studierende noch kleinere Methodenbausteine (›systemisches Fragen‹, ›Diskrepanzen entwickeln‹) oder Elemente aus dem Modul auswählen und diese in einer Beratungssequenz zeigen. Es wird nicht das Wissen des ganzen Moduls geprüft und die gezeigten Videoausschnitte sind sehr kurz, sie liegen im Bereich einer bedeutsamen Episode von fünf Minuten. Um Beratungshandeln im Video zu sehen, müssten die Videopräsentationen länger sein, was allerdings die Prüfungsdauer (bislang 30 Min. pro Student) erheblich verlängern würde – bei 330 Studierenden pro Jahrgang ist das auch eine Ressourcenfrage für die Hochschule«.

Wolfgang Widulle spricht hier eine zentrale Schwierigkeit von Beratungslehre an Hochschulen an: Beratungslernen muss hier nicht nur didaktisch ermöglicht, sondern auch die Erreichung des Lernziels des Erwerbs von Beratungskompetenzen in Form von angemessenen Prüfungsformaten (die von einer großen Anzahl von Studierenden absolviert werden) »messbar« gemacht werden. Dies stellt eine besondere Herausforderung sowohl hinsichtlich lehrdidaktischer Grundannahmen sowie potentieller Rollenkonflikte der Lehrenden als auch mit Blick auf die begrenzten Ressourcen zur Gestaltung von Lehr- *und* Prüfungsformaten in Regelstudiengängen dar.

## 1.3 Spezifische Besonderheiten und Herausforderungen der Hochschullehre

Wie in Kapitel 1.1 bereits kurz eingeführt, sind die Zielsetzungen und Bedingungen von Hochschullehre wesentlich im Zuge der Bologna-Reform verändert worden und gehen mit einem Paradigmenwechsel einher, der häufig als »Shift from Teaching to Learning« beschrieben wird. Kennzeichnend ist die Grundhaltung einer kompetenzorientierten Bildung, die

> »das aktive, selbstgesteuerte und selbstverantwortete Lernen der Studierenden in den Mittelpunkt [rückt]. Der sogenannte ›Shift from Teaching to Learning‹ verlangt eine Abnabelung vom althergebrachten Verständnis von der Zentralisierung der Lehre auf die Lehrperson und ihren Inhalten, die diese für relevant und wichtig ansieht, hin zu den lernenden Personen und den von ihnen zu erwerbenden Kompetenzen und wie diese wiederum in Performanzen am Ende des Lernprozesses als Learning Outcome überprüft werden können« (Rohr, den Ouden & Rottlaender 2016, S. 22 f.).

Mit der Bologna-Reform sind neben dem Paradigmenwechsel in Richtung einer kompetenzorientierten Lehre verschiedene Umstrukturierungen in den Studiengängen (Bachelor- und Masterstudiengänge) und Studienstrukturen verknüpft, die auch die Möglichkeiten zum Erwerb von Beratungskompetenzen und die entsprechenden didaktischen Formate betreffen: »Alleine die gedrängte zeitliche Perspektive, die starke Modularisierung, aber auch mögliche Veränderungen in den Auswahlmotiven und dem antizipierten Gebrauchswert eines Studiums der Sozialpädagogik/Sozialen Arbeit lassen hier Veränderungen vermuten« (Weinhardt 2014b, S. 224). Zudem ist die Hochschullehre in den reformierten Studiengängen ganz zentral durch die Notwendigkeit von Prüfen und Bewerten bestimmt (s. u.).

Neben den spezifischen Veränderungen im Zuge der Bologna-Reform, die mit potentiell vorteilhaften sowie nachteiligen Veränderungen in den Studiengängen verknüpft sind, bringen auch grundlegende Strukturen und Rahmenbedingungen hochschulischer Lehre allgemein Herausforderungen für die Vermittlung von Beratungskompetenzen in einem Hochschulstudium und insbesondere grundständiger Studiengänge wie im Bachelorstudium Sozialer Arbeit mit sich. So unterscheiden sich beispielsweise Setting und Rahmenbedingungen in der Hochschullehre auf den ersten Blick deutlich von den Lehrbedingungen, die in Beratungsweiterbildungen gegeben sind (z. B. »sterile« Atmosphäre der Hochschulräume, Begrenztheit der zur Verfügung stehenden Materialien, Arbeit mit größeren Gruppen, »Zwang« zur Teilnahme). Im Folgenden werden einzelne zentrale Bestimmungsmomente hochschulischer Beratungslehre skizziert, auf die Lehrende nur begrenzt Einfluss haben, die aber in Planung und Durchführung reflektiert berücksichtigt werden können.

## Beratungslernen im »Korsett« des Curriculums

In den modularisierten Bachelor- und Masterstudiengängen an verschiedenen Hochschulen sind Seminare zum Beratungskompetenzerwerb in unterschiedlichen Fachsemestern vorgesehen. Die Einbettung in bestimmten Studienphasen kann dabei mit Potentialen wie besonderen Risiken verknüpft sein, wie Widulle (2016, S. 24 f.) verdeutlicht:

> »Findet Beratungsunterricht zu früh im Studium statt, fehlen den Studierenden Vorwissen zu methodischem Handeln und Adressatengruppen – dafür gehen sie mit einigen Beratungsfertigkeiten in die Praktika oder zur Arbeit im praxisintegrierten Studium. Legt man Beratungsmodule später ins Studium, fehlen die Vertiefungsmöglichkeiten, die Theorie-Praxis-Integration wird erschwert und Beratungskompetenzen fehlen fürs Praktikum«.

Dass die Frage nach dem richtigen Zeitpunkt von Beratungslehre innerhalb des Studiums nicht trivial ist, verdeutlichen auch die Ergebnisse des Projektes BKIL (Beratungskompetenz im Längsschnitt) (Weinhardt 2014a). In dieser qualitativen Längsschnittstudie wurden die Lern- und Bildungsprozess von BA-Studierenden der Sozialpädagogik untersucht, die eine Sonderform des im Studium verankerten Praktikums absolvierten. Anstelle eines Blockpraktikums am Ende des Studiums arbeiten die Studierenden vom ersten Semester an im Rahmen eines studienbegleitenden Praktikums (an der mit der Hochschule kooperierenden Praxisstelle) im Bereich Onlineberatung für Jugendliche und junge Erwachsene mit.

> »In dieser nach ausgewählten didaktischen Gesichtspunkten ausgestalteten studienbegleitenden Praxis wird Beratungskompetenz im Rahmen eines fertigkeitsorientierten Ansatzes entlang des systemischen Schwerpunktes vermittelt und an der Universität fortlaufend in einem Kolloquium reflektiert« (ebd., S. 38).

Die Analyse der Lern- und Bildungsprozesse in der Studie von Weinhardt (2014a) zeigt dabei einerseits, dass von den Teilnehmenden basale Beratungskompetenzen erworben werden. Andererseits folgt auf die erste Phase »eine Phase der Neuorientierung im weiteren Kompetenzerwerb, der weniger geradlinig als der erste Schritt verläuft« (ebd., S. 50). Offenbar »aktiviert die Vermittlung von Wissen und der erste Vollzug beraterischen Handelns spätestens im zweiten und dritten Studienjahr auch die vorwiegend biografisch-informell geprägten Faktoren. Spätestens hier muss auch ein fertigkeitsorientierter Ansatz die Klärung der Person mit berücksichtigen« (ebd.), wobei die »Klärung der Person« hier auf konkrete personbezogene Entwicklungsaufgaben für angehende Fachkräfte zielt, die »aus der Analyse von Anspruch an und Realisierung von konkretem Beratungshandeln resultieren« (ebd.).

Vieles spricht also dafür, dass Beratungskompetenzerwerb (insbesondere in seiner Verwobenheit mit der subjektiv-biographischen Dimension) sich idealerweise durch das komplette Studium hindurchziehen sollte, in verschiedenen aufeinander bezogenen Modulen aufgegriffen wird und nicht auf ein isoliertes Modul zum Beginn oder Ende des Studiums beschränkt bleibt. Wichtig scheinen in diesem Kontext insbesondere die von Widulle (2016) geforderten »Learning Loops« von den Erfahrungen des Praktikums oder Praxissemesters zurück zum Beratungslernen.

Ein solcher »Kompetenzstrang« (Widulle 2016, S. 33), der sich durch das ganze Studium zieht, wird in der Realität von Hochschullehre heute leider noch kaum realisiert. Letztlich sind Lehrende hier oft den zeitlichen Einordnungen der Beratungsmodule in den Curricula unterworfen, allerdings sollte in der didaktischen Konzeption diese Einbindung in eine bestimmte Studienphase zumindest berücksichtigt werden.

## Räumliche Gegebenheiten und Settinggestaltung

»Hochschulräume bestechen eher durch den Charme der Nüchternheit und der Funktionalität für mehrere Studiengänge« (Paulick 2021, S. 168). Die Räumlichkeiten, in denen Beratungslernen stattfindet, unterscheiden sich in den meisten Hochschulen also oftmals gravierend und offenkundig von den Räumen in Instituten, die Beratungsweiterbildungen anbieten. »Die räumlichen Voraussetzungen für das Beratungslernen sind oft unzureichend: Räume sind mit fixiertem Mobiliar eingerichtet, zu klein und maximal gefüllt, es fehlen Räume oder großzügige Foyers für die Trainingsarbeit« (Widulle 2016, S. 25). Die Lehre in den Hochschulräumen repräsentiert für die Teilnehmenden zudem das Studium, welches häufig mit Leistungserwartung und -druck assoziiert ist. Die Vorerfahrungen, die mit den Hochschulräumen verknüpft sind, bestimmen erwartbar häufig auch die Erwartungen (und Befürchtungen) zu Beginn der Beratungsseminare. Eine erste Irritation der

Erwartungshaltung ist meist bereits durch (die sicher teilweise nur sehr begrenzt mögliche) Gestaltung des Settings erreichbar (etwa Stuhlkreis anstelle von U-Form mit Tischen; ein Blumenstrauß etc.). Aber »[a]uch mit entsprechenden Vorbereitungen eines einladenden Settings bleibt es eher schwierig, Seminarräume als konstruktives Element eines einladenden Beziehungs-, Vertrauens- und Schutzraumes zu nutzen« (Paulick 2021, S. 168). Hier bietet sich unseres Erachtens eine konkrete Thematisierung der (ungünstigen) räumlichen Bedingungen thematisch unmittelbar an, um mit Studierenden zur Bedeutung der Settinggestaltung in Beratungsprozessen zu arbeiten (▶ Kap. 6.2).

## Gruppenzusammensetzung und Gruppendynamik

Hinsichtlich der Teilnehmendenzusammensetzung ist zunächst festzustellen, dass diese »nicht selbst gewählt [ist], sondern [...] durch das Lehrangebot strukturiert und durch spezifische Hierarchien geprägt« (Graßhoff & Schweppe 2012, S. 246). Sicherlich sind auch in Beratungsweiterbildungen die anderen Teilnehmenden ebenso wie die Dozierenden nicht frei wählbar und dennoch gibt es hier einen deutlich höheren Grad an Freiwilligkeit. So begeben sich die Teilnehmenden hier zumindest aus eigener Motivation und selbstbestimmter Entscheidung heraus in die Weiterbildung und wählen hierfür häufig auch bewusst eine bestimmte Institution (aufgrund des spezifischen Weiterbildungsangebots, der Lehrpersonen, der »Beratungsschule« etc.). Diese Grundbedingungen sind in hochschulischer Beratungslehre nicht gegeben. Die Module sind häufig als Pflichtmodule zu absolvieren und auch bei mehreren Parallelseminarangeboten innerhalb eines Moduls zeigt die übliche Belegungspraxis, dass hier in vielen Fällen keine freie Wahl etwa eines bestimmten Seminars bei einer bestimmten Lehrperson erfolgen kann.

Entsprechend kann erwartbar auch nicht per se ausschließlich von überaus an Beratung interessierten Teilnehmenden ausgegangen werden. Widulle (2016, S. 26) etwa beschreibt die Teilnehmendengruppen in seinen Seminaren hinsichtlich von Engagement und Motivation als sehr heterogen:

> »Ich finde in meinen Lehrveranstaltungen neben außerordentlich engagierten Studierenden ebenso Minimalisten, die sich kaum über die notwendigsten Lernaktivitäten hinaus engagieren – trotz meiner Bemühungen, eine Lernumgebung zu arrangieren, die die Vermeidung von Lernen mindestens erschwert«.

Dirk Rohr, Hendrik den Ouden und Eva-Maria Rottlaender (2016) beschreiben zudem, dass die Anzahl von Studierenden, die einen so genannten »Surface approach« beim Lernen nutzen – also versuchen, mit möglichst niedrigem Aufwand das Studium zu absolvieren mit dem Ziel eines möglichst schnellen Abschlusses, der ihnen eine Anstellung ermöglicht – und »learning to the test« praktizieren, in den letzten Jahren deutlich zugenommen habe. Die Autor*innen bringen diese Entwicklung dabei explizit auch mit der Bologna-Reform in Verbindung, die eine »Verschulung« in den stark modularisierten Studiengängen und eine hohe Prüfungsbelastung mit sich brachte.

Nicht nur Interesse und Engagement variieren in den Gruppen stark, auch Vorwissen und -erfahrungen mit Beratungshandeln sind sehr verschieden. Die Studierenden befinden sich überwiegend in der Lebensphase des jungen Erwachsenenalters (mit den phasenspezifischen Entwicklungsaufgaben) und häufig in der ersten berufsqualifizierenden Phase. Demgegenüber verfügen Teilnehmende an Beratungsweiterbildungen bereits über einen berufsqualifizierenden Abschluss, einen professionellen Habitus sowie Berufserfahrung (oft in Beratungssettings) und sind parallel zur Weiterbildung praktisch beraterisch tätig. Diese Eingangsbedingungen sind in der Lehre zu Beratungskompetenzen innerhalb des Studiums nicht gegeben. Insbesondere die Entwicklung einer beraterischen Grundhaltung, die parallel zur Ausbildung eines grundlegenden professionellen Habitus als Sozialarbeiter*in erfolgt, kann sich für viele Studierende als besondere Herausforderung gestalten.

In diesem Zusammenhang ist insbesondere auf das Risiko des so genannten »Prematureclosure« (Strasser 2014) hinzuweisen. »Prematureclosure« beschreibt die Tendenz, an bereits Gelerntem sowie relativ einfachen Erklärungsmodellen und routinisierten Handlungsmustern festzuhalten, um eine (kognitive oder emotionale) Überforderung in der Konfrontation mit Anforderungen der Praxis zu vermeiden (nach Strasser 2014, S. 201, unter Bezug auf Skovholt & Jennings 2004). Misserfolgen und Fehlern wird aus dem Weg gegangen. Josef Strasser (2014) sieht die Gefahr des Prematureclosure insbesondere für Noviz*innen in der Beratung:

> »Dass sie vorschnell urteilen und handeln und dazu tendieren an gelernten, etablierten Methoden relativ rigide festzuhalten, kann mit der Komplexität und Ambiguität des Handlungsfeldes zu tun haben. Diese kann insbesondere zu Beginn der beruflichen Laufbahn verunsichern und dazu führen, durch rasches Handeln in vorgegebenen Bahnen Sicherheit zu gewinnen« (ebd., S. 209 f.).

Beratungslehre an Hochschulen steht vor der Herausforderung, für eine sehr heterogene Gruppe von Lernenden Möglichkeiten zu schaffen, grundlegende Beratungskompetenzen zu erwerben, diese flexibel und situationsangemessen anzuwenden und insbesondere eine Integration von verschiedenen Erklärungs- und Handlungsansätzen (inklusive subjektiver, biographisch geprägter Theorien) sowie ambivalenter Erfahrungen (und Miss-Erfolgserlebnisse) zu eröffnen – und zugleich Überforderung und das Phänomen des »Prematureclosure« zu verhindern, das nach Strasser eines der größten Hindernisse auf dem Weg zur Expertise darstellt. Ein zentrales Ziel der Beratungslehre an Hochschulen besteht unseres Erachtens vor allem auch darin, einen ersten Schritt auf der »Reise« zu professionalisierter Beratungskompetenz zu gehen, Studierende für Beratung zu begeistern und – wie von Widulle (2016, S. 33) treffend formuliert – »Lust auf weitere Reiseetappen [zu] machen und kompetentere Reisende in die postgradualen Weiterbildungen [zu] führen«.

## Prüfungszwänge für Lehrende und Lernende

> »Das Prüfen und Bewerten nimmt in der Hochschullehre einen sehr bedeutenden Stellenwert ein. Verstärkt durch die Modularisierung der Studiengänge im Rahmen der Bachelor- und Masterstudiengänge und der damit einhergehenden Bedeutung einzelner Noten in Lehrveranstaltungen für die Abschlussnote, fokussieren viele Studierende in ihrem Studium massiv die Prüfungen und die damit verbundenen Noten bzw. Prüfungsleistungen« (Rohr, den Ouden & Rottlaender 2016, S. 84).

Mit dem in der Hochschullehre zwingenden Erfordernis des benoteten Abschlusses (fast) aller Module ist einerseits wie von Rohr, den Ouden und Rottlaender (2016) beschrieben eine starke Fokussierung von vielen Studierenden auf die zu erbringenden Prüfungsleistungen verknüpft. Andererseits ergibt sich gerade in Modulen, die auf Beratungskompetenzerwerb zielen, auch eine Schwierigkeit, die zu erwerbenden Kompetenzen in geeigneten Prüfungsformaten abzubilden – also die Lernergebnisse »feststell- und messbar« (ebd., S. 31) zu machen.

Kompetenzorientierte Lehrformate erfordern auch kompetenzorientierte Prüfungsformate, was auf den ersten Blick trivial erscheint. Nach Cornelia Maier-Gutheil und Marc Weinhardt (2016, S. 55) kann die Forderung nach einer kompetenzorientierten Didaktik angesichts des bereits mehrere Jahrzehnte umfassenden Bologna-Reform-Prozesses zunächst auch als »Anachronismus« erscheinen. Allerdings lässt sich »gerade für akademische Studienberufe in pädagogischen Feldern zeigen, dass die Einführung der Kompetenzorientierung in vielen Fällen lediglich einer semantischen Reformulierung der klassischen Buchwissenschaft folgt« (ebd.). Deutlich wird dies etwa in der mangelnden Realisierung des bereits im vorigen Kapitel angesprochenen »Constructive Alignment« (u. a. Biggs 1996). Dieses Konzept impliziert eine Fokussierung auf die intendierten Learning Outcomes, also die zu erwerbenden Kompetenzen:

> »Constructive alignment starts with clearly stating, not what the teacher is going to teach, but what the outcome of that teaching is intended to be. [...] ›Constructive‹ refers to the idea that students construct meaning through relevant learning activities; ›alignment‹ refers to the situation when teaching and learning activities, and assessment tasks, are aligned to the Intended Learning Outcomes« (Biggs & Tang 2010, S. 23).

Dem Alignment entsprechend müssen also Inhalte, Vermittlungsformate und Prüfungsformen stimmig aufeinander bezogen sein. Insbesondere hinsichtlich der intendierten Learning Outcomes und der entsprechenden Prüfungsmöglichkeiten sehen Maier-Gutheil und Weinhardt (2016, S. 55) in vielen Lehrformaten deutliche Widersprüche: »Auch auf noch so handlungsorientiert definierte Lehrveranstaltungen folgt meist keine handlungsorientierte Prüfung, beispielsweise in Form eines reflexiven Videoformates, sondern eben doch die klassische Hausarbeit«. Doch auch wenn kompetenzorientierte Prüfungen realisiert werden, erscheint die Umsetzung u. a. aufgrund der hohen Anzahl an Studierenden häufig optimierungsbedürftig, wie Widulle (2016, ▶ Kap. 1.2) verdeutlicht: »die Konsistenz von Lehrzielen, Lernaktivitäten und Leistungsüberprüfung dürfte nicht so selten Diskrepanzen aufweisen, auch deshalb, weil an Beratungskompetenz orientierte Leistungsnachweise aufwändig in der Realisation sind« (ebd., S. 25).

Grundlegend müssen Prüfungs- und Bewertungszusammenhänge von Seiten der Lehrenden im Hochschulkontext als gegeben anerkannt werden, zugleich sind wir uns bewusst, dass diese eine spezifische Strukturierung von Macht mit sich bringen. Diese Machtstruktur bezieht sich offenkundig zunächst vor allem auf die Dyade von Lehrenden und Lernenden, aber greift unseres Erachtens auch weiter, wie Christian Paulick (2021, S. 168) an anderer Stelle schon ausgeführt hat: So »trägt der neoliberale Jargon des ›Kampfes um die klügsten Köpfe‹ auch dazu bei, dass sich Studierende teilweise als Konkurrierende um Zukunftsperspektiven (etwa um Masterstudienplätze) verstehen, denn als sich gegenseitig in ihrer selbstreflexiven Entwicklung Unterstützende«.

Vor allem erweitert der »Prüfungszwang« aber in entscheidender und ambivalenter Weise die Rollen der Seminarleitung. Insbesondere in Lehrveranstaltungen, in denen mit Formaten zur Reflexion subjektiv-biographischer Erfahrungen, Deutungs- und Handlungsmustern gearbeitet wird und die die Person der*des Berater*in in den Mittelpunkt rücken, wird die Vielfalt im Rollenrepertoire von Hochschullehrenden besonders herausfordernd. In vielen Beratungs- und Therapieweiterbildungen gibt es aus gutem Grund bewusste Trennungen von Selbsterfahrungsleiter*innen oder Supervisor*innen und Dozierenden, die Prüfungsleistungen abnehmen und Bewertungen vornehmen. Dies ist in Hochschulkontexten deutlich anders. Mit der Bearbeitung von eng mit der eigenen Person verwobenen Themen, die unseres Erachtens im Beratungslernen unerlässlich ist, kann zugleich einhergehen, dass »[s]ehr Privates [...] dem öffentlichen Raum der Universität und auch Lehrenden zugänglich gemacht [wird], die nicht nur über die Scheinvergabe der Lehrveranstaltung entscheiden, sondern den Studierenden möglicherweise in weiteren Prüfungssituationen begegnen«, wie Graßhoff und Schweppe (2012, S. 246) berechtigt betonen. Umso wichtiger scheint es, sensibel Möglichkeiten zu Selbstreflexion und Selbsterfahrung zu schaffen und diese zugleich in dem Hochschulkontext angemessene Formate einzubinden. Hinsichtlich der Gestaltung von Selbstreflexionsformaten erläutern wir dies in Kapitel 8 (▶ Kap. 8) noch ausführlich. Betreffs der »Prüfungszwänge« an Hochschulen und der damit verknüpften Gleichzeitigkeit verschiedener Rollen von Lehrenden in den Lehrveranstaltungen zur Beratungskompetenzvermittlung, die explizit auch die institutionell vorgegebene Rolle als Prüfende*r einschließt, erscheint eine klare Transparenz der Rollen gegenüber den Studierenden und eine immer wieder notwendige Selbstreflexion hinsichtlich möglicher Rollenkonfusionen von Seiten der Lehrenden unabdingbar. Letztlich bleibt hier unseres Erachtens aber eine Ambivalenz bestehen, die ein zentrales Unterscheidungsmoment hochschulischer Lehre im Vergleich zu Beratungsweiterbildungen darstellt und die sich nicht bis ins Letzte auflösen lässt.

# 2 Lehrdidaktische Grundannahmen

> »Die Wissenschaften so gut als die Künste bestehen in einem überlieferbaren (realen), erlernbaren Teil und in einem unüberlieferbaren (idealen), unlernbaren Teil. [... D]er reale Teil sind die Phänomene, der ideale die Ansichten der Phänomene.«
> Johann Wolfgang von Goethe (2013 [Orig. Nachlass]): Maximen und Reflexionen, S. 129.

## 2.1 Grundverständnis von Beratung

Aufbauend auf den allgemeinen Überlegungen zu Beratungslehre im Studium Sozialer Arbeit werden wir im Folgenden die lehrdidaktischen Grundannahmen unserer Beratungslehre sowie das zugrunde liegende Verständnis beraterischer Professionalität (▶ Kap. 3) vorstellen. Voranstellen möchten wir eine wichtige Einschränkung: Ziel eines Beratungsmoduls im Studium Sozialer Arbeit kann selbstredend nicht sein, »fertige« Berater*innen auszubilden oder eine feste Beratungshaltung und absolute Methodensicherheit zu vermitteln. Zum einen ersetzt ein solches Modul innerhalb eines Bachelorstudiengangs Sozialer Arbeit keine Beratungsweiterbildung, die sich für viele Student*innen nach dem Studium als Option anbietet; vielmehr kann es im Rahmen des Bachelorstudiums neben der Vermittlung von grundlegend allgemeinem, feldspezifischem und methodischem Wissen vor allem darum gehen, in einer ersten Annäherung Beratungshandeln direkt erfahrbar zu machen und selbsterfahrungsbezogenes Lernen zu ermöglichen. Zum anderen nehmen wir auch grundlegend Abstand vom Bild »fertiger« Berater*innen – es geht uns vielmehr darum, zu vermitteln, dass (Selbst-)Reflexivität ein konstituierendes Element beraterischer Professionalität ist und damit »ein achtsames Gewahrwerden eigener Impulse und Interpretationen und die Bereitschaft, sich lebenslänglich herausfordern und korrigieren zu lassen durch das Gegenüber« (Zwack & Zwack 2016, S. 59), als zentrale Anforderungen über das gesamte Berufsleben hinweg bestehen bleiben.

Das Verständnis von psychosozialer Beratung, das wir in unseren Seminaren zugrunde legen, wird – jenseits umfänglicher wissenschaftlicher Definitionen – von der Annahme bestimmt, dass sich Beratung in der Essenz auf fünf Ideen verdichten lässt, die an dieser Stelle kurz einführend genannt werden sollen (und in den weiteren Kapiteln expliziert werden):

## 2 Lehrdidaktische Grundannahmen

1. *Beratung ist Begegnung.*
   Rekurrierend auf Martin Buber stellt Beratung eine unmittelbare Form von Begegnung dar. Denn: »Alles wirkliche Leben ist Begegnung« (Buber 1983, S. 12).
2. *Beratung ist Begleitung.*
   Als Berater*innen begleiten wir Menschen ein Stück auf dem Weg des Lebens. Es gibt ein Davor und ein Danach. Einen Teil des Weges gehen wir nebeneinander, doch am Ende geht jeder Mensch seinen Lebensweg allein. Dementsprechend ist Beratung prozessorientiert und kontingenzgrundiert und basiert auf dem tiefen Zutrauen in die Lösungskompetenzen und auf der Überzeugung von Autonomie derjenigen, die wir begleiten.
3. *Beratung ist Macht.*
   Wie an anderer Stelle ausgeführt ist Beratung »eine Variante von Machtspielen« (Paulick & Wesenberg 2019, S. 24), zumal Macht »strategische [...] Spiele zwischen Freiheiten« (Foucault 2005d, S. 900) beschreibt und dergestalt das »Einflussnehmen auf Denk- und Verhaltenswahrscheinlichkeiten« (Paulick 2018a, S. 196; vgl. auch Paulick 2018b) charakterisiert. Beratung als Machtbeziehungen zu denken, sensibilisiert für Ressourcen, kreative Lösungsmöglichkeiten, Kontingenz, Autonomie und geht zugleich mit Verantwortungsbewusstsein einher.
4. *Beratung ist ein Kunstwerk.*
   Vor dem Hintergrund der Einzigartigkeit der biographischen Gewordenheit von Berater*in und Klienten*innensystem, den individuellen jeweiligen Ressourcen, Erfahrungen, bisherigen Lösungsversuchen, aktuellen Emotionen oder Aufträgen entsteht in jeder Beratung ein ganz einmaliges Spiel von Konstruktionen und Co-Konstruktionen. Diese Komplexitäten prozessorientiert in Arbeitsbeziehungen zu begleiten, situationssensibel Methoden und Techniken auszuwählen, anzubieten und durchzuführen, stellt den*die Berater*in vor ständige Kreativitätsanforderungen, demgemäß wir Beratung als Kunstwerk verstehen.
5. *Beratung ist Haltung.*
   Wir verstehen (systemische) Haltung im Sinne einer inneren Einstellung, die in Handeln überführt wird und untrennbar mit einem wertschätzend-würdigenden Menschenbild einhergeht. Haltung ist keine Kompetenz oder Methode, die erworben wird und dann selbstverständlich da ist. Vielmehr muss Haltung immer wieder in den jeweiligen Beziehungen (zu Klienten*innen, Kolleg*innen und sich selbst) konstruiert werden. Haltung figuriert sich in den Wechselwirkungen und Potenzierungen von sieben zentralen Aspekten: Autonomie, Lösungsorientierung, Neugier, Neutralität, Ressourcenorientierung, Wertschätzung/Würdigung und Zirkularität (▶ Kap. 2.6).

## 2.2 Beratungskompetenzen systemisch lehren – Die Beobachtung der*des Beobachter*in

Unser Verständnis von Beratung ist dabei deutlich von systemischen Paradigmen beeinflusst. Gleichwohl wir Beratung nicht aus einer bestimmten »Schulen«-Perspektive favorisieren, scheint für unsere Lehre und uns als individuelle Lehrpersonen systemische Beratung besonders bedeutsam. Als »Modell« können wir für Studierende als Dozierende nur authentisch wirksam werden, wenn wir in unserer eigenen Beratungsidentität sichtbar sind.

Zentral für unsere Idee von Beratung und der Herausbildung beraterischer Professionalität ist entsprechend u. a. die selbsteinschließende Reflexion, welche im Kontext der Kybernetik zweiter Ordnung theoretisiert wird. Der von Norbert Wiener eingeführte Begriff der Kybernetik beschreibt im weiten Sinne die Wissenschaft der Steuerung von Verhalten. In der Geschichte des systemischen Ansatzes kann der Zeitraum der 1950er bis 1970er Jahre als Phase der Kybernetik erster Ordnung schematisiert werden. Charakteristisch für diese Phase sind Ideen, wonach (Familien-)Systeme durch gezielte Impulse therapeutisch steuerbar sind. Analog zu einem thermostatgesteuerten Heizungskreislauf wurde

> »Familie zusehends im Sinne einer kybernetischen Maschine als Regelkreis verstanden, in dem fortlaufend Ist-Werte aus dem System mit einem jeweiligen Soll-Wert abgeglichen werden und interne Zustandsregulierungen für die Wiederherstellung des benötigten oder gewünschten Gleichgewichtszustandes (Homöostase) sorgen« (Levold 2016, S. 54).

Seit den 1980er Jahren ist eine Einflussgewinnung der Idee der Kybernetik zweiter Ordnung festzustellen, welche sich im Zusammenwirken von systemtheoretischen Ideen, von *sozialem sowie radikalem Konstruktivismus*, aber auch durch den Einfluss von Kritik an den teilweise direktiven Interventionen und Therapieformen figuriert (Schlippe & Schweitzer 2016; S. 53 ff.; Simon 2017, S. 40 ff.; Paulick 2020).

Die Unterschiedsmarkierung zwischen der Kybernetik erster Ordnung und der Kybernetik zweiter Ordnung lässt sich epistemologisch über den Einbezug der Beobachtungsposition denken. »*Alles Gesagte ist von jemandem gesagt.* Denn jede Reflexion bringt eine Welt hervor und ist als solche menschliches Tun eines Einzelnen an einem besonderen Ort« (Maturana & Varela 2018, S. 32).

Während in der Kybernetik erster Ordnung der*die Beobachter*in als außenstehend verstanden, und ihm*ihr demgemäß die Möglichkeit einer objektiven Beschreibbarkeit des zu Beobachtenden zugestanden wird, wird in der Kybernetik zweiter Ordnung dem*der Beobachter*in eine *Mitverantwortung für die Wirklichkeitserzeugung* zugeschrieben (Simon 2017, S. 18 f.). Damit einher geht eine Verlagerung »von einer Beobachtung erster Ordnung (›ich beobachte und erkenne die Wirklichkeit!‹) zu einer Beobachtung zweiter Ordnung (›Ich beobachte mich dabei, wie ich die Wirklichkeit beobachte und zu erkennen glaube!‹)« (Arnold 2019, S. 108).

Mit der *Entdeckung der*des Beobachter*in* und der Relevanzbeimessung von Wirklichkeitsbeschreibungen verändert sich nicht nur das Verständnis von Beratungsformaten, die eben nicht mehr als objektive und linear zu gestaltende Prozesse verstanden werden, sondern das Kooperationsgeschehen in Beratung geht mit einer selbstreferenziellen Mitverantwortung für die Wirklichkeitserzeugung der*des Berater*in einher. Beratung (wie auch Hochschullehre) kann daher als Spiel von Konstruktion und Ko-Konstruktion von Wirklichkeit(-en) verstanden werden.

*»Die Erkenntnis der Erkenntnis verpflichtet.* Sie verpflichtet uns zu einer Haltung ständiger Wachsamkeit gegenüber der Versuchung der Gewissheit. Sie verpflichtet uns dazu einzusehen, daß unsere Gewissheiten keine Beweise der Wahrheit sind, daß die Welt, die jedermann sieht, nicht *die* Welt ist, sondern *eine* Welt, die wir mit anderen hervorbringen. [...] Das Wissen um dieses Wissen ist der soziale Imperativ jeder auf dem Menschlichen basierenden Ethik« (Maturana & Varela 1982 S. 263 ff.).

Seit Mitte der 1990er Jahre wurden systemtheoretische und konstruktivistische Gedanken in der deutschsprachigen Didaktik aufgegriffen und einschlägig von Horst Siebert (Konstruktivistische Pädagogik), Kersten Reich (Konstruktivistische Didaktik) und Rolf Arnold (systemisch-konstruktivistische Didaktik) theoretisiert. Die Diskursspuren systemisch-konstruktivistischer Didaktik sind vielfältig, dergestalt sich auf keine genuinen »Erfinder*innen« benennen lassen. Gleichzeitig speist sich das systemische Denken bekanntermaßen aus einer Vielzahl von Disziplinen und Impulsgeber*innen. Wichtige Impulse für systemisch inspirierte Didaktik und konstruktivistische Lerntheorien kommen zweifelsohne von John Dewey, Jean Piaget, Paul Watzlawick, Heinz von Foerster, Ernst von Glasersfeld, Humberto Maturana und Francisco Varela.

Eine Gemeinsamkeit konstruktivistischer Theorien findet sich in der Idee, dass Wissen nicht von einem (be-)lehrenden Subjekt auf das andere lernende Subjekt übertragen werden kann, vielmehr stellt Lernen einen aktiven Konstruktionsprozess des lernenden Subjekts dar. Hierbei schließt Wissen an vorherigem Wissen an, das Subjekt baut sein Wissen aktiv auf und organisiert dergestalt seine Erfahrungswelt (Arnold & Schön 2019, S. 21 ff.).

Unsere Lehre orientiert sich, in Abgrenzung zu traditionellen Erzeugungsdidaktiken, an der systemisch-konstruktivistischen »Ermöglichungsdidaktik« Rolf Arnolds. Während in klassischen Erzeugungsdidaktiken ein linearer Zusammenhang von Lehren und Lernen gedacht wird und – so die Grundannahme – Wissen via einer technokratischen Detailplanung anhand eng definierter Lernziele transferiert bzw. erzeugt wird, wird in ermöglichungsdidaktischen Konzepten der Zusammenhang von Lehren und Lernen als kontingent gedacht (Arnold & Schön 2019, S. 53; Schüßler 2012, S. 131 f.). Lernprozesse sind demnach nicht vorhersagbar und wirkungssicher, vielmehr charakterisieren sie sich über eine prozessorientierte und situationsbezogene Offenheit eines zirkulären Geschehens (Arnold 2007, S. 37 ff.). Die Kernidee von traditionellen Erzeugungsdidaktiken bezieht sich auf die Instruktionsthese, dergemäß »erfolgreiches Lernen [...] das Ergebnis von Lehren, also von direkter Intervention und expositorischer Instruktion« (Müller 2016, S. 161), ist. Demgegenüber distanziert sich die Ermöglichungsdidaktik von diesen »Vermittlungsillusionen« (Arnold 2019, S. 45) und betont stattdessen die »subjektiven Lern- und Aneignungsprozesse von Individuen« (ebd., S. 53). Da es sich bei Lernen immer um Selbstlernen handelt, ist das Subjekt zwar lernfähig, aber eben auch »unbelehrbar« (ebd.).

»Professionelle Lehr-/Lernarrangements können demnach individuelle Aneignung von Neuem so wie eine Weiterentwicklung von Kognition und Kompetenz lediglich anregen und ermöglichen, sie können aber nicht bestimmte Lernergebnisse erzeugen. Das Lernsubjekt nimmt das vermittelte Wissen nicht einfach auf, sondern konstruiert aus den Lehr-Inputs auf der Grundlage eigener Erfahrungen (vorhandener Emotions-, Deutungs- und Handlungsmuster) sein subjektives Wissen« (Schüßler 2012, S. 133).

Eng damit verknüpft ist eine klare Ressourcenorientierung in der Lehre: »Eine Kultur des lebendigen und nachhaltigen Lernens ist dagegen *potenzialorientiert*, sodass die Lernenden Möglichkeiten erhalten, ihre Talente zu entdecken und zu entfalten, dass sie sich wertgeschätzt fühlen und über sich selbst hinauswachsen lernen« (Arnold & Schön 2019, S. 83).

Ausgehend von diesem Beratungs(-lehr-)verständnis lassen sich für die Professionalisierungsprozesse im Hochschulkontext (insbesondere im Bachelorstudiengang Soziale Arbeit) verschiedene Lernziele sowie Bilder und Rolle(n) von Lehrenden und Lernenden ableiten.

## 2.3 Lernziele

Zunächst eine kleine sprachliche Anmerkung: Wenn wir von »Lernzielen« sprechen, dann tun wir dies hinsichtlich der sich im Hochschulkontext etablierten Modulbeschreibungen – wohl wissend, dass Kompetenzen und deren Erwerb im Beratungsbereich nie gänzlich standardisierbar sind, sondern einzigartige Lernvorgänge darstellen. Dergestalt plädieren wir für möglichst offen formulierte Lernziele, welche kompetenzorientiert Professionalität einkreisen, ohne sich dabei in Beliebigkeit zu verlieren. Gleichwohl müssen sich die Lernziele bzw. die zu erwerbenden Kompetenzen – Learning Outcomes – gemäß des Constructive Alignment (▶ Kap. 1.3; u.a. Biggs 1996) stimmig in den Inhalten, Vermittlungsformaten und insbesondere auch Prüfungsformen abbilden. Hierfür ist in einzelnen Lehrveranstaltungen eine Auswahl und spezifischere Formulierung der unten vorgeschlagenen Learning Outcomes notwendig (vgl. etwa Anderson & Krathwohl 2001).

Die Herausbildung und Kultivierung von beraterischer Professionalität findet unseres Erachtens aber nicht nur isoliert in einem Beratungsmodul statt. Da Beratung in der Sozialen Arbeit sowohl eine Schlüsselkompetenz (DBSH) als auch eine Querschnittsmethode darstellt, ist es unserer Erfahrung nach sinnvoll, im Studienverlauf beraterische Professionalisierungsprozesse auch in anderen Lehrveranstaltungen/Modulen anzuregen bzw. in den Blick zu nehmen. Neben der Praxisreflexion sind insbesondere Veranstaltungen/Module zu Handlungsmethoden, Handlungsfeldern oder Konzepten zu nennen.

Vor dem Hintergrund der Vielfalt von Lernzielen sind nach unserer Überzeugung folgende von besonderer Relevanz für die Herausbildung und Kultivierung von beraterischer Professionalität (die in verschiedenen Formaten über das gesamte Studium hinweg adressiert werden sollten): Die Studierenden ...

- verstehen Beratung als Haltung, die mit einem wertschätzend-würdigendem Menschenbild einhergeht.
- können transitive und reflexive Beratung unterscheiden.
- können Beratungsprozesse und einzelne Beratungsgespräche planen, strukturieren und durchführen.
- verfügen über Wissen zur Auftragsklärung und können Beratungsaufträge mit Klient*innen erarbeiten.
- verfügen über Methodensicherheit und können angemessene Methoden und Techniken für spezifische Beratungssituationen auswählen und adäquat umsetzen.
- können spezifische rechtlich-strukturelle Rahmenbedingungen des Beratungshandelns in bestimmten Settings und mit unterschiedlichen Zielgruppen bestimmen und ihr eigenes Handeln darin verorten.
- verfügen über Ambiguitätstoleranz.
- kultivieren (durch Erleben, Kreieren, Ausprobieren) Beziehungskompetenzen und können professionelle Beratungsbeziehungen gestalten.
- kultivieren ein Rollenbewusstsein als Berater*in und Sozialarbeiter*in und integrieren dieses in ihr professionelles Selbstverständnis.
- verfügen über Wissen um eigene Grenzen und können daraus Handlungen ableiten und umsetzen.
- sind Expert*innen von Selbstsorge und verfügen über einen Ressourcen-Habitus.
- kultivieren ein Selbstverhältnis, das von Selbstakzeptanz und Selbstannahme geprägt ist.
- entwickeln einen selbstreflexiven Habitus und verfügen über Biographiekompetenz.
- verfügen über Machtbewusstsein und können Machtverhältnisse in konkreten Beratungssettings und -situationen analysieren.

## 2.4 Bild von Studierenden und leitende Überzeugungen

Das Erlernen von (systemischer) Beratung lässt sich, so unsere Überzeugung, schwerlich von einer systemischen Didaktik entkoppeln, zumal es um mehr geht als das Vermitteln von Lehrinhalten. Eine gelingende Hochschuldidaktik geht unserer Einschätzung nach mit folgenden Prämissen und Vorannahmen einher:

- Student*innen wollen sich professionalisieren, sie wollen sich entwickeln und sie wollen lernen.
- Student*innen sind erfahrungshungrig, wissbegierig, neugierig.
- Angstfreie Erfahrungsräume erhöhen die Wahrscheinlichkeit von nachhaltigem Lernen.

- Selbstwirksamkeit stellt die Basis einer sinnvollen Didaktik dar (Reich 2012, S. 144).
- Student*innen tragen die Ressourcen in sich, um professionelles Beraten zu lernen.
- Es gibt eine untrennbare »Einheit von Lehren und Lernen« (Arnold 2018, S. 15).
- »Lernen ist in seinem Kern immer Selbstlernen« (Arnold 2018, S. 35).

## 2.5  Rolle(n) von Lehrenden

Die Rollen und Aufgaben der Seminarleiter*innen in Hochschullehre sind dabei vielfältig und umfassen u. a. folgende:

- Verantwortliche*r für das Setting
  Als Seminarleitung liegt es in unserer Verantwortung die Rahmenbedingungen des Settings so zu arrangieren, dass ein anregendes, angstfreies Lernen ermöglicht wird. Die Möglichkeitshorizonte beziehen sich auf Gestaltung der Räumlichkeiten, Kommunikation, Umgang und Anregungen von Selbstlernprozessen. Ebenso verstehen wir hierunter eine Sensibilität zur Gestaltung eines Diskretionsrahmens für Rollenspiele oder selbstreflexive (biographische) Formate.
- Arrangeur*in von Lerngelegenheiten
  Lernen ist im Kern letztlich Selbstlernen. Gleichzeitig ist es möglich, über das Arrangieren von Lerngelegenheiten bei den Student*innen Neugier zu wecken, Vertiefungsmöglichkeiten anzuregen, Impulse anzubieten und Selbstwirksamkeitserleben zu fördern. Denn: »Sich als selbstwirksam erleben zu können, ist Dünger für die eigene Lern- und Problemlösungsfähigkeit. Dieses Selbstwirksamkeitserleben kann in Erfahrungen reifen, in denen die Lernenden immer wieder Gelegenheit haben, sich etwas zuzutrauen« (Arnold 2012, S. 72). Beratungslernen lebt von Vielfältigkeiten und Prozessorientierung. Zu den Optionen zählen etwa: Inputs, Kleingruppen, Plenum, Rollenspiele, Übungen, Medien, Selbstreflexionen, Geschichten, Texte, Raum für Fragen und Diskussionen, Erfahrungsaustausch, Humor, aber auch Warm-ups.
- Lernbegleiter*in
  So wie Beratung als Begleitung eines kleinen Stücks auf der Reise durch das Leben verstanden werden kann, kann Beratung-Lehren als Lernbegleitung bei Suchbewegungen interpretiert werden. Reisen ist verbunden mit Wachstumserfahrungen, Entwicklungsprozessen und Anstrengungsleistungen. Auch wenn der Weg gemeinsam zurückgelegt wird, muss er letztlich doch selbst gegangen werden. »Aus diesem Grunde ist kluge Lehre stets Lernzutrauen und Lernbegleitung, keine Belehrung oder gar bloße Erledigung von Lerninhalten« (Arnold 2018, S. 24).
- Supervisor*in
  Zu der Rollenvielfalt gehört für uns auch, eine Supervisionsmöglichkeit für be-

sondere Prüfungsleistungen (z. B. der Entwicklung eines Selbstreflexionsbogens oder der Videoaufzeichnung eines Beratungsgesprächs) anzubieten. Hier finden ressourcenorientierte Rückmeldungen sowie konkrete Anregungen für weitere Entwicklungsschritte als Berater*in Raum.

- Moderator*in von Gruppenprozessen
Das Arbeiten in Gruppenformaten und der Austausch im Plenum sind für die Herausbildung einer beraterischen Identität enorm wertvoll. Sei es hinsichtlich des Lernens von Kooperation, im Sich-Erleben von verschiedenen Rollen oder der Möglichkeit einer Selbstverortung im Hören von anderen Erfahrungen. Gleichzeitig charakterisieren sich Gruppen in Hochschulkontexten – im Vergleich zu Weiterbildungen – durch Flüchtigkeit und wechselnde Zusammensetzung der Teilnehmer*innen im Verlauf des Studiums. Zu den Rollen der Seminarleitung gehört, dem Rechnung zu tragen und Gruppenprozesse und -dynamiken sensibel wahrzunehmen und moderativ zu begleiten.
- Expert*in für Beratung
Vor dem Hintergrund der eigenen Professionalität bezüglich von Beratung (Theorie, Praxis, Selbstreflexion, Selbstsorge, Erfahrungen) ermöglicht sich ein umfassendes Verständnis von Wissen, Können und Handeln. Diese Kompetenzgrundierung bildet den Ausgangspunkt für eine ausgewogene Beratungsdidaktik.
- Modell für Beratungsablauf
Die Möglichkeiten für den feinstrukturierten Ablauf eines Beratungsgesprächs sind vielfältig. Ebenso inwieweit dieser Ablauf vorgestellt (Demo, Lehrvideo, theoretische Skizze ...) und eingeübt werden kann. Gleichzeitig kann es Lernende überfordern, ausschließlich die Vielfältigkeit und Komplexitäten von Beratung zu thematisieren. Beratung-Lehren bietet das Privileg, eine (eigene) Idee von Beratung und Beratungsabläufen zu entwickeln und diese anzubieten.
- Anleiter*in von Methoden
Methodenexpertise reduziert sich nicht nur auf die bloße Beispielgebung oder Präsentation von Methoden oder Techniken. Hierzu zählen wir unter didaktischen Gesichtspunkten auch Überlegungen dazu, Methoden auszuwählen, eine Reihenfolge festzulegen, adäquate Zeiträume festzulegen, Formate des Vorstellens und Einübens kontextsensibel zu arrangieren, Reflexions- und Erfahrungsräume zu kreieren, aber auch Einordnungen und kritische Perspektiven anzubieten.
- Modell für Haltung
Es ist das eine, Haltung theoretisch zu beschreiben. Das andere ist es, diese tatsächlich zu leben. Angenommen Haltung definiert sich über eine innere Einstellung, die in Handeln überführt wird, dann zeigt sich ein haltungsbezogener Modellcharakter nicht nur in ausgewählten Beratungssequenzen oder im unmittelbaren Beratungsgespräch. Unser Verständnis von Haltung impliziert auch die Arbeitsbeziehungen mit Nutzenden von Beratung, Kolleg*innen, Lernenden sowie das eigene Selbstverhältnis.
- Erfahrungsweitergeber*in
Beratung-Lehren beschränkt sich nicht nur auf methodisches Wissen und Theorieauseinandersetzungen. Nach unserer Beobachtung bieten Storytelling zu ausgewählten Inhalten, eigene Erfahrungen mit Methoden, Beratungsprozessen,

Professionalisierungsepisoden oder Fallgeschichten konkretisierende Verständnisangebote im Beratungslernen.
- Lernende*r
»Docendo discimus. – Durch Lehren lernen wir« (Seneca). Hochschullehre ist keine Einbahnstraße, auf der ein Wissenstransfer von einer lehrenden Person auf lernende Personen erfolgt. Jedes Seminar bereichert das eigene Wissen und stellt nach unserer Auffassung eine Lernsituation für alle Beteiligten dar. Beobachtungen, Austausch, Selbstbeobachtung und Fragen ermöglichen uns, eigene Positionen und Ideen zu Beratung zu justieren, Relevanzsetzungen vorzunehmen und immer wieder Feinheiten zu modifizieren.
- Prüfer*in
Gemäß hochschulischen Logiken sind Prüfungen nahezu unhintergehbar und gehören als institutioneller Auftrag zum Rollenrepertoire von Hochschullehrer*innen. Prüfungen sind gekoppelt an Bewertungszusammenhänge und grundieren die Lehr-Lern-Dyade als durchmachtet. Gleichzeitig obliegt der Seminarleitung eine Vielfalt an Möglichkeiten, Prüfungen zu gestalten und mit den Modalitäten transparent umzugehen.

## 2.6 Systemische Haltung(en)

Das »Kofferwort« (Molter & Wolter 2020, S. 182) Haltung stellt in den vielfältigen Kontexten systemischen Denkens eine beliebte Begrifflichkeit dar. Trotz oder eben gerade durch diese Omnipräsenz ist der Terminus – wie auch »systemisch« – nicht einheitlich und trennscharf definiert.

Nach unserem Verständnis lässt sich systemische Haltung im Sinne einer inneren Einstellung verstehen, die in Handeln überführt wird und maßgeblichen Einfluss auf die Beziehungsgestaltung mit Nutzer*innen systemischen Arbeitens hat (Paulick, 2020). Ein solches Verständnis von systemischer Haltung impliziert die Vielfältigkeiten von Beziehungen in professionellen Kontexten, und beschränkt sich nicht auf beraterisch-therapeutische Konstellationen. Systemisch in Arbeitsbeziehungen zu treten, bezieht sich auch auf kollegiale Konstellationen, umfasst das Selbstverhältnis systemisch Arbeitender (Beziehungsarbeit impliziert auch die Selbstbeziehung) und lässt sich – so unser Verständnis – auch als Grundlage von Lehr-Lern-Beziehungen denken.

Nach unserem Verständnis lässt sich systemische Haltung über sieben Aspekte präzisieren, welche in unmittelbaren Wechselwirkungen und Zusammenhangsbildungen miteinander stehen und sich gegenseitig potenzieren. Die hier angeführten sieben Haltungsaspekte sind dabei nicht als Gleichsetzung von systemischer Lehre und systemischer Beratung zu verstehen, vielmehr wollen wir über die Haltungsidee uns auf deren Gemeinsamkeiten konzentrieren. In den Konkretheiten systemischen Arbeitens und all den Vielfältigkeiten unterschiedlicher Spannungsfelder und Intensitäten lassen sich Bruchkanten nicht immer trennscharf bestimmen, daher handelt es sich um Orientierungsvariablen.

*Autonomie* meint die kontinuierliche Rückkopplung und Einbeziehung der Nutzer*innen in systemisches Arbeiten. Ausgangspunkt hierfür ist die Idee einer grundlegenden Selbstbestimmung von Menschen. Dies impliziert die Expertise des eigenen Lebens, insbesondere des subjektiven Wirklichkeitserlebens und der eigensinnigen Lebensgestaltung vor dem Hintergrund permanenter Wahlmöglichkeiten. Die Anerkennung von Autonomie prägt das systemische Arbeiten inhaltlich, methodisch und prozessual. Autonomie umfasst, als Form von Macht, auch Optionen widerständigen Verhaltens z. B. in der Mitwirkungsverweigerung oder Ablehnung von Beratung und Therapie, kollegialen Zusammenhängen oder Lehr-Lernformaten (Paulick & Wesenberg 2019). Letztlich können wir in systemischen Arbeitsformaten überlegte Angebote unterbreiten, die sich jedoch stets in Kontingenz bewegen. Um mit Gregory Bateson zu sprechen: »Man kann das Pferd zum Wasser führen, aber man kann es nicht zum Trinken zwingen. Das Trinken ist seine Sache. Aber selbst, wenn Ihr Pferd durstig ist, kann es nicht trinken, solange Sie es nicht zum Wasser führen. Das Hinführen ist Ihre Sache« (Bateson 1982, S. 128).

*Lösungsorientierung* impliziert sowohl das Beleuchten und Würdigen bisheriger Lösungsversuche, die Maxime von Perspektiverweiterungen, als auch die Fokussierung zukunftsorientierter Lösungsvarianten. Lösungsorientierung als Element systemischer Haltung meint dabei sowohl das methodische Navigationshandeln als auch das Suggerieren einer Grundüberzeugung, dass Lösungen überhaupt möglich sind. Systemische Interventionen (in Beratung sowie in Lehr-Lernformaten) lassen sich dabei auf den ethischen Imperativ verdichten: »Handle stets so, dass die Anzahl der Möglichkeiten wächst« (von Foerster 1993, S. 49).

*Neugier* als Haltung des wertschätzenden Verstehen-Wollens impliziert das Erfragen von subjektiven Wirklichkeitsbeschreibungen und den Eigenlogiken sozialer Systeme. Indem die Nutzer*innen des Systemischen Ansatzes als Expert*innen des eigenen Lebens anerkannt werden, werden zugleich ihre Autonomie, ihre Erfahrungen und ihr Wissen respektiert. Insbesondere mittels offener Fragen (W-Fragen) lassen sich Perspektiverweiterungen, Lösungsversuche, Ressourcen und Zusammenhänge respektvoll und grenzsensibel erfragen, ohne dabei »auszufragen«. Neugier geht unmittelbar mit Zirkularität und Hypothesenbildung einher und ist ein maßgeblicher Parameter von Beziehungsgestaltung, sowohl in Beratungs- als auch in Lehr-Lernformaten.

*Neutralität* bedeutet in systemischen Ansätzen, den Verzicht auf eine wertende Positionierung bezüglich beschriebener Verhaltensweisen, Probleme, Symptome oder Lebensentwürfe einzunehmen. Dementsprechend werden die Ideen zu Problemerklärungen, Sichtweisen, Wirklichkeitskonstruktionen oder Lösungsideen wertungsoffen verhandelt (von Schlippe & Schweitzer 2016, S. 205 f.). Neutralität ist als Grundorientierung zu verstehen, die sich stets im Spannungsfeld mit den institutionellen Aufträgen (Hochschule in Lehr-Lernzusammenhängen; Träger; Menschenrechtsprofession in Beratung) bewegt und immer wieder situations- und kontextsensibel austariert werden muss. In Kontexten von Beratung und Sozialer Arbeit ist der Neutralitätsanspruch insbesondere in Zusammenhängen von Gewalt (etwa Täter*innenarbeit, Kinderschutzarbeit, häusliche Gewalt) nicht im Sinne einer

Allparteilichkeit zu verstehen. Vielmehr gilt es, sich »solidarisch und reflektiertparteilich« (Forum Beratung in der DGVT 2022, S. 3) aufseiten des Opferschutzes zu positionieren und dergestalt »als Form des Beistehens bei Integritätsverletzungen und als Sichtbarmachen von Ungerechtigkeitserfahrungen« (ebd.) zu agieren.

*Ressourcenorientierung* meint das grundlegende Einnehmen einer Perspektive auf Kraftquellen, Fähigkeiten, Fertigkeiten und Kompetenzen (Paulick 2019). Ressourcenorientierung bezieht sich auf die Wahrnehmungsbereitschaft, Beobachtungen, das intrasubjektive Selbstverhältnis sowie intersubjektive Hilfeformate und kann demzufolge als systemische Grundhaltung in Beratung und Lehr-Lernbeziehungen gelten. Als zentrale Leitlinie eines ressourcenorientierten Vorgehens lässt sich die Kombination von Wirklichkeitsbeschreibungen mit Selbstwirksamkeitserfahrungen bestimmen (Paulick & Wesenberg 2019).

*Wertschätzung/Würdigung* bedeutet eine respektvolle, anerkennende und ressourcenorientierte Grundhaltung gegenüber Systemen und ihren Themen. Dies impliziert im systemischen Denken einerseits die würdigende Kommunikation und Interaktion mit Nutzer*innen (sei es bezogen auf Lernende oder Klient*innen in Beratungsformaten), welche stets die Selbstbestimmung von Individuen respektiert. Andererseits umfasst Wertschätzung/Würdigung auch die Förderung und Kultivierung eines wohlwollenden Selbstverhältnisses im Sinne von Selbstfürsorge. »Selbstfürsorge bedeutet demnach, eine achtsame und wertschätzende Beziehung zu sich selbst zu entwickeln und zu pflegen« (Ochs 2020, S. 148).

*Zirkularität* meint das Betrachten von Kommunikation und Verhalten in Wechselwirkungen und Rückkopplungen. Im Gegensatz zu linearer Kausalität und Determinismus forciert zirkuläres Arbeiten das Spielen mit Perspektiven und Beobachtungspositionen in Systemen und den jeweiligen Wirklichkeitskonstruktionen der Beteiligten. Damit einher gehen Unterschiede, die Unterschiede machen (Simon 1993; Simon & Rech-Simon 2018).

Sowohl in Hochschullehre als auch Beratung gilt es diesbezüglich, »liebevoll zu verstören« und immer wieder mit Perspektiven, Beobachtungspositionen und Wirklichkeitskonstruktionen zu spielen. Unter Zirkularität lassen sich – vor dem Hintergrund der Kybernetik zweiter Ordnung – die Verbindungen und Wechselwirkungen von Lehren und Lernen beziehungsweise von Berater*in und Klienten*innensystem als kontingente Konstruktions- und Ko-Konstruktionsprozesse verstehen.

# 3 Beraterische Professionalität – Das magische Dreieck professioneller Identität

»Schau nach innen. Bei keiner Sache soll dir ihre eigene Besonderheit und ihr Wert entgehen.«
Marc Aurel (2019 [ca. 170]): Selbstbetrachtungen, S. 74.

## 3.1 Elemente beraterischer Professionalität

Beraterische Professionalität – so unsere zentrale Idee – lässt sich weder als messbarer, modularisierter Aggregatzustand noch als abrufbares, statisches Kompetenzniveau fassen. Stattdessen entwickelt sich Professionalität dynamisch und prozessual innerhalb eines selbstsorgerisch grundierten und von kontingenten (Selbst-)Erfahrungen beeinflussten »magischen Dreiecks« von Theorie, Praxis- und (Selbst-)Reflexion (▶ Abb. 1).

Komplexe Zusammenspielkonstellationen in einem Dreiecksmodell zu denken, scheint in (sozial-)pädagogischen Zusammenhängen anschlussfähig zu sein. Verwiesen sei exemplarisch auf Johann Heinrich Pestalozzis »Kopf-Herz-Hand« oder Silvia Staub-Bernasconis Tripelmandat. Vor dem Hintergrund eines kompetenzorientierten Studiums im Sozialwesen findet sich bei Marie-José Geenen (2011) und Fred Korthaagen und Kolleg*innen (2003) das Modell eines Dreiecks von Person, Theorie und Praxis, in welchem Reflexion das integrierende Verbindungsinstrument zwischen den drei Komponenten darstellt.

Eine Trias von Schlüsselvoraussetzungen, um beraten zu lernen, findet sich auch bei John McLeod (2011). Gemäß der Prämisse, wonach »das Hauptinstrument der Hilfe oder Therapie [...] die Person des Helfers, der Berater selbst« (McLeod 2011, S. 16) ist, sind 1) Selbsterkenntnis, 2) das Verstehen des Beratungsprozesses sowie 3) praktische Erfahrungen die zentralen Professionalisierungsparameter (ebd.). Für McLeod stellen die Berater*innenpersönlichkeit sowie die Herstellungsleistung einer vertrauensvollen und konstruktiven Arbeitsbeziehung im Beratungskontext die zentralen Qualitätsmerkmale guter und gelingender Beratung dar. Auch in den von der Deutschen Gesellschaft für Beratung 2010 veröffentlichten »Essentials einer Weiterbildung Beratung/Counseling« – als Mindeststandards, die von den Mitgliedsverbänden in den Curricula ihrer Beratungsweiterbildungen berücksichtigt

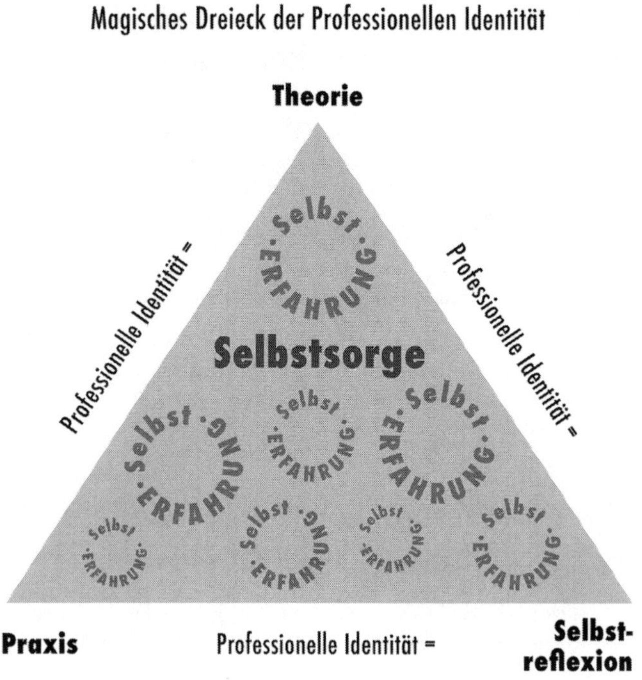

## Magisches Dreieck der Professionellen Identität

**Theorie**

(Selbstsorge, Selbsterfahrung – Professionelle Identität)

**Praxis** — Professionelle Identität = — **Selbstreflexion**

**Abb. 1:** Magisches Dreieck professioneller Identität

werden – findet sich die Differenzierung in drei zentrale Aspekte der Professionalisierung: Die Persönlichkeit der Berater*in, Theorie sowie Praxis (DGfB 2010).

Marc Weinhardt (2015b) beschreibt ein umfassendes Beratungskompetenzmodell, welches sich aus den Komponenten »biographisch-informelle Kontexte«, »Wissen« und »Können« zusammensetzt. Im Bereich »biographisch-informeller Kontexte« werden Überzeugungen und Werthaltungen, motivationale Orientierungen sowie Selbstregulationsfähigkeiten zusammengefasst.

> »Das Modell unterstellt, dass diese Faktoren in einer für Beratung notwendigen Ausformung nicht nur einen wesentlichen Einfluss auf die professionelle Handlungskompetenz haben, sondern vor allem auch in biographisch-informellen Kontexten ihre individuelle Erstausprägung erfahren« (ebd., S. 11).

Der Bereich »Wissen« als zweite Einflusssphäre umfasst nach Weinhardt anschließend an Frank Nestmann und Ursel Sickendiek (2011) feldspezifisches Wissen, Interaktions-/Methodenwissen und diagnostisch-pädagogisches Wissen. Als Hauptlernort für die Sphäre des Wissens werden Bereiche institutionalisierter Bildung (z. B. ein einschlägiges Studium oder formalisierte Beratungsqualifikationen in Fort- und Weiterbildungsinstituten) genannt.

Der letzte Bereich »Können« im Strukturmodell adressiert »den Performanzaspekt beraterischen Handelns« (Weinhardt 2015b, S. 12) und wird in drei Dimensionen – sozial (z. B. Fähigkeit zum konstruktiven Umgang mit Konflikten), zeitlich (z. B. Fähigkeit zur Strukturierung von Beratungssitzungen und des Gesamtprozesses), sachlich (z. B. die Fähigkeit zur Auswahl geeigneter Techniken) – untergliedert. Der angenommene Hauptlernort liegt hier in der (übenden) Praxis und den damit verknüpften Routinisierungsprozessen.

Auch unserem eigenen Modell beraterischer Professionalität liegt eine Annahme von drei zentralen Domänen bzw. Kompetenzbereichen zugrunde – Theorie, Praxis, Selbstreflexion – (ähnlich wie bei McLeod 2011 und Weinhardt 2015b), ergänzt um zwei weitere Aspekte – (Selbst-)Erfahrung und Selbstsorge –, die keine klar abgrenzbaren weiteren Ebenen von Professionalität beschreiben und weniger kontingente Lernprozesse umfassen, sondern vielmehr als notwendige Bedingungen professionellen beraterischen Handelns gesehen werden können, die den Erwerb beraterischer Basiskompetenzen sowie deren Anwendung in beraterischer Praxis entscheidend beeinflussen.

## 3.2 Theorie

Unter »Theorie« verstehen wir diskursives Wissen über Beratung. Theorie meint also sowohl die vielfältigen als auch die konkreten Wissensbündelungen wissenschaftlichen Beratungswissens. Auch wenn das Vorhaben, die Gesamtheit dieses Wissens – insbesondere im Kontext der bologna-bedingten Verdichtungen des Bachelor-Masterstudiums – abzubilden, keinen Vollständigkeitsanspruch verfolgen kann, ist es zugleich umso wichtiger bei Student*innen den »akademischen, kritisch-analytischen Blick« zu kultivieren. Von großem Wert ist es, die historischen Entwicklungslinien von Beratung zu kennen und dergestalt ein Verständnis für die Zusammenhänge und Wechselwirkungen von Beratungsansätzen (u. a. systemisch, verhaltensorientiert, psychoanalytisch, personenzentriert) und Beratungsfeldern zu schaffen. Dabei lassen sich auch die Unterschiedsmarkierungen von Beratung und Psychotherapie parametisieren und diesbezügliche Kriterien diskutieren (u. a. Bräutigam et al. 2022; Kupfer et al. 2021). Gerade weil Beratung in unterschiedlichen Formalisierungsgraden stattfindet, als Querschnittsmethode disziplinspezifisch (Soziale Arbeit, Pädagogik, Psychologie) vielfältig diskutiert wird und durch ihre Omnipräsenz in Alltagsphänomenen eine große Begriffsbreite und damit Unschärfe aufweist, ist eine theoriebasierte Standortbestimmung für die Herausbildung von professioneller Identität unabdingbar.

> »Theorien bieten einen Rahmen für das Verstehen, eine vorläufige Landkarte des Territoriums, das erkundet werden soll, eine Palette von Vorschlägen für mögliche Richtungen, die eingeschlagen werden könnten. Es ist eine der zentralen Aufgaben jedes Beraters, ein theoretisches Zuhause zu finden« (McLeod 2011, S. 58).

Wie Frank Engel, Frank Nestmann und Ursel Sickendiek (2014, S. 35) gezeigt haben, bewegt sich Beratung dabei immer in einer Doppelverortung aus Beratungs- und Interaktionswissen und handlungsfeldspezifischem Wissen (▶ Tab. 1). Diese

Doppelverortung (innerhalb des »magischen Dreiecks«) einzufangen, darf als Anspruch der Theorievermittlungen im akademischen Kontext verstanden werden.

**Tab. 1:** Doppelverortung von Beratung zwischen (unspezifischem) Beratungs-/Interaktionswissen und handlungsfeldspezifischem Wissen

| Beratungs- und Interaktionswissen (Feldunspezifisches Wissen) | Handlungsfeldspezifisches Wissen |
|---|---|
| Historische Gewordenheiten von Beratungsansätzen, Kommunikationsmodelle, Handlungsmodelle, definitorische Standortbestimmungen, aktuelle Wirksamkeitsstudien (z. B. zu Wirkfaktoren, Einflüssen von extra-therapeutischen Faktoren), Beratungsmethodologie, Beratungsmethoden und -techniken, Formalisierungsgrade, politische Dimensionen etc. | Settingspezifische Interventionsformen, gesetzliche Grundlagen, aktuelle Wirksamkeitsstudien, ethische Debatten, Settingbesonderheiten, Netzwerke, institutionelle Rahmenbedingungen, handlungsfeldspezifische Besonderheiten |

## 3.3 Praxis

Die Professionalitätsebene von Praxis umfasst sowohl das Wissen um konkrete Beratungsfelder der unmittelbaren Praxislandschaft (Netzwerke, Angebotsstrukturen Vertreter*innen) vor Ort als auch das konkrete Tun und Erleben von Beratung. Im Lernfeld der Praxis begegnen sich explizites Wissen, implizites Wissen und Handlungswissen. Praxis als Bündelung von Tätigkeits- und Anwendungsformaten korrespondiert dabei mit Wissen von Beratungstheorien. Verstehen und Agieren wird verbunden gedacht. Die Professionalisierungsebene von Praxis setzt ressourcenorientiert am jeweils individuellen Vorwissen der Lernenden an. Nicht selten können Studierende bereits auf Kenntnisse, Fähigkeiten und Erfahrungen aus ehrenamtlichen Tätigkeiten, Ausbildungen oder Peerkontexten zurückgreifen. Dieses Wissen im Rahmen von Beratungspraxis zu integrieren ist für alle Teilnehmenden lohnenswert.

Einen besonderen Stellenwert kommt der studienintegrierten Praxisphase zu, denn hier wird Beratung als Querschnittsmethode im konkreten Feld (jenseits von »Laborbedingungen« im Seminar) erfahren. Die Bedeutsamkeit der begleiteten Praxisphase ist für die Professionalisierung kaum zu überschätzen, zumal sie weit mehr als ein Agieren im Feld umfasst, vielmehr auch die Auseinandersetzung mit Rollenerwartungen, Kontaktaufbau, Herausforderungen von Nähe-Distanz, Prozessplanung bis hin zu Fragen des Vertrauens- und Datenschutzes umfasst. Andererseits bieten sich durch zentrale Formate, wie der Kollegialen Fallberatung (▶ Kap. 7.4) und dem Reflektierenden Team (▶ Kap. 7.5), als Strukturkategorien der hochschulischen Begleitung des Praktikums in kleineren Gruppen Räume von Selbstwirksamkeit, Reflexivität und konkreter beraterischer Methodenanwendung.

Beratungsmethoden und -techniken lassen sich nicht über die passive Aufnahme von Erkenntniswissen oder das Lesen von Texten erfahren, vielmehr ist es das anwendungsorientierte unmittelbare Tun, Ausprobieren und (Aus-)Üben, welches entscheidend zur Herausbildung eines professionellen Habitus beiträgt. »Sie können über Schwimmen lesen, Sie können andere beim Schwimmen beobachten, aber Sie können nicht wirklich wissen, was alles damit verbunden ist, bis Sie selbst ins Wasser tauchen« (Satir 2020, S. 87). Für die anwendungsorientierte Begegnung mit Methoden und Techniken, die in konkretes Erleben überführt werden soll, bieten sich zwei Herangehensweisen an. Zum einen die Arbeit an eigenen Themen im Kontext von Beratung, zum anderen die Simulation anhand von Rollenspielen. Für beide Varianten bietet sich nach unserer Erfahrung an, in 3-Personenkonstellationen zu arbeiten: a) Berater*in, b) Klient*in, c) Beobachter*in, wie wir an späterer Stelle noch ausführen (▶ Kap. 5.2).

## 3.4 Selbstreflexion

Anschließend an Werner Helsper (2021, S. 272)

> »[...] ist eine weitere Wissensform hoch bedeutsam für Professionelle, nämlich ein (selbst) reflexives und biographisches Wissen. Denn nur, wenn man zum eigenen praktischen Handeln auch in eine Beobachtungs- und Reflexionsperspektive zu wechseln vermag, lässt sich dieses einer Überprüfung unterziehen und auf dieser Grundlage auch verändern. Und nur wenn dies auch gegenüber den eigenen impliziten Orientierungen und den eigenen biographischen Erfahrungen möglich wird, können sich Professionelle auch zu den eigenen impliziten und latenten Deutungsmustern, Orientierungen, Vorlieben und Abneigungen positionieren, die von grundlegender Bedeutung für die Ausgestaltung des eigenen professionellen Handelns sind«.

Selbstreflexionen sind eine unmittelbare Form der Begegnung mit sich selbst und stellen einen elementaren Bestandteil von Professionalität dar. Wie Michel Foucault (1986a, 1986b, 2004) in seiner Historie der Sexualität gezeigt hat, waren Selbsterkenntnis und Selbstsorge essentielle Gegenstände in der Geschichte des Denkens. Während die Beziehungen von Selbstsorge und Selbsterkenntnis in der mediterranen Antike als Fragen philosophischer Lebenskunst und referentiell zur Idee einer »Ästhetik der Existenz« behandelt wurden, sind im Laufe der Geschichte der »Hermeneutik des Subjekts« Verschränkungen, Ausdifferenzierungen, und Modifikationen mit Kunst- und Kulturformen, Religionen und Humanwissenschaften zu konstatieren (Paulick 2021, S. 164f.) (▶ Kap. 9.1).

Dergestalt haben selbstreflexive Praxen in der Geschichte von Beratung und Therapie in unterschiedlichen Varianzen und Ausgestaltungen Traditionslinien, welche bis (mindestens) in die mediterrane Antike zurückreichen. Sie sind also kein (post-)modernes Phänomen, vielmehr sind Marc Aurels Selbstbetrachtungen, Sokrates Aufforderung, sich mit sich selbst zu beschäftigen, und Sigmund Freuds Konzept der Lehranalyse keine Koinzidenz, vielmehr sind sie als Varianten der Inblicknahme des Selbst miteinander verbunden. Selbstreflexionen als Form der Autokonsultation sind in der vielstimmigen Ideengeschichte der Beratung ein wichtiger Bestandteil des Verstehens (Macho 1999, S. 24 ff.; Wandhoff 2016, S. 126 ff.).

Im Zusammenhang mit dem magischen Dreieck der Professionalität impliziert die Ebene der Selbstreflexion weit mehr als Selbsterkenntnis bezogen auf ausgewählte Gegenstandsbereiche. Vielmehr ist die Idee von Selbstreflexion – gerade weil sie in der Trias mit Theorie und Praxis wechselseitig verbunden gedacht wird – als Selbstverhältnis zu verstehen. Die Entwicklung eines reflexiven Verständnisses von sich selbst in seiner Gewordenheit nimmt zuallererst die Person der Berater*in als Biographieträger*in in den Blick. »Die Reflexion ist ein Prozeß, in dem wir erkennen, wie wir erkennen, das heißt eine Handlung, bei der wir auf uns selbst zurückgreifen« (Maturana & Varela 2018, S. 29).

Von hier aus lassen sich ethische Standortbestimmungen (z. B. zum Umgang mit Unfreiwilligkeit, Suizidalität, ▶ Kap. 5.4) vornehmen, eigene Fähigkeiten und Fertigkeiten ressourcenorientiert zusammenführen, vermeintlich vertrautes Terrain unter ganz neuen Perspektiven beschauen, Ungedachtes entdecken, Gewissheiten prüfen sowie eigene Grenzen sichtbar machen. Selbstreflexionen basieren auf der Lust an der Selbsterforschung und werden getragen vom Versprechen des Selbstverstehens, sie können daher als »ein schöpferisches Labor« (Dufourmantelle 2018, S. 36) verstanden werden. Das Navigieren durch die eigene Biographie erfordert einerseits Mut, »die Vergangenheit neu zu entdecken« (ebd., S. 35), andererseits sind Selbstreflexionen durch die sie strukturierenden Intimitätsgrade eingewoben in Selbstsorge. Als eine Variante von Autobiographie sind selbstreflexive Praxen zugleich eine Art »Blind Date mit sich selbst« (Paulick & Wesenberg 2020), die uns einladen, wenig vertrautes Terrain unserer selbst zu beschauen. Denn: »Wir sehen nicht, was wir nicht sehen, und was wir nicht sehen, existiert nicht« (Maturana & Varela 2018, S. 260).

Selbstreflexion ist dabei eng verknüpft mit Selbstsorge und unmittelbar verbunden mit Introspektion, mit Selbstbestimmung, mit dem Wahrnehmen von Emotionen, von Grenzen, von Bedürfnissen und mit Selbstakzeptanz. Dies beschreibt keineswegs einen Idealzustand der Abwesenheit jedweder biographischer Wunden oder Beschädigungen. Gleichwohl bedeuten Selbstreflexion und Selbstsorge im Kontext von Professionalität die Bereitschaft, sich mit Dysbalancen, Übertragungsphänomenen, biographischen Narben oder eigenen Themen, die sich in das Arbeitsbündnis (etwa als impliziter Auftrag, ▶ Kap. 6.3) hineinwirken können, auseinanderzusetzen. Es soll also nicht darum gehen, dass in dem Rucksack, mit dem wir durch das Leben gehen, nichts enthalten sein darf, vielmehr besteht ein erster wichtiger Schritt darin, zu wissen, was sich alles in diesem Rucksack befindet, um dann zu schauen, wie damit adäquat umgegangen werden kann.

Zentrale Fragen könnten etwa sein:

- Wie bin ich geworden wie ich bin?
- Welche Erfahrungen aus meiner Biographie kann ich für die Profilbildung eine*r Berater*in nutzen?
- Welche roten Fäden durchziehen mein Leben?
- Wie lässt sich meine beraterische Professionalität kartographieren?
- Woran bin ich gewachsen?
- Was und wer hat mir dabei geholfen?
- Welche Ressourcen habe ich wann wie erworben?
- Welche Bewältigungsaufgaben stehen vielleicht noch an?
- Inwieweit nutze ich Erinnerungsbilder als »Ethnologin meiner Selbst« (Erneaux 2021, S. 30)?
- Welche eigenen Erfahrungen mit professioneller psychosozialer Hilfe bringe ich mit?
- Welche Bilder von Berater*innen (Sozialarbeiter*innen, Therapeut*innen etc.) durchziehen mein Leben?
- Was sind für mich (eventuell) Tabuthemen?
- Auf welche Distanzierungstechniken kann ich zugreifen?
- Bei welchen Themen wäre es besser und verantwortungsvoller, die Beratung an eine Kolleg*in abzugeben?
- Welche Erfahrungsschätze habe ich, die mir eine besondere Demut vor dem Beratungsthema ermöglichen?

Selbstreflexivität lässt sich zunächst in vorstrukturierten, themenbezogenen und angeleiteten Formaten entwickeln, vertieft sich in biographisch-professionalitätsgenerierenden Narrationen und Visualisierungen des Gewordenseins (Rohr & Baum 2019; White 2010), und generiert sukzessive einen Habitus der professionellen Selbstbetrachtung. »Selbstreflexivität ist daher nach wie vor ein entscheidendes Merkmal professioneller beraterischer Praxis« (Levold & Osthoff 2016, S. 516).

In selbstreflexiven Formaten liegt die Möglichkeit, sich selbst vertiefend, aber auch anders zu begegnen. Jede Selbstreflexion ist eine Form von Autobiographie, eine Momentaufnahme, ein Augenblickshandeln und stets von Selektivität und Einmaligkeit gekennzeichnet. Selbsterkundung geht einher mit Auswahlhandeln, Selektivität, Komplexitätsreduktion, Fokussierung, Akzentuierung, Weglassen, Neurahmen, Entdecken. Die Beschäftigung mit dem eigenen Leben kann durchaus als philosophisches Problem verstanden werden (Thomä 2015). Nicht zuletzt, da selbstreflexive Praxen auch stets Varianten von Identitätsarbeit sind und das Kartographieren von Erfahrungen und biographischen Elementen sich zwischen Selbstentwürfen und Prozessen des Selbstverstehens bewegt (Bieri 2011; Hanses 2004). In der Verschränkung von Selbsterkundung, Selbstforschung und Selbstverstehen treten Vielfältigkeiten von Selbstporträts zutage, die zur Konturenschärfung beraterischer Professionalität beitragen (Paulick 2021).

## 3.5 Selbstsorge

Selbstsorge stellt die »Grundierungsfläche« des magischen Professionalitätsdreiecks dar. Es handelt sich um keinen klar abgrenzbaren Professionalitätsbereich; vielmehr verstehen wir hierunter das Fundament eines wertschätzenden Selbstverhältnisses, das wohlwollend eine aufmerksame und liebevolle Beziehung zu sich selbst pflegt. Die Grundlage für belastbare Arbeitsbeziehungen und die Gestaltung von verantwortungsvollen Beratungskontexten wächst auf einem selbstsorgebedachten Selbstverhältnis der Berater*innen.

Mit Gunther Schmidt kann in diesem Zusammenhang von einer »altruistischen Egozentrik« gesprochen werden:

> »Berater haben die ethische Pflicht, im Dienste optimaler Arbeit für die Klienten es sich immer sehr gut gehen zu lassen, und falls dies gerade einmal nicht abläuft, als erstes (noch lange, bevor sie an die Bedürfnisse der Klienten denken) schnell wieder dafür zu sorgen, dass alles gewährleistet ist in der Kooperation, sodass es ihnen gut gehen kann, erst dann sollte auf die Klienten fokussiert werden – sonst macht man sich schuldig an Klienten« (Schmidt 2017, S. 30).

Selbstsorge meint weder Burnoutprävention im Sinne von Arbeitskrafterhaltung, weder eine Art Hochleistungssport an Achtsamkeitspraktiken, weder auf Leistungsoptimierung angelegte Selbstmanagementstrategien noch das Aufzeigen eines Sammelsuriums von sogenannten Psychohygienetools. Rekurrierend auf Foucault (1986a, 1986b, 2004) verstehen wir unter Selbstsorge das Kultivieren eines wertschätzenden und wohlwollenden Selbstverhältnisses und einer ressourcenorientierten und sensiblen Haltung, sich selbst gegenüber. Zentral bedeutsam erscheint hierbei auch eine gelingende Balance von Nähe und Distanz in der Gestaltung von professionellen Beziehungen. Zentrale Fragen können etwa sein:

- Inwieweit bin ich die Person, der es am besten im Raum geht?
- Welche Schutzräume stehen mir zur Verfügung?
- Inwieweit habe ich private Kontakte zu Klient*innen?
- Wie trenne ich Privates und Berufliches (z. B. Umgang mit privater Telefonnummer, Erreichbarkeit)?
- Etc.

Selbstsorge impliziert die Fähigkeit zur Selbstbeobachtung, achtsam den Blick auf sich selbst zu richten und eigene Empfindungen und Belastungen wahrzunehmen (s. o.: Selbstreflexion). Es bedeutet auch, insbesondere bei schweren Themen Verantwortung für sich selbst zu übernehmen und Ausstiegspunkte zu finden (beispielsweise bei den Themen Suizid, Gewalt, Selbst- oder Fremdgefährdung), wenn eigene Betroffenheiten eine adäquate und aktuelle Auseinandersetzung im Lehrformat erschweren oder sogar verhindern. Das Entdecken von eigenen Themen und Ableiten von konkreten Schritten daraus (zum Beispiel die Inanspruchnahme von psychosozialer Beratung, sich selbst diese Themen strukturiert anzuschauen oder die Aufnahme einer Therapie oder oder) stellt unseres Erachtens eine zentrale Qualität dar und zeichnet Professionalität aus.

»Es ist professionell und verantwortlich, sich um das Heilen der eigenen Wunden und das liebevolle Annehmen des eigenen Gewordenseins zu kümmern« (Zito & Martin 2021, S. 119).

»Reflektierte Professionalität beinhaltet einen sorgsamen Umgang mit den persönlichen und fachlichen Ressourcen und deren Pflege. Für den Einzelnen/die Einzelne heißt das:

- die Grenzen der eigenen Belastbarkeit zu kennen;
- Anzeichen rechtzeitig zu bemerken;
- institutionelle und individuelle Entlastungsmöglichkeiten in Anspruch zu nehmen;
- eine Balance zwischen der eigenen Rolle und dem Auftrag im jeweiligen Kontext zu finden;
- sich einer reflektierenden Außenwelt zu stellen (Supervision, Intervision, Fortbildung)« (DGSF 2020).

Selbstsorge bedeutet einen Ressourcenhabitus zu kultivieren, die Fähigkeit und Bereitschaft den Blick auf sich selbst zu richten und die innere Haltung, permanent gut für sich zu sorgen.

Beratung als Hilfeform ist geradezu prädestiniert für Dysbalancen von Selbstsorge. Sei es durch die zunehmend sich verdichtenden Arbeitsprozesse im Zuge der Ökonomisierung des Sozialen, in der konkreten Interaktion das Balancieren von Nähe und Distanz, aber auch der Mitgefühlstress bis hin zur stellvertretenden Traumatisierung durch die dauerhafte Schwere der Themen – denn nicht selten sind die Thematisierungen von Klient*innen assoziiert mit Ängsten, Gewalt, Traurigkeit oder Verlusten – oder der lange biographische Schatten der Helfer*innenpersönlichkeit. Die Herausbildung und (Weiter-)Entwicklung eines achtsamen und wohlwollenden Selbstverhältnisses impliziert auch eine Sensibilisierung für eigene Grenzen, Ressourcen und Überlastungssignale (McLeod 2004, S. 386 ff.; Zito & Martin 2021, S. 27 ff.).

## 3.6 (Selbst-)Erfahrung

Der Begriff der Erfahrung ist mit verschiedenen Bedeutungsdimensionen assoziiert. Im Kontext von Beratungsprofessionalisierung meint Erfahrung das Herausbilden von Routinen durch Wiederholen von praktischen Tätigkeiten, indem etwa in Rollenspielen kleine Einheiten einer Beratung (z.B. Auftragsklärung, einzelne Methoden oder Settingkonstellationen) oder vollständige Beratungsgespräche durchgeführt werden und diesbezüglich eine Vertrautheit mit der Situation, dem Setting, konkreten Techniken und Methoden entsteht. Neben der Routineherausbildung durch ein bewusstes (Ein-)Üben von Handlungen und ein Sich-Selbst-Erleben in diesen Formaten meint Erfahrung auch die Gesamtheit von zeitlichen Anhäufungen beraterischer Tätigkeiten und theoretischer Auseinandersetzungen. Diese Verschränkungskonstellation von theoretischem und praktischem Wissen wird häufig mit dem Terminus der Berufserfahrung versucht, einzufangen.

In unserem Modell der professionellen Identität soll mit (Selbst-)Erfahrung insbesondere die qualitative Dimension des Erfahrungsterminus eingefangen werden, ohne dabei die Relevanz der anderen Dimensionalitäten in Abrede zu stellen. Vielmehr geht es uns um eine Akzentuierung und Eingrenzung, welche insbesondere die Persönlichkeit der*des Berater*in in den Blick nimmt.

Rekurrierend auf Michel Foucault ist Erfahrung »etwas Selbstfabriziertes, das es vorher noch nicht gab und das es dann plötzlich gibt« (Foucault 2005a, S. 57). Erfahrung bezieht sich auf etwas Schöpferisches, auf Kreativitätsmomente, auf etwas Künstlerisches und zugleich Kontingentes, denn: »Eine Erfahrung ist etwas, aus dem man verändert hervorgeht« (ebd., S. 52). Bezogen auf die Herausbildung beraterischer Professionalität greift es zu kurz, (Selbst-)Erfahrung im Hochschulkontext auf eine Moduleinheit reduziert zu denken, vielmehr findet Erfahrung innerhalb des magischen Dreiecks auf jeder Referenzebene statt. Sehr individuell und in verschiedenen Intensitäten. Gleichzeitig bietet nicht jede Auseinandersetzung mit Beratung – sei es das Lesen eines Textes, das Anwenden einer Beratungstechnik oder Methode – die Intensität einer echten Erfahrung.

Wie bereits mehrfach beschrieben, ist der Erwerb von Beratungskompetenzen unmittelbar an die Person geknüpft: »Berater zu sein verlangt auch, sich auf eigene Erfahrungen beziehen zu können, um Beziehungen zu den Menschen zu entwickeln, denen man zu helfen versucht« (McLeod 2011, S. 26). Wichtig ist in verschiedensten Formaten, die Erfahrungen beraterischen Tuns ermöglichen, diese biographischen Erfahrungsschätze reflektierend einzuholen, diese und die persönlichen Erfahrungsreichtümer im aktuellen Handeln ressourcenorientiert einzubinden, mit der Idee und dem Vertrauen darauf, die Herausbildung eines persönlichen Beratungsstils und einer eigenen Beratungshaltung anzuregen. (Selbst-)Erfahrung lässt sich dabei nicht auf biographische Auseinandersetzungen, explizite Selbstreflexionen oder das Erfahren der beraterischen Methoden als Klient*in reduzieren (der (Selbst-)Erfahrungs-Begriff entspricht an dieser Stelle insbesondere auch nicht deckungsgleich »Selbsterfahrung« in der üblichen terminologischen Verwendung in psychotherapeutischen oder beraterischen Weiterbildungen, ▶ Kap. 8.1). Auch in Rollenspielen können Erlebensintensitäten auftreten, können einzelne Methoden oder Techniken einen überraschenden Veränderungscharakter mit sich bringen ebenso kann in der Beschäftigung mit Beratungstheorie eine Art »Erweckungserlebnis« stattfinden und anregen biographisch geformte kognitive Konzepte von Beratung (z. B. als primär instruierende, direktive Handlungsform) zu hinterfragen – alles sehr subjektiv und individuell ganz unterschiedlich. (Selbst-)Erfahrungen sind nicht auf narrative und intellektuelle Ebenen reduzierbar, sie finden ebenso auf emotionaler und somatischer Ebene statt, und sind als diesbezügliche Verschränkung unmittelbar in Selbstverhältnisse verwoben.

(Selbst-)Erfahrungen ereignen sich in Kontingenzräumen, treten als Inseln auf und sind als Identitätskomponenten untrennbar in Selbstverhältnisse verwoben. (Selbst-)Erfahrung lässt sich allenfalls anregen und verläuft nicht gemäß standardisierbarer, planbarer und linearer Logiken, an deren Ende das Produkt eines professionellen Beratungssubjekts als Träger*in eines einheitlichen Kompetenzniveaus steht. Wir verstehen unter (Selbst-)Erfahrung im Sinne eines Oberbegriffes den »Prozess des Beratenlernens im sich gegenseitig beeinflussenden und selbstsorgegrundierten (Beziehungs-)Geflecht von Theorie-Praxis-Selbstreflexion« (Paulick & Wesenberg 2020, S. 12), wobei alle Erfahrungen sich vor dem Hintergrund biographischer Faktoren und persönlicher Orientierungen und Fähigkeiten (etwa zu Selbstregulation) entfalten und mithin also stets subjektive Selbst-Erfahrungen sind, die im individuellen Lernprozess eine mehr oder weniger bedeutende Rolle einnehmen können.

**Teil II Didaktische Zugänge zur Aneignung von Beratungskompetenzen**

# 4 Theoretische Zugänge zu psychosozialer Beratung in der Sozialen Arbeit

»Lesen ist ein großes Wunder. Was hast du vor dir, wenn du ein Buch aufschlägst? Kleine, schwarze Zeichen auf hellem Grunde. Du siehst sie an, und sie verwandeln sich in klingende Worte, die erzählen, schildern, belehren. In die Tiefen der Wissenschaft führen sie dich ein, enthüllen dir die Geheimnisse der Menschenseele.«
Maria von Ebner-Eschenbach (o. J. [Orig. 1912]):
Erzählungen und andere Werke, Pos. 13787 f.

## 4.1 Definitorische Annäherungen

Einerseits scheint die Bedeutung von Beratung innerhalb Sozialer Arbeit unbestritten: Beratung wird in den einschlägigen Fachtexten als »eigenständige Tätigkeit im Handlungsrepertoire einer Fachkraft der Sozialen Arbeit« (Abplanalp et al. 2020, S. 17) sowie als »Interaktionsmedium« (ebd., S. 21), als »konkrete[] Handlungs- und Erbringungsform« (Bauer & Weinhardt 2016, S. 3) oder als zentrales »Handlungsformat oder Konzept der Sozialen Arbeit« (Zwicker-Pelzer 2021, S. 61) beschrieben. Andererseits konstatieren Dieter Wälte und Anja Lübeck (2021, S. 25), dass »Beratung« allgemein »ein populärer Container-Begriff [sei], der für alles und jedes verwendet wird.«. Der Begriff Beratung wird in verschiedenen Disziplinen auf ganz unterschiedliche Art und Weise verwendet und es ist zunächst eine Konturierung notwendig, welches Beratungsverständnis für Soziale Arbeit bedeutsam erscheint. Wir beziehen uns hierbei insbesondere auf die grundlegenden definitorischen Annäherungen und paradigmatischen Annahmen, die in einer Forscher*innen-Gruppe um Frank Nestmann, Ursel Sickendiek und Frank Engel seit den 1990er Jahren kontinuierlich weiterentwickelt werden. Nach Nestmann und Sickendiek (2018, S. 110) unterstützt Beratung Menschen dabei,

> »Anforderungen und Belastungen des Alltags oder schwierigere Probleme und Krisen zu bewältigen. […] Beratung leistet Beistand bei der kognitiven und emotionalen Orientierung in widersprüchlichen und unübersehbaren Situationen und Lebenslagen. Sie unterstützt Ratsuchende dabei, Wahlmöglichkeiten abzuwägen, sich zwischen Alternativen zu entscheiden oder aber Optionen bewusst offenzuhalten. Beratung fördert Zukunftsüberlegungen und Pläne, die aus neu gewonnenen Zielrichtungen und Entscheidungen resultieren, sie hilft Ratsuchenden die Planungsschritte zu realisieren und begleitet erste Handlungsversuche mit Reflexionsangeboten.«

Nestmann und Sickendiek (2018) verweisen im Weiteren bereits auf erste Spezifika von Beratung innerhalb Sozialer Arbeit:

> »Beratung kann ansetzen, bevor manifeste Probleme entstehen, kann bei aktuell bestehenden Schwierigkeiten in Anspruch genommen werden oder in Bezug auf den Umgang mit Folgen von Beeinträchtigungen. Allerdings sind Lebensschwierigkeiten von KlientInnen z. B. im Rahmen Sozialer Arbeit häufig nicht in letzter Konsequenz ›lösbar‹ oder ›behebbar‹. So muss sich Beratung oft darauf beschränken, Schwierigkeiten zu reduzieren und mildern zu helfen oder Menschen dabei zu unterstützen, mit den Folgen von Problemen besser leben zu können« (ebd.).

Weiterhin relevant für das Beratungsverständnis, auf welches sich die Ausführungen in den folgenden Kapiteln beziehen, erscheint uns eine Fokussierung auf »psychosoziale« Beratung. Anschließend an Kröger und Vogt (2020, S. 20) spiegelt

> »[d]er Begriff der psycho-sozialen Beratung […] wider, dass sich individuell empfundene und erlebte Not, ein ›Nichtzurechtkommen‹ im Alltag und in unterschiedlichen Lebensbereichen, nicht in einem sozialen Vakuum ereignet, sondern eng mit sozialen Anforderungen (z. B. durch Belastungen in nahen zwischenmenschlichen Beziehungen oder durch prekäre Lebensverhältnisse) und gesamtgesellschaftlichen Entwicklungen verbunden ist«.

In diesem Sinne präzisiert der Begriff zunächst vor allem unser Grundverständnis, in dem die Schwierigkeiten, die für Klient*innen Sozialer Arbeit häufig Ausgangspunkt von Beratungsprozessen bilden, nicht in einer individualisierten Zuschreibung primär als Resultat persönlicher Fehlentscheidungen, problematischer Persönlichkeitszüge oder biographischer Lebenskrisen, sondern immer eingebettet in gesellschaftliche Funktionssysteme und Zuschreibungen zu verstehen sind (vgl. u. a. auch Engel & Nestmann 2020; Gahleitner, Kupfer & Wesenberg 2021). Weiterhin werden

> »[m]it dem Begriff der ›psychosozialen Beratung‹ […] der rechtliche Rahmen, die gesellschaftlichen Funktionen von Beratung im Kontext Sozialer Arbeit und die strukturelle Bedingtheit von Problemlagen ebenso aufgenommen wie eine auf Einzelne oder Gruppen ausgerichtete psychologisch begründete Veränderungsarbeit« (Bauer & Weinhardt 2016b, S. 3).

Insgesamt umfasst der Begriff psychosozialer Beratung damit immer noch ein sehr »weite[s] Feld«, in dem es »kein einheitliches Handlungsmodell und keinen einheitlichen Wissenskanon, auf den sich Professionelle berufen können, gibt. Stattdessen ist eine Vielfalt an Konzepten, Strategien und Interventionsansätzen unterschiedlicher theoretischer Provenienz zu konstatieren« (Strasser 2021, S. 48). Trotz der von Josef Strasser (2021) angesprochenen Vielfältigkeit, gibt es gewisse elementare Kernelemente, die (psychosoziale) Beratung in allen ihren verschiedenen Facetten überschneidend kennzeichnen: Engel und Nestmann (2021, S. 31; mit Verweis auf Nestmann & Engel, 2002) nennen etwa »Reflexivität, Raumlassen ebenso wie strukturierende Orientierung und Freiheit mit Blick auf Entscheidungen«. In ihrer Entwicklung hat sich psychosoziale-Beratung dabei stark von einem direktiven Beratungsverständnis distanziert und

> »wird heute vielmehr als hoch reflexiv angelegte Hilfeform betrachtet, die auf eine freiwillige aushandlungsorientierte Bearbeitung adressatInnenbezogener Problemstellungen zielt (vgl. Nestmann & Sickendiek 2011). Dazu gehört eine starke Zurückhaltung bezüglich instruierender Information oder auch gegenüber einem auf Belehrung abzielenden Ar-

beitsprogramm. Stattdessen geht es darum, Selbstklärungsprozesse bei den AdressatInnen anzuregen und Ressourcen zur alltagsnahen Lösung der thematisierten Problemstellungen zu aktivieren«,

so Bauer und Weinhardt (2014a, S. 85). Die theoretischen, konzeptionellen und methodischen Zugangsweisen sowie die Settings und Handlungsformen der Realisierung sind wie von Strasser angesprochen äußerst vielfältig und es stellt sich die Frage, welche Wissensbestände für Studierende Sozialer Arbeit von Bedeutung sind. Unseres Erachtens benötigt es hierzu einerseits grundlegende Kenntnisse zu Ansätzen, Konzepten und Handlungsformen von Beratung allgemein, zugleich aber v. a. auch disziplin- und professionsspezifische Zugänge Sozialer Arbeit, die im folgenden Kapitel näher betrachtet werden.

Formen und Settings von Beratung sind heute überaus plural. Insbesondere technikunterstützte und medial vermittelte Beratungsformen haben in den letzten Jahren in Folge der Corona-Pandemie an Bedeutung gewonnen. Parallel finden sich weiterhin zahlreiche Varianten von Face-to-face-Beratungen an unterschiedlichsten Orten. Hier gewinnen insbesondere auch alltagsweltnahe, flexible und mobile Angebote an Relevanz. Hinsichtlich von Formalisierungsgraden von Beratung können paradigmatisch drei Formen unterschieden werden:

a) informelle Beratung (z. B. unter Kolleg*innen, Freund*innen oder in der Familie),
b) halbformalisierte Beratung (Beratungstätigkeiten von Fachkräften, insbesondere mit psychosozialen oder gesundheitsbezogenen Grundberufen, innerhalb ihrer professionellen Tätigkeiten, ohne spezifisch dafür angestellt zu sein und ohne diese beratenden Tätigkeiten explizit als Beratung auszuweisen) und
c) formalisierte Beratung (Beratung erbracht von als Berater*innen ausgewiesenen, spezifisch qualifizierten Fachkräften v. a. innerhalb hochformalisierter Settings, z. B. Beratungsstellen für Erziehungsberatung oder Suchtberatung) (u. a. Nestmann & Sickendiek 2018; Sickendiek, Engel & Nestmann 2008).

Insbesondere halbformalisierte Beratung ist dabei für Soziale Arbeit zentral. Diese Form von Beratung ist nach Nestmann und Sickendiek (2018, S. 110) »eine ›Querschnittsmethode‹, die andere Anleitungs-, Versorgungs- oder Unterstützungsleistungen durchzieht und ergänzt«. John McLeod und Julia McLeod (2011) sprechen in diesem Zusammenhang auch von »Embedded Counselling«.

## 4.2 Kurz gefasst: Spezifika von Beratung in Sozialer Arbeit und aktuelle Diskurse

Im Folgenden betrachten wir die Spezifika von psychosozialer Beratung, die von Sozialarbeiter*innen in verschiedenen Formaten und Formalisierungsgraden erbracht wird. Die Einbettung innerhalb der Sozialen Arbeit bedeutet unter anderem, dass Beratung innerhalb eines Rahmens disziplin- und professionsspezifischer Theorien und Handlungsmaximen erfolgt. Sabine Schneider (2006) konnte in einer qualitativen Studie zu sozialpädagogischer Beratung anhand der Analyse von 20 Interviews mit Professionellen aufzeigen, welche Vorgehensweisen, Grenzen und Professionalitätsverständnisse die Beratung in der Praxis bestimmen und welche theoretischen Konzepte und Modelle als Orientierung für konkretes Handeln dienen. Von den Berater*innen selbst erfolgt dabei in der Beschreibung ihres Vorgehens kaum ein expliziter Rückbezug auf theoretische Konzepte, wobei sich in der Analyse in den Begründungslogiken im Material klare Orientierungsfolien entlang zentraler Theorien und Paradigmen von Sozialer Arbeit (u. a. lebensweltorientierte Soziale Arbeit nach Hans Thiersch, analytisch orientierte Sozialpädagogik nach Burkhard Müller oder Annahmen des Lebensbewältigungs-Konzepts nach Lothar Böhnisch) finden lassen. In diesem Sinne ermöglicht der Theoriediskurs handlungsleitende Interpretationen und Entscheidungen für die Beratungspraxis in Sozialer Arbeit, es stellt sich nach Schneiders Analyse allerdings die Frage, inwiefern eine intensivere gegenseitige Vermittlung zwischen Theorie und Praxis bereits im Studium erfolgen kann. Von den Befragten selbst werden fehlende konkrete Übungen von Interventionsstrategien und mangelnde (Selbst-)Reflexionsmöglichkeiten als Defizite des eigenen Studiums bzw. der eigenen Ausbildung benannt. Es ist dabei einerseits darauf hinzuweisen, dass die Studie bereits 2006 publiziert wurde und das sozialpädagogische Studium der Befragten zum Befragungszeitpunkt durchschnittlich bereits mehr als zehn Jahre zurücklag (also lange vor der Bologna-Reform). In diesem Sinne kann nicht zwangsläufig davon ausgegangen werden, dass Curriculum und Vermittlungsformate mit heutigen grundständigen Studiengängen Sozialer Arbeit vergleichbar sind. Andererseits gibt es auch heute zahlreiche kritische Einschätzungen hinsichtlich der (fehlenden) reflexiven Verknüpfung von theoretischen Wissensbeständen und Handlungspraxis im Studium Sozialer Arbeit (▶ Kap. 1). Auch und vor allem bezogen auf den Erwerb von Beratungskompetenzen steht der Theorie-Praxis-Transfer als zentrale Anforderung. Weiterhin sind reflexive Bezugnahmen der Beratungspraxis auf (berufs-)ethische Orientierungen Sozialer Arbeit bedeutsam. Zentrale Grundlage Sozialer Arbeit bilden gemäß der Definition des Deutschen Berufsverbands für Soziale Arbeit (DBSH) und des Fachbereichstags Soziale Arbeit (2016, Übersetzung und definitorische Schärfung der internationalen Definition von Sozialer Arbeit der IFSW) die Prinzipien sozialer Gerechtigkeit, die Menschenrechte, die gemeinsame Verantwortung und die Achtung der Vielfalt. Im Folgenden soll beispielhaft anhand der Frage sozialer Gerechtigkeit die Bedeutung für Beratung in Sozialer Arbeit diskutiert werden.

Sozialarbeiter*innen sind in nahezu allen zukünftigen Arbeitsfeldern – auch jenseits ausgewiesener Beratungsstellen – im Sinne der oben beschriebenen »Querschnittsaufgabe« bzw. des »Embedded Counselling« beratend tätig. Beratungsfreie Handlungsfelder in der Sozialen Arbeit sind – um es pointiert zu formulieren – eine Illusion. In diesem Kontext erscheinen insbesondere auch Analysen und Entwürfe einer »Beratung zwischen Tür und Angel« relevant, wie sie von Maria Knab (2008, 2013, 2014, 2016) und Heino Hollstein-Brinkmann und Maria Knab (2016) sowie aktuell von Maria Knab und Heinz Bartjes (2021) vorgelegt und weiterentwickelt wurden. Beratung in offenen, lebensweltnahen und wenig strukturierten Settings eröffnet besondere Zugänge für Menschen, für die sich formalisierte Beratungsangebote als zu hochschwellig erweisen. Nach Knab (2014) werden Personen, die von höherschwelligen Angeboten ausgeschlossen sind, häufig auch insgesamt gesellschaftlich marginalisiert.

> »Gesellschaftspolitisch betrachtet ist Beratung in einem offenen Setting deshalb als Beitrag zu einer gerechteren Infrastruktur anzusehen. Sie ermöglicht Personengruppen Wege in die Beratung, für die ein hoch formalisiertes Beratungssetting nicht erreichbar ist. Es geht damit um Zugangsgerechtigkeit im doppelten Sinne: Zugang zu professioneller Hilfe und um Zugang zu mehr gesellschaftlicher Teilhabe« (ebd., S. 83).

Für die Praxis Sozialer Arbeit scheint Beratung zwischen Tür und Angel – realisiert in alltäglichen Begegnungen von Sozialarbeiter*innen und Klient*innen, in denen Gespräche quasi nebenbei und unkompliziert entstehen – hoch relevant, insbesondere hinsichtlich der Realisierung des Grundprinzips sozialer Gerechtigkeit. Zugleich wurde im Fachdiskurs lange eine Geringschätzung offener Settings und eine fehlende Anerkennung als »Beratung« konstatiert. Wenngleich hier in den letzten Jahren eine deutliche fachliche Profilierung beobachtbar ist, stehen insbesondere Aus- und Fortbildung weiterhin vor der Herausforderung, offene Settings in ihren besonderen Qualitäten stärker in den Fokus zu rücken. Insbesondere im Studium Sozialer Arbeit muss »Beratung zwischen Tür und Angel« in ihren Potentialen unseres Erachtens unbedingt umfassend thematisiert werden, u. a. da »bereits an der Hochschule eine Grundlage für eine selbstbewusste sozialarbeiterische Beratungsidentität geschaffen [wird]« und »Hochschulen für Soziale Arbeit [...] deutlich mit[bestimmen], was als Beratung gilt« (Knab & Bartjes 2021, S. 133).

Hinsichtlich des Erwerbs spezifischer Beratungskompetenzen bietet sich unseres Erachtens für Hochschullehre (aus später noch näher ausgeführten Gründen) zwar auch ein Kennenlernen und Einüben von strukturierten Beratungsprozessen (insbesondere am Beispiel des Einstiegs in Beratungsprozesse in formalisierten Settings, ▶ Kap. 6) in besonderer Weise an, dies sollte aber immer begleitet und eingebettet in grundlegende Fragen nach dem Zugang zu Beratung, Ausschluss von und Teilhabe an Beratung sowie deren Widerspiegelung in gesellschaftlichen Marginalisierungsprozessen erfolgen. In der Beschäftigung mit theoretischen Rahmungen wie aktuellen Diskursen von Beratung in Sozialer Arbeit stellt sich zwingend die Frage nach der gesellschaftlichen Einbettung von Beratung, denn »Beratung [reproduziert] immer und grundlegend gesellschaftliche Verhältnisse mit. [...] Beratung ist damit ebenso Teil des Problems, für dessen Lösung sie sich eigentlich empfiehlt« (Engel & Nestmann 2020, S. 31). Es geht also zentral auch um Fragen der Durchdringung von Macht- und Ungleichheitsverhältnissen von Beratung (vgl. dazu ausführlich Schulze, Höblich & Mayer 2018). Ähnlich wie Gabriele Rosenstreich (2021) verstehen wir »Macht« dabei nicht primär negativ assoziiert bzw. per se mit Ausschluss, Herrschaft oder Dominanz gleichzusetzen, sondern anschließend an Michel Foucault (2005a, 2005b) zunächst neutral als Einflussnehmen auf Denk- und Verhaltenswahrscheinlichkeiten (Paulick 2018a). Macht im Kontext Sozialer Arbeit bedeutet u. a. »die Möglichkeit an Entscheidungen beteiligt zu sein sowie über den Zugang zu Ressourcen (z. B. Wohnraum, Einkommen, öffentliche Anerkennung, Bildung) zu verfügen« (Rosenstreich 2021, S. 94). Hinsichtlich der Anspruchshaltung einer kritischen-beraterischen Professionalität gilt es, »nach dem Wie der Ausübung und Herstellung von Macht zu fragen« (Schulze 2018, S. 35). Hierfür bietet sich auch eine Unterscheidung verschiedener Machtformen bzw. -quellen und deren Verteilung an. Silvia Staub-Bernasconi (2018) unterscheidet etwa Körpermacht (u. a. körperliche Merkmale, Kraft, Attraktivität), sozioökonomische Macht (u. a. Kapital, Besitz), Artikulationsmacht (u. a. Sprachkompetenz, rhetorische Begabung), Definitionsmacht (u. a. Wissen, Rechtskenntnisse), formale, organisationelle Positionsmacht (u. a. zugeschriebene Autorität, Handlungskompetenz) sowie informelle oder formelle Organisationsmacht (z. B. Zugehörigkeit zu bestimmten Netzwerken, Organisationen). Hierbei ist nach Staub-Bernasconi (2018, S. 216) zu beachten, dass gut positionierte Akteur*innen »in der Regel über multiple Machtquellen zur Stabilisierung ihrer Position in einer Machtstruktur verfügen«, sich in diesem Sinne Einflussmöglichkeiten potenzieren. In Beratungsbeziehungen in Sozialer Arbeit werden bestimmte Machtquellen erwartbar ausgeprägter auf Seiten von Beratenden liegen (z. B. Artikulations-, Definitionsmacht, formale Positionsmacht). In einem machtsensiblen Zugang steht die Reflexion von Machtbeziehungen und die Reproduktion von Ungleichheit innerhalb von Beratung im Fokus. Zugleich stellt sich die für Praxis Sozialer Arbeit hoch relevante Frage, wie »Macht im Sinne einer (Wieder-)Bemächtigung von Nutzer*innen und Klient*innen sowie einer Rückgewinnung der Gestaltungs-›Macht‹ über das eigene Leben ermöglicht« (Engel & Nestmann 2020, S. 37) werden kann. »Beratung selbst – in Wissenschaft und Praxis – ist [...] immer Teil der Diskriminierungs- und Herrschaftsverhältnisse, aber sie kann im besten Fall auch Teil einer Gerechtigkeits- und Selbstbemächtigungsorientierung werden« (ebd.).

In Gerechtigkeitsdiskursen spielt – wie beschrieben – entsprechend die Frage nach offenen Settings eine zentrale Rolle. Eine zweite Frage stellt sich unseres Erachtens hinsichtlich des Umgangs mit Widerstand und (Un-)Freiwilligkeit in (formalisierter wie halbformalisierter) Beratung in Sozialer Arbeit. »Beratung bedarf der Freiwilligkeit der Klient*innen« – diese grundlegende Feststellung, die von Sickendiek, Engel und Nestmann (2008, S. 224) als eines von 12 Qualitätskriterien psychosozialer Beratung formuliert wird, wird in verschiedenen Quellen als zentrales Paradigma des Beratungsverständnisses genannt (vgl. u. a. Forum Beratung der DGVT 2012; Großmaß 2010; Nestmann 2012). Beratungen, die von Dritten »angeordnet« oder durch drohende Sanktionen erzwungen werden, werden entsprechend scharf kritisiert. Nach Nestmann, Sickendiek und Engel (2014c) wird durch angedrohte Sanktionen »der Terminus Beratung zum Euphemismus für ein Pflichtprogramm und aus der noch subtilen ›geheimen Moral der Beratung‹ (Thiersch, 1990) wird der unverblümte Anspruch auf Wohlverhalten von Klienten und Klientinnen« (S. 602). Einerseits gilt es entsprechend, an Freiwilligkeit als wichtigem theoretischen Postulat und paradigmatischer Kernmaxime der Beratungsidentität festzuhalten, zugleich werden im Fachdiskurs auch empirische Befunde und eine Orientierung an der Beratungsrealität diskutiert, in der sich Freiwilligkeit der Klient*innen aus Sicht vieler Beratungspraktiker*innen eher als Mythos oder Illusion erweist (u. a. Conen 2012; Conen & Cecchin 2022). Die Problematiken, die Menschen zu Beratung »motivieren«, sind sehr häufig in »sozial benachteiligte ›Alltagsumwelten‹, einschließlich ökonomischer Mangelsituationen« (Pauls & Reicherts 2013, S. 58) eingebettet und mithin nicht mit einer selbstbestimmt und ohne äußeren Druck gewählten Entscheidung zur Annahme von Unterstützung gleichzusetzen.

»Ein Mensch will Hilfe, akzeptiert die Bedingungen der Behandlung und formuliert dies auch. Dieser Idealzustand ist nicht nur in Zwangskontexten nicht zu erwarten, er ist auch in anderen psychosozialen Beratungsstellen Sozialer Arbeit zu ideal, um wahr zu sein. Warum sollte jemand in eine Beratungsstelle kommen, wenn es nicht (auch) äußeren Anlass dazu gibt, sei es durch die Ehefrau, durch die finanziellen Bedingungen, durch Arbeitgeber oder Nachbarn: Außendruck ist die Regel, nicht die Ausnahme«,

so Esther Abplanalp und Kolleg*innen (2020, S. 153, unter Bezug auf Klug & Zobrist 2016).

In diesem Zusammenhang empfiehlt sich unseres Erachtens eine Differenzierung hinsichtlich verschiedener Grade von Freiwilligkeit in formalisierten Beratungsprozessen. Nach Ruth Großmaß (2010, 2012) können die »inneren Freiheitsgrade« von Klient*innen in Beratung wie folgt unterschieden werden:

(1) Zum ersten können sich Personen selbstmotiviert und mit eigenem Anliegen an eine Beratungsstelle wenden. Großmaß (2012) konstatiert hierzu bereits vor zehn Jahren – wie auch schon mit Blick auf die Anfänge psychosozialer Beratung in den 1960er/70er Jahren –, dass Beratung grundlegend »nicht freiwillig im Sinne eines postmodernen Individuums [ist], das ganz ohne Not diese Kommunikationsform einmal erprobt. Leidens-/Entscheidungsdruck oder Verwirrung haben zwar nicht in die Beratung gezwungen, wohl aber für Beratung motiviert« (S. 13). Im Gegensatz zu den weiteren beschriebenen Graden von (Un-)Freiwilligkeit scheinen in solchen Fällen drängender eigener Anliegen, emotionaler oder sozialer Problemlagen aber prinzipiell Motivation, Kooperationsbereitschaft und Veränderungswunsch gegeben.

(2) Wird die Anmeldung zur Beratung hingegen von »besorgten« Dritten (Eltern, Schulsozialarbeiter*in, Freund*in) im Sinne eines hohen Außendrucks initiiert oder nachdrücklich erwirkt, kann hiervon nicht unmittelbar ausgegangen werden. »[I]n diesen Fällen wird die innere Haltung zum Beratungsprozess trotz äußerer Strukturen der Freiwilligkeit nicht von Freiwilligkeit geprägt sein« (Großmaß 2010, S. 181). Hier besteht also ein deutlicher Druck zur Inanspruchnahme von Beratung in Form von Push-/Pull-Faktoren aus den sozialen Netzwerken der Klient*innen.

(3) Andere »Beratungen« werden hingegen durch gerichtlich legitimierte bzw. administrative Macht (z.B. in Form drohender Sanktionen) »erzwungen«. Nach Großmaß (2010) ist dann

»[e]in anderer Grad der Nicht-Freiwilligkeit [...] erreicht, wenn das Aufsuchen von Beratung (wie in manchen Konzepten der Kinderschutzarbeit und der Jugendgerichtshilfe) die Bedingung für die Vermeidung von Sanktionen ist oder (wie [...] in der Schwangerschaftskonfliktberatung) das Erlangen einer lebensrelevanten Chance an das Absolvieren eines Beratungsgespräches gebunden ist. In all diesen Fällen ist davon auszugehen, dass häufig ganz andere Interessen die Beratungskommunikation dominieren, als die Offenheit für Neuorientierung« (S. 181).

Anschließend an Nestmann (2012) ist in diesen Fällen verrechtlichter Zwänge »über Kontroll-, Sanktions- und Gewährungsinstanzen und -institutionen« (ebd., S. 25)

eine offensiv-kritische Positionierung (gegenüber Zwangsinterventionen vs. Beratung) insbesondere im Sinne des Anspruchs einer machtsensiblen und die eigene Eingewobenheit in Ungleichheitsstrukturen reflektierenden Beratung in Sozialer Arbeit unabdingbar. Nach Nestmann, Engel und Sickendiek (2013, S. 1341) sind die

> »meisten professionellen Beratungsformen und -ansätze […] darauf aus, Macht in der Beziehung und im Prozess eher zu egalisieren, als ein professionelles Machtgefälle zwischen Berater oder Beraterin und Klient oder Klientin zu betonen und es über Vorgaben der Beziehungsgestaltung und Methodik zu verstärken oder festzuschreiben. Faktische ›Expertenmacht‹, ›Zuständigkeitsmacht‹ und institutionell verliehene Macht werden im besten Fall transparent und reflexiv bearbeitbar gehalten. Faktische Klienten- und Klientinnen-Macht, sich der Beratung, der Beziehung, der Methode, der Veränderungswege, der erarbeiteten Entscheidung etc. zu verweigern oder zu entziehen, wird selbst in Zwangs-, Sanktions- und Weisungskonstellationen im besten Fall kommunizierbar, bearbeitbar und konstruktiv nutzbar gemacht. Die Beratungsbeziehung selbst bleibt wirkmächtig, wenn Berater, Beraterin und Ratsuchende eine transparente Machtbalance von gegenseitigem Einfluss und Beeinflussbarkeit herstellen, die eine gelungene Arbeitsallianz und einen konstruktiven gemeinsamen Beratungsprozess ermöglicht«.

Zugleich scheint uns in einer Gerechtigkeitsperspektive ebenso der kritisch-reflexive Umgang mit den erwartbaren Widerständen von Klient\*innen in Beratungskontakten in vielen Feldern Sozialer Arbeit erforderlich. In Beratungen, die durch Dritte initiiert werden, ist in unserem Verständnis Beratung durchaus möglich, sofern Fremdmotivation, Nicht-Freiwilligkeit und Widerstand lediglich die Eingangsbedingungen zum Beratungsprozess sind. Dies schließt eigene Einflussmöglichkeiten der initial »nicht-freiwilligen« Person sowie die Freiwilligkeit des entstehenden Prozesses, die Entwicklung intrinsischer Motivation und Veränderungsbereitschaft sowie die Verfolgung eigener Ziele und Formulierung eigener Aufträge an Beratung nicht aus (Paulick & Wesenberg 2019). Gerade in Beratungsprozessen mit psychosozial hoch belasteten Klient\*innen in multiplen Problemlagen ist grundlegend eher häufig initial mit Unsicherheit und Angst, Reaktanz, Misstrauen oder Resignation zu rechnen. Nach Marie-Luise Conen und Gianfranco Cecchin (2022) setzt die Fähigkeit, Hilfe (u. a. in Form von Beratung in Sozialer Arbeit) anzunehmen voraus, Hoffnung zu haben – Hoffnung darauf, dass die Hilfe unterstützend ist, und Hoffnung darauf, dass sich etwas verändert. Abplanalp und Kolleg\*innen (2020, S. 131) betonen grundlegend, dass

> »Veränderung […] in jedem Fall [bedeutet], Altes und Vertrautes loszulassen und damit ein Stück Sicherheit und Orientierung aufgeben. Das Neue und Unbekannte kann attraktiv sein, ist jedoch mit Unsicherheiten verbunden oder kann Angst auslösen. Dies kann wiederum dazu führen, dass die Motivation zur Veränderung fehlt oder sich die Unsicherheiten und Ängste in der Beratung als Widerstand niederschlagen«.

Motivation und die Offenheit für Neuorientierung kann für viele Klient\*innen nicht vorausgesetzt werden, sondern muss in einem längerfristigen gemeinsamen Arbeitsprozess – basierend auf einer vertrauensvollen tragfähigen (Arbeits-)Beziehung bzw. einer »gelungenen gemeinsamen ›Beziehungsgratwanderung‹« (Gahleitner & Reichel 2013, S. 160) schrittweise geweckt werden. In der Arbeit mit Klient\*innen, die in ihren inneren Freiheitsgraden deutlich eingeschränkt sind, erscheint uns die Eingangsphase des Beratungsprozesses von besonderer Bedeutung (▶ Kap. 5.2). Abplanalp und Kolleg\*innen (2020, S. 131) verweisen hierbei auf das für Beratung in Sozialer Arbeit grundlegende zentrale »Arbeitsprinzip Befähigungshandeln und dessen Anspruch, ratsuchende Personen unter Wahrung ihrer Autonomie bei der Wiedererlangung ihrer Handlungs- und Entscheidungsfähigkeit zu unterstützen«. Es erscheint für Fachkräfte zentral, »Widerstand als typisches Beratungsphänomen und nicht als persönlichen Angriff zu verstehen« (ebd., S. 140).

Es gilt in diesem Zusammenhang zudem besonders, die Beratungsrechte von Klient*innen in den Blickpunkt zu rücken – dies beinhaltet auch legitime Rechte, »Beratung abzulehnen, Beratung zu verweigern, Beratung abzubrechen«, sowie Rechte »der Eigensinnigkeit und Widerständigkeit von Klienten, [...] [Rechte], ›nicht zu wissen‹ und ›nicht zu entscheiden‹, trotz Beratung anders zu handeln und in ›Non-Compliance‹ anderes oder genau das Gegenteil von dem zu tun, was gewünscht wird« (Nestmann 2012, S. 27). In der Anerkennung dieser Rechte und der gleichzeitigen Förderung, Erhaltung und immer wieder neuen Eröffnung von Zugangswegen zu Beratung gerade für Klient*innen, die sich nicht widerstandsfrei in Hilfeprozesse »eingliedern«, liegt unseres Erachtens eine zentrale Herausforderung für Beratung in Sozialer Arbeit. Dieser Anspruch scheint umso bedeutender angesichts aktueller Tendenzen, die Conen (2021, S. 213 f.) skizziert:

> »Bedauerlicherweise ist eine deutliche Abnahme an Bereitschaft zu verzeichnen, bei Klient*innen Entwicklungsschritte erproben und Schritte des Scheiterns und erneuten Versuchens zuzulassen. Diese ›gesellschaftliche Ungeduld‹ insbesondere mit den sozial Benachteiligten, geht zunehmend einher mit Ideen einer punitiven Sozialarbeit (›Und bist du nicht willig ... zeige ich Dir, wo es lang geht‹)«.

Beratung steht hier unseres Erachtens in Gefahr, neoliberale Aktivierungslogiken und Selbstoptimierungsimperative an Klient*innen zu delegieren, und etwaige Nichtmitwirkung – oder aber auch nicht zufriedenstellende Resultate – als sicheres Zeichen von »Beratungsresistenz« (Duttweiler 2004, S. 28) zu rahmen. Um solchen Entwicklungen entgegenzuwirken, braucht es eine offensive kritische Auseinandersetzung und fachliche Einmischung, die ihren Ausgangspunkt bereits in ersten Phasen von Professionalisierung nehmen muss.

Zusammenfassend sollte die Vermittlung von theoretisch-konzeptionellen Grundlagen und Paradigmen zu Beratung in Sozialer Arbeit im Studium also einerseits grundlegende Überblicke zu Beratungskonzepten, -ansätzen, Prozessmodellen etc. (wie sie etwa hervorragend von McLeod 2004 bereits vor fast 20 Jahren sowie aktuell etwa von Abplanalp et al. 2020, Schubert, Rohr und Zwicker-Pelzer 2019 sowie Wälte und Borg-Laufs 2021 präsentiert werden) beinhalten und eine solide Wissens-Basis vermitteln, sollte andererseits aber auch unbedingt das fachliche Handeln (ausgehend von den handlungsleitenden Prinzipien Sozialer Arbeit) innerhalb gesellschaftlicher Kontexte und gesellschaftspolitischer Debatten berücksichtigen und ein reflektiertes Machtbewusstsein eröffnen (u. a. Engel & Nestmann, 2020; Kupfer 2019; Schulze, Höblich & Mayer 2018; Sickendiek, 2021). Mit der »Dritten Frankfurter Erklärung zur Beratung« hat das Forum Beratung der Deutschen Gesellschaft für Verhaltenstherapie, in dem wir als Mitglieder aktiv sind, 2022 ein

> »Plädoyer für eine offene, settingvariable, sozial gerechte, machtkritische, niederschwellige, Vielfalt anerkennende, sich den Digitalisierungsherausforderungen stellende Beratung

[vorgelegt]; eine Beratung, die ethisch und kritisch fundiert bleibt und sich mit den kulturellen, gesellschaftlichen und technischen Veränderungen weiterentwickelt« (Forum Beratung der DGVT 2022, S. 1).

Das Forum Beratung hat in der Erklärung 12 Thesen zur diskursiven Reflexion sowie zur fachlichen Gestaltung von Beratung formuliert:

1. Beratung kann sich nicht überall und immer als neutral verstehen, häufig muss sie reflektiert-parteilich agieren, um sozial gerecht zu bleiben.
2. Soziale Gerechtigkeit bedeutet auch das Recht auf unterschiedliche lebensweltnahe Beratungsangebote.
3. Beratung benötigt einen aktuellen Fokus auf das »easy-to-reach« ihrer Angebotsformen.
4. Die beraterische Qualität pluraler, offener Settings verlangt weiterhin höhere Wertschätzung.
5. Die Erfolgsgeschichte der Onlineberatung gilt es, mit neuen Settings fortzuschreiben.
6. Ein kritischer Blick auf Datafizierung und algorithmisch basierte Akteure/Prozesse in der Beratung ist dringend notwendig.
7. Intersektionale Verschiedenheit muss zu einer Selbstverständlichkeit von Beratung werden.
8. Sprache schafft Wirklichkeit: Beratung favorisiert weiterhin alltagsbezogene und lebensweltkonkrete Vokabulare.
9. Beratung bedarf mancherorts »empathischer Konfrontation«, so sie der Selbstermächtigung dienen soll.
10. Die Ausbildung und Entwicklung einer persönlichen Reflexivität im Sinne einer Beratungshaltung braucht Zeit und zeitgemäße (wie -kritische) Möglichkeiten.
11. Beratung braucht Beratungsforschung.
12. Absichernde Budgets für Beratung sind gerade in Krisenzeiten existenziell.

In unseren Lehrveranstaltungen nutzen wir u. a. diese Thesen als Ausgangspunkte, um Diskussionsprozesse anzuregen, Zugänge zu einer fachlichen (Selbst-)Positionierung für Studierende anzubieten und Auseinandersetzungsprozesse mit der eigenen beraterischen Haltung anzuregen.

## 4.3 Empfehlungen zum Weiterlesen

In diesem Buch kann kein umfassender Theoriestand zu Beratung in Sozialer Arbeit dargestellt werden. Gleichwohl liegt eine zentrale Aufgabe der Ausbildung in grundständigen Studiengängen in der Vermittlung einer grundlegenden (theoretischen) Wissensbasis.

»Es handelt sich dabei um ein deklaratives, also ein prinzipiell explizierbares ›Wissen dass‹. Dieses Wissen wird jedoch nicht um seiner selbst willen erworben, sondern soll der Hilfe für unterschiedliche Zielgruppen mit unterschiedlichen Problemen dienlich sein. Das Wissen muss demnach so erworben und organisiert werden, dass es in einer Vielzahl unterschiedlicher Beratungssituationen rasch verfügbar ist und angewandt werden kann. Hier liegt eine der zentralen Herausforderungen des Erwerbs von Beratungskompetenz. Denn in den grundständigen Studiengängen an Fachhochschulen und Universitäten können nicht alle für unterschiedliche Beratungsdomänen potentiell relevanten Wissensgrundlagen umfassend und mit konkretem Anwendungsbezug vermittelt werden« (Strasser 2014, S. 198 f.).

Die Vermittlung einer zentralen Wissensbasis erfolgt in vielen Studiengängen in Form von Vorlesungen oder theorieorientierten Seminaren in größeren Gruppen, die parallel oder vor vertiefenden Beratungsseminaren stattfinden (die in diesem Band schwerpunktmäßig thematisiert werden). Hier werden die von Wolfgang Widulle (2016) geforderten »Learning Loops« besonders bedeutsam, die im Sinne einer Verschränkung und wechselseitigen Bezugnahme von verschiedenen Lehrveranstaltungen (und der Erfahrungen im Praxissemester) eine Verknüpfung und Integration der Wissens- und Erfahrungsebenen ermöglichen. Dies setzt u. a. voraus, dass etwa Überblicksvorlesungen zu Beratung in enger Rückkopplung mit Seminaren zur Vermittlung handlungspraktischer Beratungskompetenzen sowie begleitenden Lehrveranstaltungen in der Praxisphase stehen.

Da unsere Lehrveranstaltungen wie beschrieben von einer systemischen Grundhaltung bestimmt sind, spielen in unserer Lehre entsprechend auch zentrale Theoriebestände systemischer Literatur eine große Rolle, die im Buch in den verschiedenen Kapiteln als Quellen immer wieder aufgeführt sind. Wir möchten an dieser Stelle ergänzend auf einige zentrale deutschsprachige Werke und Texte hinweisen, die als (»schulenübergreifende«) Grundlagenliteratur (hinsichtlich theoretischer Konzepte, Modelle und aktueller Diskurse) in Beratungsseminaren im Studium Sozialer Arbeit verwendet werden könnten. In die Zusammenstellung sind die wertvollen Hinweise von Kolleg*innen eingegangen, mit denen wir im Forum Beratung der DGVT zusammenarbeiten, die unterschiedliche Beratungsrichtungen vertreten und die ebenfalls in Beratungsmodulen in Studiengängen von Sozialer Arbeit und Sozialpädagogik an Universitäten und Hochschulen für angewandte Wissenschaften lehren.[1]

Abplanalp, Esther; Cruceli, Salvatore; Disler, Stephanie; Pulver, Caroline & Zwilling, Michael (2020). *Beraten in der Sozialen Arbeit*. Bern: Haupt/UTB.
Bauer, Petra (2016). Psychosoziale Beratung und Lebensweltorientierung. In Klaus Grunwald & Hans Thiersch (Hrsg.), *Praxishandbuch Lebensweltorientierte Soziale Arbeit* (S. 382–393). Weinheim und Basel: Beltz Juventa.
Bauer, Petra & Weinhardt, Marc (Hrsg.) (2014). *Perspektiven sozialpädagogischer Beratung*. Weinheim und Basel: Beltz Juventa.
Culley, Sue (2015). *Beratung als Prozess. Lehrbuch kommunikativer Fertigkeiten*. Weinheim: Beltz.
Engel, Frank & Nestmann, Frank (2020). Kritische Beratung und Macht. *VPP – Verhaltenstherapie und psychosoziale Praxis, 52*(1), S. 29–40.

---

1 Herzlicher Dank an Frank Engel, Kathy Küchenmeister, Annett Kupfer, Marion Mayer, Frank Nestmann und Melanie Plößer.

Engel, Frank; Nestmann, Frank & Sickendiek, Ursel (2018). Beratung: Alte Selbstverständnisse und neue Entwicklungen. In Stephan Rietmann & Maik Sawatzki (Hrsg.), *Zukunft der Beratung. Von der Verhaltens- zur Verhältnisorientierung* (S. 83–115). Wiesbaden: Springer VS.

Engelhardt, Emily M. (2021). *Lehrbuch Onlineberatung*. Göttingen: Vandenhoeck & Ruprecht.

Forum Beratung der DGVT (2022). *Dritte Frankfurter Erklärung zu Beratung*. Online verfügbar: https://www.dgvt.de/fileadmin/user_upload/Dokumente/Themenbereiche/Beratung/2022-04-11-DritteFrankfurterErklaerung-ForumBeratung-DGVT.pdf

Gahleitner, Silke (2020). *Professionelle Beziehungsgestaltung in der psychosozialen Arbeit und Beratung*. Tübingen: dgvt-Verlag.

Giesecke, Wiltrud & Nittel, Dieter (Hrsg.) (2016). *Pädagogische Beratung über die Lebensspanne. Ein Handbuch*. Weinheim und Basel: Beltz Juventa.

Großmaß, Ruth (2010). Hard to reach – Beratung in Zwangskontexten. In Christine Labonté-Roset, Hans-Wolfgang Hoefert & Heinz Cornel (Hrsg.), *Hard to reach. Schwer erreichbare Klienten in der Sozialen Arbeit* (S. 173–185). Berlin: Schibri-Verlag.

Großmaß, Ruth (2015). Beratung als Haltung. *Verhaltenstherapie & Psychosoziale Praxis*, 47(1), S. 133–141.

Hollstein-Brinkmann, Heino & Knab, Maria (Hrsg.) (2016). *Beratung zwischen Tür und Angel. Professionalisierung von Beratung in offenen Settings*. Wiesbaden: Springer VS.

Knab, Maria (2016). Beratung zwischen Tür und Angel. In Klaus Grunwald & Hans Thiersch (Hrsg.), *Praxishandbuch Lebensweltorientierte Soziale Arbeit* (S. 394–405). Weinheim & Basel: Beltz Juventa,

Kupfer, Annett & Mayer, Marion (im Druck). *Sozialpädagogische Beratung*. Bad Heilbrunn: Julius Klinkhardt/UTB.

Kupfer, Annett & Sickendiek, Ursel (2022). Beratung. In Gudrun Ehlert, Heide Funk & Gerd Stecklina (Hrsg.), *Grundbegriffe Soziale Arbeit und Geschlecht* (S. 68–72). Weinheim und Basel: Beltz Juventa.

Mayer, Marion (2018). Professionalisierungswege und Charakteristika psychosozialer Beratung. *Beratung Aktuell – Zeitschrift für Theorie und Praxis in der Beratung*, 19(3), S. 52–65.

Mayer, Marion (2022). Beratung. In Deutscher Verein für öffentliche und private Fürsorge (Hrsg.), *Fachlexikon der Sozialen Arbeit* (S. 93–95). 9. Auflage. Baden-Baden: Nomos.

McLeod, John (2004). *Counselling – Eine Einführung in Beratung*. Tübingen: dgvt-Verlag.

Nestmann, Frank; Engel, Frank & Sickendiek, Ursel (Hrsg.) (2013). *Das Handbuch der Beratung. Band 3. Neue Beratungswelten: Fortschritte und Kontroversen*. Tübingen: dgvt-Verlag.

Nestmann, Frank; Engel, Frank & Sickendiek, Ursel (Hrsg.) (2014). *Das Handbuch der Beratung. Band 1: Disziplinen und Zugänge. 3. Auflage*. Tübingen: dgvt-Verlag.

Nestmann, Frank; Engel, Frank & Sickendiek, Ursel (Hrsg.) (2014). *Das Handbuch der Beratung, Band 2: Ansätze, Methoden und Felder. 3. Auflage*. Tübingen: dgvt-Verlag.

Nestmann, Frank & Sickendiek, Ursel (2018). Beratung. In Hans-Uwe Otto, Hans Thiersch, Rainer Treptow & Holger Ziegler (Hrsg.), *Handbuch Soziale Arbeit. Grundlagen der Sozialarbeit und Sozialpädagogik* (S. 110–120). 6., überarbeitete Auflage. München: Ernst Reinhardt.

Ortmann, Karlheinz (2018). *Soziale Arbeit als Beratung*. Göttingen: Vandenhoeck & Ruprecht.

Pfab, Werner (2020). *Kompetent beraten in der Sozialen Arbeit. Bausteine für eine gute Beratungsbeziehung*. München: Ernst Reinhardt.

Sauer, Stefanie (2012). Beratung als Kernkompetenz in der Sozialen Arbeit. *Soziale Arbeit*, 07/2012, S. 249–254.

Schubert, Franz-Christian; Rohr, Dirk & Zwicker-Pelzer, Renate (2019). *Beratung. Grundlagen – Konzepte – Anwendungsfelder*. Wiesbaden: Springer.

Schulze, Heidrun; Höblich, Davina & Mayer, Marion (Hrsg.) (2018). *Macht – Diversität – Ethik in der Beratung: Wie Beratung Gesellschaft macht*. Opladen, Berlin und Toronto: Barbara Budrich.

Sickendick, Ursel (2021). *Feministische Beratung. Diversität und Soziale Ungleichheit in Beratungstheorie und Praxis*. Tübingen: dgvt-Verlag.

Sickendiek, Ursel; Engel, Frank & Nestmann, Frank (2008). *Beratung. Eine Einführung in sozialpädagogische und psychosoziale Beratungsansätze. 3. Auflage*. Weinheim: Juventa.

Stimmer, Franz & Ansen, Harald (2016). *Beratung in psychosozialen Arbeitsfeldern. Grundlagen – Prinzipien – Prozess.* Stuttgart: Kohlhammer.
Wälte, Dieter & Borg-Laufs, Michael (Hrsg.) (2021). *Psychosoziale Beratung. Grundlagen, Diagnostik, Intervention.* 2., aktualisierte Auflage. Stuttgart: Kohlhammer.
Widulle, Wolfgang (2020). *Gesprächsführung in der Sozialen Arbeit.* 2., durchgesehene Auflage. Wiesbaden: Springer VS.

# 5 Beratungshandeln erfahren

»Das Leben ist, was wir aus ihm machen. Die Reisen sind die Reisenden. Was wir sehen, ist nicht, was wir sehen, sondern was wir sind.«
Fernando Pessoa (2003 [Orig. 1982]): Das Buch der Unruhe, S. 426.

## 5.1 Vorüberlegung: (Selbst-)Erfahrung als Berater*in und Klient*in als notwendige Bedingung guter Beratung

Der Erwerb von beraterischer Kompetenz scheint ohne aktives Tun, Ausprobieren, Erfahrungen-Sammeln und Fehler-Machen sowie die entsprechende Reflexion der Prozesse nicht möglich. Diese Feststellung erscheint auf den ersten Blick geradezu banal, bewegt sich innerhalb von Hochschullehre, die u. a. auf die Vermittlung von faktenbasiertem deklarativem Wissen fokussiert, aber durchaus in einem besonderen Rahmen. John McLeod und Julia McLeod (2011, S. 34) fassen diesen spezifischen Charakter von Beratungskompetenzen und deren Erwerb wie folgt zusammen:

> »Another crucial aspect of counselling skills is that they almost always have a physical, *embodied* dimension to them. It is possible to envisage skills that are purely cognitive (e. g. doing a complex multiplication calculation in your head). However, most practical skills involve actual physical activity. This is certainly true for counselling, which is more like learning to dance than like learning to do sums in one's head«.

Eine reine kognitive Beschäftigung, etwa durch die Lektüre dieses Buches oder eine Vorlesung im Frontalunterricht, kann entsprechend keine angemessene Basis für das Erlernen von beraterischen Kompetenzen bieten. »It is always essential to be able to see how someone else does the skill, and to get feedback on one's own performance of a skill« (ebd.). Wie McLeod und McLeod gehen wir davon aus, dass Beratungskompetenzen zum einen wesentlich darüber entwickelt werden können, selbst beraterisch tätig zu werden und in der Rolle von beratenden Personen bestimmte Sequenzen zu »üben«. In besonderer Weise bieten sich hierfür unseres Erachtens beispielsweise Rollenspiele von Erstgesprächen an, wie in Kapitel 5.2 näher ausgeführt wird. Zentral bedeutsam erscheint neben der Selbst-Erfahrung als beratende Person die Reflexion des Erlebten, das von McLeod und McLeod angesprochene »feedback on one's own performance«. Zum anderen können zentrale Lerneffekte darüber entstehen, dass das beraterische Tun anderer beobachtet und reflektiert wird. Für dieses Lernen am Modell bieten sich die Rolle von Beobachter*innen in Rollenspielen (▶ Kap. 5.2) sowie etwa die Arbeit mit Videoaufzeichnungen der Beratungstätigkeit von Lehrpersonen an (▶ Kap. 5.3).

Neben der (Selbst-)Erfahrung als beratende Person ist das Einfühlen und Erleben als Klient*in ein zweiter essentieller Bestandteil der Lernerfahrungen. Wie Christine Kröger und Michael Vogt (2020, S. 24) betonen, bieten hierfür Beratungssequenzen, in denen Studierende eigene (überschaubare) Anliegen einbringen, besondere Potentiale, »vor allem weil die Studierenden auf der Basis des eigenen Erlebens einen Zugang zur Klient*innen'rolle' und den damit verbundenen Themen und Gefühlen – wie Erwartungen an eine Beratung, Angst, Scham, Ausgeliefertsein, Macht, aber auch Hoffnung und Zuversicht – entwickeln« und unmittelbar die hilfreichen (oder hinderlichen) Effekte des Tuns der beratenden Person erfahren können. Zugleich ist die Durchführung solcher Beratungssequenzen mit bestimmten Anforderungen an die Herstellung eines geeigneten Settings, der didaktischen Vorbereitung und Einbettung, der Gruppenkonstellation und Rolle der Lehrenden etc. verknüpft, die sicher nicht in allen Lehrveranstaltungen zur Vermittlung von Beratungskompetenzen in Hochschullehre gegeben sind. Unter bestimmten Rahmenbedingungen können daher auch Rollenspiele, in denen Studierende als Laien-Schauspieler*innen die Rolle von Klient*innen übernehmen, gewinnbringende Erfahrungen für die beratende Person wie auch die ratsuchende Person eröffnen. Neben der Reflexion eigener biographischer Erfahrungen mit Beratung oder anderen psychosozialen Unterstützungsformaten (▶ Kap. 8.3) bietet die Einnahme der Position von ratsuchenden Personen im Rollenspiel eine wichtige Möglichkeit, um die alltagsbezogene Wahrnehmung von bestimmten Schwierigkeiten und den Umgang damit nachzuvollziehen. Das Anknüpfen an das Alltagswissen von Klient*innen und ihre Sicht auf ihre Probleme sowie ihren individuellen Überzeugungen zu Entstehung und Aufrechterhaltung wie auch zu Beeinflussbarkeit und Veränderungsmöglichkeiten ist essentiell für psychosoziale Beratung (Strasser 2016).

> »Ein Verstehen von Klienten ist Beratenden dann möglich, wenn sie deren Sichtweise nachvollziehen können und gleichzeitig ihr ›Expertenwissen‹ für den Klienten nutzbar machen können. [...] Das notwendige Aufgreifen alltagsnaher Deutungen geschieht nicht durch die bloße Vermittlung des ›Expertenwissens‹, sondern vielmehr in der gegenseitigen Rekonstruktion von Wissensbeständen. In gewisser Weise entsteht dadurch im Beratungsprozess ein neues Wissen, das aus der Angleichung der Wissensebenen resultiert und mit dem Berater und Klient gemeinsam auf die Problematik und mögliche Lösungswege blicken können. Eine polare Gegenüberstellung von (theoretischem, wissenschaftsbasierten) Grundlagenwissen und erfahrungsbezogenem Alltagswissen greift demnach zu kurz« (ebd., S. 16).

Die Ermöglichung von ersten Erfahrungen im Beratungshandeln macht für Studierende vor allem auch unmittelbar deutlich, wie vielfältig und wie begrenzt vorhersagbar Beratungsprozesse verlaufen und wie mühevoll sich die Verknüpfung der (beständig neuen und nicht nach Schema X strukturierbaren) Erfahrungen mit dem erworbenen Grundlagen- und Methodenwissen gestalten kann (Strasser 2016). Josef Strasser (2014) verweist in diesem Zusammenhang auf die Ergebnisse einer Studie von Jan Fook, Martin Ryan und Linette Hawke (1997), die herausfanden, dass sich das Können von erfahrenen Sozialarbeiter*innen darin zeigte, »dass sie mit Ungewissheiten und Unvorhergesehenem flexibel umgehen, relativ rasch Prioritäten setzen konnten und ein Bewusstsein für konkrete Handlungsbedingungen sowie praktische Beschränkungen entwickelten« (Strasser 2014, S. 197). Diese Kompetenzen zu erlernen, benötigt vor allem Zeit, vielfältige Formen der Erfahrungsgewinnung und die Möglichkeit, »gemachte Erfahrungen kontinuierlich im Lichte erworbenen Wissens zu reflektieren« (Strasser 2016, S. 19). Die Bedingungen für die notwendigen umfassenden und zeitlich langen Prozesse von Expertise-Entwicklung sind im Studium nicht gegeben und letztlich sind die Möglichkeiten zum Beratungskompetenzerwerb hier wie bereits mehrfach beschrieben begrenzt. Es geht unseres Erachtens also v. a. darum, die erste Etappe auf der »Reise« angehender Berater*innen gelingend zu gestalten, einen »Reiseabbruch« zu verhindern und Begeisterung für den weiteren Weg zu wecken. Dies soll umgekehrt nicht bedeuten, dass kritische Erfahrungen verhindert oder subjektiv als ernüchternd oder belastend erlebte Auseinandersetzungen vermieden werden sollen. Im Gegenteil: Wir sind ebenfalls überzeugt, dass das professionelle Können von Berater*innen auch und gerade in besonders anforderungsreichen Situationen und im Umgang mit herausfordernden Themen bereits im Studium seinen Ausgangspunkt nehmen muss. Auch wenn absolute Handlungssicherheit natürlich kein erreichbares Ziel ist, kann hierfür die strukturierte Auseinandersetzung mit bestimmten Thematiken, die im Rahmen von psychosozialen Unterstützungsprozessen häufig auftreten und die zugleich mit subjektiven Belastungen und Überforderungsgefühlen von Helfenden verknüpft sein können (z. B. Umgang mit Suizidalität von Klient*innen, Ambivalenzen zwischen der Wahrung von Vertraulichkeit und Offenbarungspflichten oder -bedürfnissen), einen ersten wichtigen Schritt dafür bieten (▶ Kap. 5.4).

## 5.2 Rollenspiele

Rollenspiele ermöglichen das unmittelbare Erleben von Vielfältigkeiten der Rollen im Beratungsgeschehen und machen den Facettenreichtum aus verschiedenen Positionen heraus erfahrbar. Einerseits sind sie geprägt von gewissen Abstraktionsgraden, andererseits ist soziales Miteinander – wie Erving Goffman (1959) eindrücklich gezeigt hat – stets von Inszenierungspraktiken strukturiert. Da soziales Miteinander – so Goffman – nie gänzlich frei von Rollenhandeln ist, lassen sich diese Erfahrungen aus der Alltagswirklichkeit durchaus gewinnbringend für Rollenspiele nutzen.

In den Rollenspielen bietet sich nach unserer Erfahrung an, in 3-Personenkonstellationen zu arbeiten: a) Berater*in, b) Klient*in, c) Beobachter*in. Der Profit des 3-Personen-Settings geht weit über das Kennenlernen der technischen Handhabung von Werkzeug hinaus. Vielmehr wird über die Verschränkung von drei ganz unterschiedlichen Ebenen ein ganzheitliches Bewusstsein und Gewahr-Werden von zentralen Dimensionen geschaffen. Ebenso ermöglicht das saubere Arbeiten in dieser Triade das vertiefende Lernen von Feedback-Geben, aber auch Feedback-annehmen-Können. Auch wenn Rollenspiele zum Erlernen von Handlungskompetenz in Beratungsprozessen in der Literatur durchaus kritisch diskutiert werden, etwa bezüglich des Mangels an »Echtheit«, ermöglichen sie nach unserer Erfahrung wertvolle Eindrücke des eigenen Tuns bei deutlich reduziertem Unsicherheits- und Angsterleben (im Vergleich zu »echten« Beratungssituationen). Mit Blick auf den wichtigen Hinweis von Weinhardt (2015b), dass ethische Fragestellungen der Gestaltung kompetenzorientierter Lernformate bislang zu wenig als Problem thematisiert sind, erscheint uns der Rückgriff auf Rollenspiele zudem auch als »fehlerfreundliche« und ethisch legitimierte Form, die sowohl Studierende als auch Klient*innen in besonderer Weise schützt.

*Berater\*in:* Die Rolle der Berater*in ermöglicht das Ausprobieren und Einüben von Methoden und Techniken, die technische Handhabung, das Erleben von Stärken und Schwächen konkreter Methoden und Techniken sowie die Umsetzung beraterischer Grundhaltungen. Dies schafft unmittelbares Wirkungsbewusstsein, ein professionelles Fingerspitzengefühl, schult das Gefühl für Timing, aber auch ein Gespür für Kontraindikationen.

Mögliche Reflexionsfragen für die lernende Person sind:

- Wie gut bin ich in Kontakt mit der*dem Klient*in gekommen?
- Inwieweit habe ich das Gefühl, einen vertrauensvollen Raum geschaffen zu haben? Wie ist mir das gelungen?
- Wie habe ich den Prozess strukturiert?
- Inwieweit liegt mir eine spezifische Methode?
- Bei welcher tue ich mich noch schwer?
- Woran genau bemerke ich das?
- Welches emotionale Erleben beobachte ich bei mir selbst?
- Bei welchen Themen und Beratungsanlässen sind welche Methoden besonders geeignet?
- Bei welchen Themen und Beratungsanlässen sind welche Methoden und Techniken eher problematisch oder ungünstig oder gar No-Gos?
- Welche 5 bis 10 Methoden werde ich immer in meinem »Standard-Werkzeugkoffer« mit mir führen?
- Welche Methode ist wie für mich geschaffen und unterstreicht meine Superkraft als Berater*in?

*Klient\*in:* Jede Beratungsmethode und -technik, die Klient*innen wie selbstverständlich zugemutet wird, sollte – so unser ethischer Imperativ – mindestens einmal von Berater*innen auf sich selbst angewendet worden sein. Der Erfahrungshorizont durch das Erleben von Methoden über einen Selbstbezug schafft wertvolle Verständnisebenen und Perspektiven auf methodisches Handeln. Das Einnehmen der Klient*innen-Rolle sensibilisiert für ganz verschiedene Themen, das Empathievermögen ermöglicht mitunter neue Einblicke oder vertieft diese und schafft Demut für ganz unterschiedliche Lebensführungen. Auch vor diesem Hintergrund ist das Feedback für die Berater*in aus der Klient*innen-Rolle heraus besonders wertvoll.

Mögliche Reflexionsfragen für die lernende Person sind:

- Welche Details und Feinheiten sind bei dieser Methode besonders bedeutsam?
- Welche Relevanz haben das Tempo oder die Zeit bei der Methodenanwendung/ bei der Methodendurchführung?
- Welche konkreten Formulierungen bzw. Handlungen der beratenden Person haben wie auf mich gewirkt?
- Was genau war positiv und nützlich?
- Was war eher schwierig?
- Was war vielleicht sogar brillant und sollte unbedingt beibehalten werden?
- Was habe ich als herausfordernd wahrgenommen?
- Wie haben Gestik, Mimik und Körperhaltung auf mich gewirkt?
- Inwiefern habe ich mich angenommen und verstanden gefühlt? Was hat dazu beigetragen?

*Beobachter\*in:* Die Position der Beobachter\*in ermöglicht, das Beratungshandeln in der Unmittelbarkeit und Dynamik des gemeinsamen Arbeitsbündnisses von Berater\*in und Klient\*in von »Außen« wahrzunehmen. Wohlwissend, dass im Sinne der Kybernetik zweiter Ordnung nicht von einem reinen Außen gesprochen werden kann (▶ Kap. 2.2). Tatsächlich aber schafft die Perspektive der Beobachter\*in nicht nur die Möglichkeit des wertvollen Feedbacks für die Berater\*in, sondern durch den Blick auf das ganze Arbeitssystem in der Gleichzeitigkeit bieten sich Wahrnehmungsdimensionen für teilweise sehr flüchtige paraverbale und nonverbale Feinheiten bis hin zur Beobachtung von Mikroemotionen. Auch deshalb ist das Feedback insbesondere zur Beziehungsgestaltung, welche stets Teil der Methodenarbeit ist, besonders wertvoll.

Mögliche Reflexionsfragen für die lernende Person sind:

a) Beobachtung des Beratungsprozesses und Reflexion des beraterischen Handelns (Feedback für Berater\*in)
   - Was war besonders gelungen?
   - Wie habe ich die Beziehungsgestaltung wahrgenommen?
   - Was habe ich hinsichtlich des Beziehungsaufbaus beobachtet?
   - Wie hat sich die Beziehungsgestaltung entwickelt?
   - Inwieweit gab es einen ganz speziellen Moment, in dem es »gematcht« hat?
   - Welche nonverbalen Feinheiten habe ich als wichtig empfunden?
   - Welche paraverbalen Feinheiten habe ich als markant beobachtet?
   - Welche alternativen Formulierungen hätte ich für die Berater\*in als Ideengeschenk?
b) Selbstbeobachtung/Selbstreflexion
   - Welche Emotionen habe ich bei mir wahrgenommen?
   - Welche Hypothesen habe ich zu Beginn der Beratung im Kopf gehabt? Wie haben sich diese im Verlauf der Beratung verändert?
   - Woran hat mich das Beobachtete erinnert?

# 5 Beratungshandeln erfahren

Nach unserer Erfahrung ist es wertvoll, Handlungssicherheit hinsichtlich von Feedback-Geben und -Nehmen anzubieten. Als Rahmen hierfür bieten wir den Student*innen ein Handout an (siehe Information 5.1).

## Information 5.1: »Und ... wie war ich?« – Feedbackregeln

### Allgemeiner Rahmen von Feedback

- Feedback stellt ein Angebot, ein Geschenk für jemanden dar.
- Feedback ist kein »Wahrsprechen« über etwas, schon gar nicht über die Person an sich, auf deren Handeln sich die Rückmeldung bezieht.
- Vielmehr ist Feedback ein konstruktives Mitteilen einer subjektiven Wahrnehmung.
- Feedback ist eingebettet in ein respektvolles, kollegiales und entwicklungsaffines Miteinander.
- Feedback sollte von allen Beteiligten gewünscht sein und zeitnah erfolgen.

### Ablauf für Feedback bei Rollenspielen

1. Feedback von Beobachter*in zur*zum Berater*in
2. Feedback von Klient*in zum*zur Berater*in
3. Reflexion Berater*in über sich selbst

Wichtig: Achten Sie stets auf die Einhaltung der Reihenfolge. Hier ist es für die beobachtende Person sinnvoll, sich Notizen zu machen. Gern kann die*der Berater*in vor dem Rollenspiel mitteilen, auf welche Aspekte sich die Feedbackgebende Person besonders konzentrieren soll.

### Hinweise zum Feedback-Geben

- Beginnen Sie immer mit etwas Positivem!
- Was ist gut gelungen? Welchen brillanten Moment haben Sie wahrgenommen? Was hat Sie beeindruckt?
- Geben Sie ein sachliches und detailliertes Feedback.
- Kombinieren Sie Ihre Beobachtungsgenauigkeit mit dem Aufschreiben konkreter Formulierungen.
- Formulieren Sie Ihre Beobachtungen in der ersten Person Singular.
- Formulieren Sie nachvollziehbar und beschreibend.
- Vermeiden Sie Bewertungen und Interpretationen.
- Formulieren Sie achtsam, wertschätzend/würdigend und angemessen.
- Beziehen Sie sich auf konkrete Verhaltensweisen.
- Beschreiben Sie klar und genau Ihre Wahrnehmung und verzichten Sie auf Pauschalisierungen wie »immer«, »alle«, »nie« ...
- Achten Sie auf Verbales, Paraverbales und Nonverbales:
  – Welche genauen Fragen/Formulierungen/Techniken waren gelungen?

- Was haben Sie an der Gestik, Körperhaltung und Mimik beobachten können?
- Wie wirkten Stimme, Lautstärke, Sprechtempo auf Sie?
- Wie hat was auf Sie gewirkt? Wie wurden beraterische Grundhaltungen umgesetzt?
- Was empfanden Sie als besonders professionell?
- Feedback ist weder Candyshower noch Lobhudelei, noch Abrechnung, noch Bloßstellung. Achten Sie auf ausgewogene Rückmeldungen. Ein hilfreiches Feedback ist weder ausschließlich negativ noch ausschließlich positiv.
- Benennen Sie konkrete »Stellschrauben«, Ansatzmöglichkeiten für Modifikationen und Wachstumsmöglichkeiten!
- Formulieren Sie konstruktive Ideen, z. B. für alternative Fragen. Verwenden Sie hier gern den Konjunktiv. »Vielleicht wäre es möglich, … zu fragen?«, »Ich habe mich gefragt, wie es wäre, wenn …?«

**Hinweise zum Feedback-Empfangen**

- Grundsätzlich ist ein Feedback ein Geschenk für die eigene Professionalität.
- Lassen Sie den*die Feedbackgeber*in unbedingt aussprechen.
- Rechtfertigen Sie sich nicht. Verzichten Sie auf Begründungen, Klarstellungen oder Argumentationen.
- Hören Sie aufmerksam zu und fragen Sie nach, wenn Sie etwas nicht verstanden haben.
- Es geht beim Feedback nicht darum, wer Recht hat, sondern nur um persönliche Wahrnehmungen und Mitteilungen. Feedback ist ein Angebot: Ganz subjektiv.
- Sie als Feedbackempfänger*in entscheiden, welche Anregungen hilfreich sind und welche Kommentierungen nicht stimmig erscheinen und liegengelassen werden.
- Teilen Sie zum Schluss mit, was Sie durch das Feedback erfahren haben. Aber: Verteidigen Sie sich nicht.
- Vielleicht lässt sich Feedback als Blumenstrauß verstehen, aus dem Sie sich diejenigen Blüten auswählen dürfen, welche Sie aus dem Moment heraus am meisten ansprechen.
- Bedanken Sie sich für das Feedback.

**Quellen**

Bröckling, Ulrich (2006). Und … wie war ich? Über Feedback. *Mittelweg 36, 15*(2), S. 27–44.
Seifert, Josef W. (2021). *Visualisieren Präsentieren Moderieren*. Offenbach: Gabal Verlag.
Willemse, Joop & von Ameln, Falko (2018). *Theorie und Praxis des systemischen Ansatzes. Die Systemtheorie Watzlawicks und Luhmanns verständlich erklärt*. Wiesbaden: Springer.

Für Rollenspiele bieten sich verschiedenste Aspekte beraterischer Performanz an (Erprobung bestimmter konkreter Methoden, z. B. Genogrammarbeit, Gesprächstechniken, Strukturierung von thematischen Schwerpunkten, moderierende Gestaltung von Prozessen in Mehrpersonen-Settings, Bearbeitung eigener überschaubarer Beratungsanliegen etc.). Anschließend an Petra Bauer (2014) sehen wir dabei die Übung von Erstgesprächen als besonders gewinnbringende Möglichkeit für die Erprobung beraterischen Tuns. In Kapitel 6 (▶ Kap. 6) werden wir dies noch näher begründen und ausführlich darlegen, wie ein systemisches Erstgespräch strukturiert werden kann und welche inhaltlichen und methodischen Kenntnisse und Kompetenzen in diesem Rahmen erprobt werden können.

In der Beratungsforschung scheint es nahezu unbestritten (häufig mit Verweis auf Anleihen aus der Psychotherapieforschung), dass die Beziehungsqualität zwischen Berater*in und Klient*in zentral bedeutsam für das Gelingen von Beratungsprozessen ist und mithin die Fähigkeit zur Beziehungsgestaltung als grundlegende Kernkompetenz »guter« Berater*innen angesehen werden kann. Wie Silke Gahleitner, Annett Kupfer, Sandra Wesenberg, Christine Kröger und Frank Nestmann (im Druck) betonen, ist der Erfolg psychosozialer Beratung »maßgeblich an eine authentische, dialogische, emotional tragfähige, von Nähe geprägte und dennoch reflexiv und fachlich durchdrungene Beziehungsgestaltung gebunden«. Als zentrale Frage bleibt hierbei, inwiefern bzw. in welchen Aspekten die Fähigkeit zur Beziehungsgestaltung tatsächlich lehr- und lernbar ist. Wie Petra Bauer und Marc Weinhardt (2016a, S. 208) gehen wir davon aus,

> »dass auch dieser ›diffuse‹ Anteil professionellen Handelns und die Gestaltung einer tragfähigen Arbeitsbeziehung in Teilen lehr- und lernbar ist, allerdings scheint es auch einen Teil zu geben, der als einsozialisierter und inkorporierter Faktor der ›Person‹ mitgebracht wird und wenig veränderbar erscheint«.

Wichtig scheint uns für die »lernbaren« Anteile u. a. eine reflexive Bewusstmachung und Bearbeitung eigener, biographisch bestimmter Muster in der Beziehungsgestaltung und des Umgangs mit Nähe (vs. Distanz) in professionellen Beziehungen, eine differenzierte Analyse von Rollen innerhalb der Arbeitsbeziehung im konkreten Fall (▶ Kap. 7.2) sowie das Gewahr-Werden eigener (fachlicher und persönlicher) Grenzen im Handeln. Ein Schwerpunkt der Reflexion von Lernerfahrungen in Erstgesprächen sollte entsprechend darauf liegen, wie beraterische Grundhaltungen umgesetzt wurden und inwiefern eine vertrauensvolle Arbeitsbeziehung entwickelt bzw. angebahnt werden konnte. Hierfür scheint es notwendig, im Austausch zwischen den Akteur*innen des Rollenspiels sowie ggf. bei videodokumentierten und analysierten Sequenzen über das Feedback anderer die interaktiven Dynamiken in der Begegnung zu rekonstruieren, Schlüsselmomente der Beziehungsgestaltung (z. B. Gewährleistung von Vertraulichkeit, Sich-Einlassen der beratenden Person auf die Erfahrungen, Deutungen und Handlungsmuster der Klient*innen, gemeinsame Gestaltung des Prozesses, authentische Haltung von Nicht-Wissen der beratenden Person, Förderung der Selbstwirksamkeit von Klient*innen) sichtbar zu machen und Verstehens- und Veränderungsprozesse anzuregen.

Neben der Übung an sich, kommt also der reflexiven Bearbeitung der Erfahrungen ein hoher Stellenwert zu. Hierfür bieten insbesondere die Feedback-Runden innerhalb der Rollenspielgruppe einen guten Rahmen. Peer-Support – also das gegenseitige Unterstützen innerhalb der Gruppe der Peers – wird hier in Form des Lernteams der Rollenspielgruppe realisiert und kann als wichtige »Reflexionsinstanz« (Rohr, den Ouden & Rottlaender 2016, S. 113) fungieren. Die oben genannten Feedback-Regeln werden dabei zu Beginn des Seminars eingeführt und in der didaktischen Planung von Rollenspielen ist ein großer Zeitrahmen für die Reflexion vorzusehen.

## 5.3 Videoaufzeichnung und Reflexion des (eigenen) Beratungshandelns

Das Interaktionsgeschehen in Beratungsprozessen (z.B. den oben genannten Erstgesprächen) ist komplex und beinhaltet vielfältige verbale, aber v.a. auch nonverbale Kommunikationsanteile der handelnden Personen. Für die Reflexion bestimmter Aspekte, etwa von Mimik und Gestik, der Abfolge und Muster bestimmter Handlungen, konkreter Gesprächssequenzen etc., empfiehlt sich die Arbeit mit Videoaufzeichnungen (die etwa in vielen Therapie- und Beratungsausbildungen heute auch fester Bestandteil ist, vgl. u.a. Gumz & Geyer 2021; Lindemann 2021).

Über die Nutzung einer Videokamera »im Sinne eines ›Interaktionsmikroskops‹« (Schnettler & Knoblauch 2009, S. 275), wird es möglich, flüchtige Prozesse und Verhaltensphänomene zu erfassen und sie jenseits der direkten Handlungssituation zugänglich zu machen. So »bietet das Video wiederholbar viele Gelegenheiten, (optisch, akustisch, inhaltlich) Neues auch am scheinbar schon bekannten Fall zu entdecken oder strittige Deutungen am Material zu prüfen« (Digel, Goeze & Schrader 2012, S. 28). Weiterhin ist es möglich, die Geschwindigkeit von Verhaltensänderungen an die Wahrnehmungsfähigkeit der Beobachtenden anzupassen, indem beispielsweise Bildfolgen optisch verlangsamt dargestellt werden (Ellgring 1991; Witte & Rosenthal 2011). Die Arbeit mit Videoaufzeichnungen ermöglicht eine Vervielfältigung der Perspektiven, die über eine Live-Beobachtung allein nicht erreicht werden kann. Manfred Günther (2019, S. 25f.) weist aufbauend auf seinen langjährigen Erfahrungen mit der Aufzeichnung von (pädagogischen) Rollenspielen auf den erstaunlichen Umstand hin, »wie oft es Differenzen gibt z.B. zwischen der Wahrnehmung von Beobachtern, die Protokolle fertigen und der ›objektiven‹ Rückmeldung über Videoaufzeichnungen«. Auch nach unserer Beobachtung driften Selbst- und Fremdwahrnehmung von Student*innen bei der Arbeit mit Videos häufig auseinander.

Neben diesen Vorteilen von Videoaufzeichnungen gegenüber direkten Beobachtungen, sind aber auch einige herausfordernde Besonderheiten zu beachten. So stellen Videodaten immer Transformationen lebensweltlicher Situationen dar und erlauben es beispielsweise nicht, Erfahrungsqualitäten jenseits visueller und akustischer einzufangen (vgl. Schnettler & Knoblauch 2009). Mit der Videoaufzeichnung und der damit verknüpften Festlegung auf einen bestimmten Bildausschnitt, also einen spezifischen Teil der sozialen Wirklichkeit, ist automatisch eine Reduktion verknüpft, eine »erste erzwungene Fokussierung des Sehens in Richtung auf ›etwas‹« (Fischer 2009, S. 26). Die Wahl eines bestimmten Fokus beinhaltet auch immer die Entscheidung, was nicht aufgezeichnet wird. Eine flexible Führung der Videokamera empfiehlt sich dennoch nicht, da »jede ›interessantere‹ Kameraführung immer auch schon Auswahl und Akzentuierung und damit Bedeutungserteilung und Interpretation ist« (Fischer 2009, S. 39), wohingegen »eine nicht zoomende Kameraführung weder eigene Schwerpunkte ein noch aus[blendet] – [sie] reduziert oder verändert also keine Komplexität« (Digel, Goeze & Schrader 2012, S. 28). Nicht zuletzt beeinflusst eine Person, die sich mit Kamera im Raum bewegt, zudem sehr viel stärker das Interaktionsgeschehen als eine an einem festen Platz installierte Kamera. Wichtig erscheint hierbei v. a. die überlegte Auswahl des Bildausschnitts, wie Nicole Witte und Gabriele Rosenthal (2011, S. 126) verdeutlichen: »Wähle ich etwa einen sehr großen Bildausschnitt, so erhalte ich sehr viele Daten über das konkrete Setting, verzichte aber dafür u. U. auf die Aufzeichnung bestimmter mimischer Facetten in den Gesichtern der Handelnden«. Sabine Digel, Annika Goeze und Josef Schrader (2012) weisen darauf hin, dass sie etwa in ihrer Arbeit mit Videoaufzeichnungen von Lehr-Lernsituationen in Gruppen (z. B. im Schulunterricht und Weiterbildungen) mit mehreren Parallelaufzeichnungen arbeiten und die aufgezeichneten Sequenzen für die Reflexion im »Split-Screen«-Format präsentieren, also ein Bildausschnitt fokussiert die Lehrperson und ein zweiter Bildausschnitt zeigt die Gruppe der Lernenden. »Schon auf den ersten Blick lädt der Fall also dazu ein, das Geschehen aus verschiedenen Perspektiven zu betrachten« (ebd., S. 28). Dies erfordert eine notwendige technische Ausstattung, die sicher nicht an allen Hochschulen gegeben ist, wir können aber der Argumentation der Autor*innen gut folgen, dass über die parallele Präsentation verschiedener Kamerablickwinkel (z. B. auf Berater*in und auf Klient*in) quasi selbstverständlich unterschiedliche Perspektiven nahegelegt werden und sich dies auch für die Aufzeichnung von Beratungssequenzen anbieten könnte.

In unseren Lehrveranstaltungen zur Vermittlung von Beratungskompetenzen laden wir einerseits Studierende dazu ein, die durchgeführten Beratungsübungen auf Video aufzuzeichnen und im Nachhinein in verschiedenen Formaten zu reflektieren. Zum einen bietet sich die Reflexion in Einzelarbeit an. Wie in Kapitel 6.6 (▶ Kap. 6.6) noch näher beschrieben wird, arbeiten wir häufig mit einem Prüfungsformat in Form der Planung und Durchführung eines (systemischen) Erstberatungsgesprächs, der Aufzeichnung dieses auf Video und der nachträglichen schriftlichen Selbstreflexion relevanter Ausschnitte (Prüfungsleistung) sowie – als optionalem Angebot – eines Reflexionsgesprächs. Zum anderen können Videoaufzeichnungen auch als Grundlage der (angeleiteten) Reflexion in den Lernteams dienen. Inwiefern die Erfahrungen in die Gesamtseminargruppe eingebracht werden, entscheiden die Lernenden selbstständig. So können beispielsweise einzelne Videoausschnitte selbstständig ausgewählt und im Plenum reflektiert werden. Ebenso können sich Audioausschnitte oder auch Transkripte relevanter Gesprächssequenzen für die Reflexion eignen. Hinsichtlich der Wahl von Umfang und Format ist uns die Selbstbestimmung der Studierenden wichtig – da hochschulische Lehrsettings wie in Kapitel 1.3 beschrieben mit verschiedenen Bedingungen verknüpft sind, die das Einbringen persönlicher Erfahrungen erschweren. Die Schaffung eines vertrauensvollen Rahmens und ein besonders achtsamer Umgang mit persönlichen Grenzen ist hier unerlässlich, um Öffnungs- und Selbstreflexionsprozesse (insbesondere hinsichtlich subjektiv nicht als gelungen Erlebtem) zu ermöglichen.

In unserer Lehre spielen Videoaufzeichnungen auch noch in anderer Hinsicht eine zentrale Rolle. So haben wir mehrere Videos, insbesondere zu Erstgesprächen, aufgezeichnet, in denen wir selbst die Rollen von Berater*in und Klient*in einnehmen. Im Vorfeld solcher Rollenspiele verständigen wir uns lediglich über einige Rahmenparameter (z. B. nicht-selbstinitiierte Beratung eine*r jugendlichen Klient*in in Suchtberatungsstelle) und lassen die Interaktionen dann »geschehen«. Diese »Lehrvideos« ohne vorgefertigtes Skript o. Ä. stellen damit annähernd realistisches (und mithin nicht perfektes) Beratungshandeln dar. In der gemeinsamen Erarbeitung der Inhalte und reflexiven Einordnung gemeinsam mit den Studierenden ergeben sich u. a. wertvolle Gelegenheiten zur Veranschaulichung bestimmter methodischer Vorgehensweisen, Gesprächstechniken etc., insbesondere eröffnen sich aber Möglichkeiten, die Vielfalt der Gestaltungsspielräume in Beratungsgesprächen zu verdeutlichen. Besonders wichtig ist es hierbei unseres Erachtens, auch bestimmte Aspekte hervorzuheben, in denen das eigene Tun als Berater*in retrospektiv selbstkritisch als eben nicht alternativlos eingeordnet wird: Möglicherweise wäre in der konkreten Situation beispielsweise eine andere Formulierung für die*den Klient*in anschlussfähiger gewesen; vielleicht wird an einer anderen Stelle die eigene Körperhaltung von der beratenden Person als wenig offen erlebt; es gibt einen Moment, in dem eine bestimmte, von der zu beratenden Person subjektiv als besonders wichtig erlebte Äußerung von der*dem Berater*in übergangen wird; der*die Berater*in räumt ein, an einer bestimmten Stelle zunächst vollkommen ratlos gewesen zu sein usw. Im Sinne von Modelllernen kann hier ein offener und wertschätzender Umgang mit eigenen Grenzen als zentrale Beratungskompetenz transparent gemacht werden. »Sich eigener Defizite und Fehler gewahr zu werden, sich mit fehlerhaftem Handeln auseinanderzusetzen und dieses zu reflektieren, erscheint insbesondere für die kontinuierliche berufliche Entwicklung wichtig zu sein« (Strasser 2014, S. 202). Es erscheint wichtig, eine positive Haltung gegenüber den eigenen Stärken und Schwächen sowie Erfahrungen von Ungewissheiten, Heraus- und Überforderungen bereits in den ersten Etappen der Reise von Berater*innen zu kultivieren und eine kontinuierliche Reflexion und Modifikation des eigenen Handelns anzuregen. Für Studierende kann es hierfür nach unseren Erfahrungen zentral bedeutsam sein, die lehrenden Personen als Berater*innen kennenzulernen, die auch Ernüchterung im eigenen Tun erleben, die mit Ungewissheiten umgehen (müssen) und für die die Reflexion des eigenen Handelns und eigener Impulse eine zentrale und kontinuierlich fortbestehende Anforderung an ihre professionelle Entwicklung darstellt.

## 5.4 Umgang mit »Tabuthemen« und ethisch-rechtlichen Herausforderungen

Wie eingangs skizziert, erscheint es im Rahmen der Erprobung, Selbst-Erfahrung und Reflexion von Beratungshandeln auch wichtig, bestimmte Themen explizit in den Fokus zu rücken, die in Alltagskommunikation oftmals mit Tabuisierung, Hemmungen oder Überforderung und Hilflosigkeit verknüpft sind und auch in professionellen Beratungssituationen sehr herausfordernd erlebt werden. Hierzu gehören etwa Thematisierungen von selbstgefährdenden Verhaltensweisen, krisenhaften Lebensereignissen oder Verlusterfahrungen, aggressiven oder gewaltförmigen Impulsen und Handlungen, Suizidgedanken etc.

John McLeod und Julia McLeod (2011, S. 115 f.) beschreiben einige Formen von selbst- oder fremdgefährdenden Verhaltensweisen, die nach ihrer Erfahrung von beratenden Personen als besonders herausfordernd erlebt werden.

»One of the most challenging situations for a counsellor is when people seeking help talk or act in a way that suggests that they may be at risk of harming themselves or harming another person. There are several different forms that risk may take in counselling. The person may:

- plan to take their own life
- be engaged in self-harming behaviour such as cutting, purging, starving, alcohol or drug abuse, unsafe sex, and so on
- be engaged in, or planning to inflict, harm on another person (which may include the counsellor), through physical, verbal or sexual violence, harassment or stalking, criminal activity or unprotected sex (i.e. in cases of HIV/AIDS infection).

[...] The times when a person seeking counselling talks about risk to self or others can be very difficult for a counsellor to deal with – there is a sense of a great pressure of responsibility, and typically there may be little or no opportunity to consult colleagues – the counsellor needs to respond somehow in the moment.«

McLeod und McLeod (2011, S. 116) betonen die zentrale Notwendigkeit, dass beratende Personen in solchen Situationen häufig ad hoc eine verantwortungsvolle und die spezifischen Risiken berücksichtigende Entscheidung treffen müssen: »In any of the types of harm listed above, a counsellor needs to arrive at a position on whether it is helpful to proceed with counselling, or whether the situation requires some other kind of intervention«. Die Autor*innen weisen weiterhin darauf hin, dass die meisten Berater*innen in ihrer Berufspraxis eher selten mit bestimmten Krisensituationen (z.B. Umgang mit Fällen akuter Fremd- oder Selbstgefährdung) konfrontiert sein werden (mit Ausnahme bestimmter Tätigkeitsfelder, z.B. psychiatrische Settings, Strafvollzug), aber eine Beschäftigung mit den Themen scheint dennoch umso wichtiger. Gerade in diesen Krisensituationen kommt dem angemessenen und sofortigen Handeln von Berater*innen eine besondere Bedeutung zu. Wie McLeod und McLeod (2011) verdeutlichen, muss angemessenes Handeln hier »through training, reading and study, rather than relying on first-hand experience« erlernt werden. Nach unseren Beobachtungen spricht zudem vieles dafür, dass für Beratung in Kontexten Sozialer Arbeit im Verlauf von professionellen Karrieren eine generelle Nicht-Konfrontation mit Krisensituationen nahezu ausgeschlossen ist.

Themen wie Kindeswohlgefährdung, häusliche Gewalt, Stalking, Eigen- und Fremdgefährdung oder Verlusterfahrungen lassen sich – auch wenn sie nicht in der primären Angebotsstruktur expliziert werden – in keinem Handlungsfeld Sozialer Arbeit umgehen. Häufig wird dies für Studierende im Rahmen der Praxisreflexion bewusst, wenn die Teilnehmer*innen aus unterschiedlichen Praxisbereichen Fälle in die Reflexion einbringen (▶ Kap. 7.2 bis 7.5).

Rene Reichel (2005a, S. 62) empfiehlt für die Vorbereitung auf solche Akutsituationen die Einführung eines Konzeptes »psychosozialer erster Hilfe« und die Vermittlung entsprechend notwendiger Erste-Hilfe-Kenntnisse und -Kompetenzen an Berater*innen:

> »Eine psychosoziale Erweiterung des Konzepts ›erste Hilfe‹ zu einer ›psychosozialen ersten Hilfe‹ ist dringend erforderlich.
> Dabei müsste es einerseits
>
> - um die Vermittlung eines Verhaltensrepertoires für bestimmte Akutsituationen gehen, um kurzfristig das Nötigste zu tun und die gröbsten Fehler zu unterlassen,
> - um die Erarbeitung einer kleinen Notrufliste sowie vor allem
> - um die Förderung von Selbstwahrnehmung, um sich im Spannungsfeld von kritischer Selbsteinschätzung (›Was traue ich mir – nicht – zu?‹) und notwendiger spontaner Hilfeleistung (›Gefahr im Verzug‹) gut entscheiden zu können.«

Die Erarbeitung eines entsprechenden »Erste-Hilfe-Notfallkoffers« schließt unseres Erachtens u. a. Kenntnisse zu den formal-rechtlichen Regelungen (z. B. zu Offenbarungsrechten und -pflichten) und den in der Beratungsstelle implementierten Strategien im Krisenfall, fachliche Kenntnisse zu bestimmten krisenhaften Zuspitzungen, die im Kontext von Beratung auftreten können (s. o.), Zusammenarbeit in professionellen Hilfenetzwerken (Kenntnisse über weiterführende Hilfsangebote, zuständige Institutionen etc. zur Weitervermittlung im konkreten Krisenfall; Kontakte zu spezifischen Einrichtungen), Reflexion themenimmanenter ethischer Fragen (z. B. Fremd- vs. Selbstbestimmung im Falle selbstgefährdender Verhaltensweisen) und damit eng verknüpft insbesondere vorab auch die Klärung eigener Fragen und Entwicklung einer spezifischen Haltung zu den Themenbereichen ein.

Die Rechtsgrundlagen lernen Studierende meist in anderen (Rechts-)Lehrveranstaltungen kennen, allerdings empfiehlt es sich aus unserer Erfahrung, im Rahmen von Beratungslehrveranstaltungen nochmals einige spezifische relevante Regelungen zu diskutieren, z. B. zu:

- Möglichkeiten der Beratung von Kindern (und Jugendlichen) ohne Kenntnis der Eltern/Personensorgeberechtigten in Krisensituationen (§ 8, Abs. 3, SGB VIII)
- Schweigepflicht von Berater*innen (§ 203 StGB)
- Offenbarungsbefugnisse und -pflichten in bestimmten Situationen (z. B. rechtfertigender Notstand nach § 34 StGB, Kindeswohlgefährdung § 8a SGB VIII, geplante Straftaten §§ 138, 139 StGB)
- Regelungen zur (nicht-selbstbestimmten) Aufnahme in psychiatrischen Kliniken im Falle von Selbst- oder Fremdgefährdung (§§ 1631, 1906 BGB, Psychisch-Kranken-Gesetze der Länder).

Hierfür bietet sich etwa die Arbeit mit kurzen Fallvignetten an (siehe Übung 5.1).

> **Übung 5.1: Herausfordernde Situationen in Beratung und Sozialer Arbeit**
>
> Bitte überlegen Sie, wie Sie in den skizzierten Situationen reagieren würden.
> Welche rechtliche Grundlage legitimiert Ihr Handeln?
>
> **Fallszenario 1**
>
> Sie beraten in einer Jugendberatungsstelle eine 15-jährige Jugendliche, die sich selbstständig um einen Termin bei Ihnen bemüht hat. Sie beschreibt, dass ihr Vater oft stark alkoholisiert sei und ihre Mutter häufig schlage. Sie überlege, von zuhause auszuziehen, wisse aber nicht wohin und wünscht sich Unterstützung von Ihnen. Am folgenden Tag ruft die Mutter der Jugendlichen an; sie wirkt ziemlich aufgelöst und fragt direkt, nachdem Sie sich namentlich gemeldet haben, bei Ihnen nach, was Sie mit ihrer Tochter besprochen haben und wie die Beratung weitergeht. Was antworten Sie ihr?
>
> **Fallszenario 2**
>
> Sie sind als Familienhelfer*in zum Hausbesuch bei einer Familie. Es öffnet Ihnen die 8-jährige Tochter der Familie und Sie finden den jüngsten 2-jährigen Sohn der Familie lethargisch in seinem Kinderbett, er reagiert nicht auf ihre Ansprache, wirkt abgemagert und schwitzt stark. Die suchtmittelabhängige Kindesmutter verbietet Ihnen, den Rettungsdienst zu rufen. Was tun Sie?
>
> **Fallszenario 3**
>
> In der Erziehungsberatung beraten Sie eine Familie, deren 14-jähriger Sohn Tim in der Schule zunehmend Schwierigkeiten hat (Notenverschlechterung, sozialer Rückzug). Die Eltern vermuten, dass er von zwei älteren Schüler*innen gemobbt wird und auch körperlich angegriffen wird (er habe schon wiederholt unerklärbare blaue Flecken gehabt); Tim selbst streitet das ab. Die Eltern bitten Sie, mit der Lehrerin Kontakt aufzunehmen, auch das lehnt Tim vehement ab. Wie entscheiden Sie sich?

In der Diskussion wird meist schnell deutlich, dass sich die beschriebenen Situationen mit Kenntnissen der entsprechenden Rechtsgrundlage rechtlich gut einordnen lassen. Verschiedene implizierte ethische Fragen und Dilemma lassen sich hingegen leider selten so eindeutig beantworten. In Beratungspraxis werden Sozialarbeiter*innen immer wieder vor der Herausforderung stehen, im individuellen Fall verschiedene ethische Werte abzuwägen und eine begründete Entscheidung für das eigene Handeln zu treffen. Eine Sensibilisierung hierfür muss bereits in den ersten Phasen der Entwicklung von Beratungskompetenz erfolgen. Für diese Sensibilisierung und die Auseinandersetzung mit den angesprochenen Thematiken scheint uns auch eine Ergründung und Reflexion eigener Werthaltungen und Erfahrungen unbedingt notwendig.

Jürgen Beushausen (2016) empfiehlt als Zugang zu verschiedenen Perspektiven auf das Thema Selbstgefährdung/Suizidalität und damit eine erste Reflexion eigener Orientierungen eine Diskussion von verschiedenen Statements in Kleingruppenarbeit oder im Plenum, z. B. »Selbstmord geschieht ohne Vorzeichen«, »Alle, die Selbstmord begehen oder begehen wollen, sind krank«, »Wer vom Selbstmord redet, wird ihn nicht begehen« oder »Werden suizidgefährdete Menschen auf ihre Absichten angesprochen, erhöht dies das Risiko eines Suizids« (eine vollständige Auflistung findet sich bei Beushausen 2016, S. 310). Wir bieten in unseren Seminaren u. a. einen Selbstreflexionsbogen (vgl. Anhang B.1) an, der im Themenblock »Umgang mit Suizidalität in Beratung« (neben der Vermittlung von Kenntnissen zu Suizidalität – Hintergründe, Risikoeinschätzung etc. – und Handlungsstrategien) einen zentralen Stellenwert einnimmt. Wie bereits an verschiedenen Stellen angesprochen, arbeiten wir in unseren Lehrveranstaltungen – jenseits der Prüfungsleistungen, die wie in Kapitel 1.3 dargestellt in der Hochschullehre als grundlegendes Gestaltungselement gesetzt sind – nicht mit »Zwangsmomenten« (in Form von Anwesenheitslisten, Kontrolle der Erledigung von Aufgaben etc.), sondern versuchen Lernräume zu eröffnen, die von Studierenden, die Beratungskompetenzen erwerben wollen, selbstbestimmt genutzt werden. Wir sehen unsere Verpflichtung darin, diese Räume verantwortungsvoll zu gestalten und für Beratungslernen zwingend erforderliche Prozesse von praktischer Erprobung, Reflexion und Feedback zu ermöglichen – die Verantwortung zur selbstbestimmten Annahme oder Ablehnung unserer Angebote obliegt hingegen den Studierenden. Das schließt auch ein, dass sich Personen gegen die Bearbeitung bestimmter Thematiken in diesem konkreten Kontext (der Seminargruppe, der Hochschule etc.) oder zu dem spezifischen Zeitpunkt entscheiden. Dies kann möglicherweise etwa der Fall sein, wenn bestimmte Themen eng mit aktuellen oder biographischen Lebensthemen verwoben sind und mithin »zu nah« gehen. Hier verweist eine initiale Ablehnung der tiefergehenden Reflexion auf wichtige Selbstsorgekompetenzen und das Wissen um eigene Grenzen.

Wir versuchen, in unserer Lehre in diesem Zusammenhang zu vermitteln, dass eine Beschäftigung gerade mit Themen, die persönlich bedeutsam und mit krisenhaften Erfahrungen verknüpft sind, für professionelles beraterisches Tun (und damit die Arbeit mit Klient*innen, die möglicherweise ähnliche Erfahrungen gemacht haben) unerlässlich ist und es entsprechend wichtig ist, die eigene Abwehr wahrzunehmen und für den Moment (im konkreten Seminarkontext) als wichtiges Selbstsorgemoment anzuerkennen, zugleich langfristig aber Räume zur Bearbeitung der eigenen »Tabuthemen« notwendig werden. Hieraus kann im Einzelfall auch die Entscheidung zur Inanspruchnahme professioneller Unterstützung zur Verarbeitung eigener traumatischer oder krisenhafter Erfahrungen resultieren. Hier bekommen u. a. Angebote psychosozialer Studierendenberatung eine hohe Relevanz (Forum Beratung 2022).

# 6 Systemische Beratungsmethoden erproben und erlernen – Das systemische Erstgespräch

»So ließe sich der Möglichkeitssinn geradezu als die Fähigkeit definieren, alles, was ebensogut sein könnte, zu denken und das, was ist, nicht wichtiger zu nehmen als das, was nicht ist.« Robert Musil (2005 [Orig.1930]): Der Mann ohne Eigenschaften, S. 16.

## 6.1 Vorüberlegung: Erstgespräche als besonders geeignete Lernfelder für Beratungshandeln

In diesem Kapitel soll es anschließend an die allgemeinen Überlegungen, wie Beratungshandeln im Studium erfahrbar gemacht werden kann, nun darum gehen, exemplarisch vorzustellen, wie zentrale methodische Beratungskompetenzen vermittelt werden können. Im Mittelpunkt steht also der Performanzaspekt beraterischen Tuns. Zum Kennenlernen und Erproben zentraler Aspekte professionellen beraterischen Handelns (z. B. Strukturierung von Beratungssitzungen, Auswahl der für Problemstellung und Klient*in angemessenen Techniken und Methoden) bietet sich wie bereits angesprochen die Übung von Erstgesprächen an (▶ Kap. 5.2). Innerhalb des Beratungslernens spielen natürlich auch Kenntnisse zu den weiteren Phasen eines (formalisierten) Beratungsprozesses eine wichtige Rolle. Ein empfehlenswertes Modell hierfür liefert etwa Sue Culley (2015) in ihrem Buch »Beratung als Prozeß«. Sie stellt eine chronologische Abfolge von Beratungsphasen vor, wohlwissentlich, dass das Modell (wie alle anderen) nur

> »ein statistisches Bild dessen [liefern kann], was in Wirklichkeit ein komplexer, fließender und einem dauernden Wandel unterworfener Prozeß ist. [...] Dennoch ist die Entfaltung eines Konzeptes, nach dem Beratung aus einer Reihe aufeinander folgender Phasen besteht, ein notwendiger Versuch, in diesen Prozeß einige stabile Orientierungspunkte einzuführen. Diese Punkte sind Dreh- und Angelpunkte, bei denen die Beratungsarbeit ihren Charakter verändert und ihren Focus wechselt« (ebd., S. 23).

Von besonderer Bedeutung ist dabei nach Culley auch die letzte Phase des Beratungsprozesses, denn »[d]ie Endphase des Beratungsprozeßes hat auch die Beendigung der Beziehung zur Folge« (ebd., S. 153). Auch Jürgen Beushausen (2016, S. 332) verweist nachdrücklich auf die Bedeutung der Abschlussphase in Beratungsprozessen und konstatiert, dass häufig »die Bedeutung des Abschlusses bzw. des Abschieds von der Beratung oder vom Berater für Klienten nicht genügend beachtet [wird]«. Auch wenn wir Beushausens (2016) und Culleys (2015) Einschätzung der Wichtigkeit der guten Vorbereitung und Planung des Gesamtberatungsprozesses und insbesondere der Abschlussphase zustimmen und auch die Einschätzung teilen, dass »wir auf die Beendigung ebenso viele Gedanken verwenden [sollten] wie auf den Anfang« (Culley 2015, S. 153), so sehen wir hinsichtlich der Thematisierung und insbesondere Erprobung in Lehrformaten deutliche Grenzen. Beushausen (2016) gibt wertvolle Hinweise auf unterschiedliche Abschiedsmuster, die bei Klient*innen in der Abschlussphase beobachtet werden können (unter Bezug auf Schwing & Fryszer 2006), und schlägt auch gewinnbringende Übungen zur Reflexion des eigenen Umgangs mit Abschieden vor (vgl. Beushausen 2016, S. 335). All dies kann zu einer wichtigen Annäherung an die Thematik verhelfen. Gleichwohl können Abschlussphasen und Abschiede in Beratungsprozessen unseres Erachtens nicht in gleicher Weise in einem prototypischen Ablauf vermittelt und erprobt werden wie Erstgespräche. Die Abschiedsphase betrifft wie beschrieben insbesondere die Beendigung der professionellen Beziehung zwischen Klient*in und Berater*in, die in höchstem Maße individuell ist. Entsprechend deutlich variieren Dauer und Formen von Abschlussphasen. Demgegenüber sind Erstgespräche (unter Annahme bestimmter Rahmenbedingungen etwa zum Setting, Beratungsfeld etc.) unseres Erachtens besser in einem prototypischen Ablauf zu denken und zu vermitteln, wenngleich auch für diesen Ausschnitt des Beratungsprozesses die Feststellung gelten kann, die Culley (2015, S. 153) mit Blick auf den Gesamtprozess trifft: »Beratung in der Praxis ist kein klarer linearer Handlungskomplex mit einer definierten Struktur und gegeneinander abgrenzbaren Phasen. Sie ist viel komplizierter [...]«. Und dennoch spricht vieles für die Vorstellung eines modellhaften Ablaufs: »Das Modell ist eine Orientierungshilfe, nicht nur über das, was in jeder Phase des Prozesses zu tun ist, sondern auch, wann es zu tun ist und wie es zu bewerkstelligen ist« (ebd.). Beispielhaft verdeutlichen wir in unseren Lehrveranstaltungen die strukturierte Planung anhand von Erstgesprächen in Beratungsprozessen und versuchen zu verdeutlichen, was weshalb wann und wie »zu bewerkstelligen« ist. Anschließend an Petra Bauer (2016, S. 248) bieten Erstgespräche unseres Erachtens »gute Lernfelder, um eine professionelle Rahmengestaltung einzuüben, die nicht nur für Beratung relevant ist, sondern auch für andere sozialpädagogische professionelle und institutionelle Settings«.

Erstgespräche »stellen mit ihrer komplexen, aber gestaltbaren Anforderungsstruktur für das Beratungslernen reizvolle didaktische Arrangements dar« (ebd., S. 233). Zum einen können Erstgespräche einerseits deutlich besser vorstrukturiert werden (als andere Sequenzen in Beratungsprozessen) und anhand eines prototypischen Ablaufs erprobt werden, was für Studierende insbesondere in frühen Qualifizierungsphasen sicherheitsstiftend wirkt. Erstgesprächen kommt zum anderen aber auch in späteren »realen« Beratungsprozessen eine hohe Bedeutung für den gesamten Beratungsprozess zu. Das Erstgespräch »entscheidet häufig schon über den Erfolg oder Misserfolg der Beratung und auch darüber, ob die Beratung mit Einzelpersonen oder auch Paaren und Familien überhaupt in Gang kommt« (Stimmer & Weinhardt 2010, S. 25). Entsprechend erscheint es aus unserer Sicht zum einen inhaltlich wichtig, die Gestaltung der Eingangsmomente in Beratung, die Herstellung eines professionellen und institutionell-strukturell verankerten Rahmens, den

## 6 Systemische Beratungsmethoden erproben und erlernen – Das Erstgespräch

Beginn einer kooperativen, auf Vertrauen gründenden Arbeitsbeziehung sowie die Auftragsklärung in den Mittelpunkt von Beratungslehre zu rücken. Zum anderen ist es auch didaktisch aufgrund der beschriebenen Möglichkeit zur Vorstrukturierung und »Handhabbarkeit« sehr sinnvoll.

Die in den folgenden Kapiteln vorgestellten Inhalte zur Gestaltung systemischer Erstgespräche lassen sich nach unserer Erfahrung in Form eines viertägigen Blockseminars realisieren (aufbauend auf einer Vermittlung der relevanten theoretischen Wissensbasis). Ziel ist es, dass die Studierenden nach der Lerneinheit in der Lage sind, ein systemisches Beratungsgespräch (Erstgespräch), zumindest von der Grundstruktur her führen zu können (▶ Abb. 2) – selbstverständlich nicht in allen Facetten und Kontexten systemischer Beratung. Vielmehr soll es um die Vermittlung der Grundidee systemischer Erstberatungsgespräche gehen, ein Verständnis schaffen und neugierig machen.

Gleichzeitig kann dieses Seminar auch als Grundlage dienen für die notwendige Kompetenzvermittlung, um anschließend in einem studentischen Peer-Beratungsprojekt als Berater*in agieren zu können (z. B. studentisches Projekt »Boje – Systemische Beratung von und für Student*innen. Lösungsorientierte Peerberatung« an der Hochschule Merseburg).

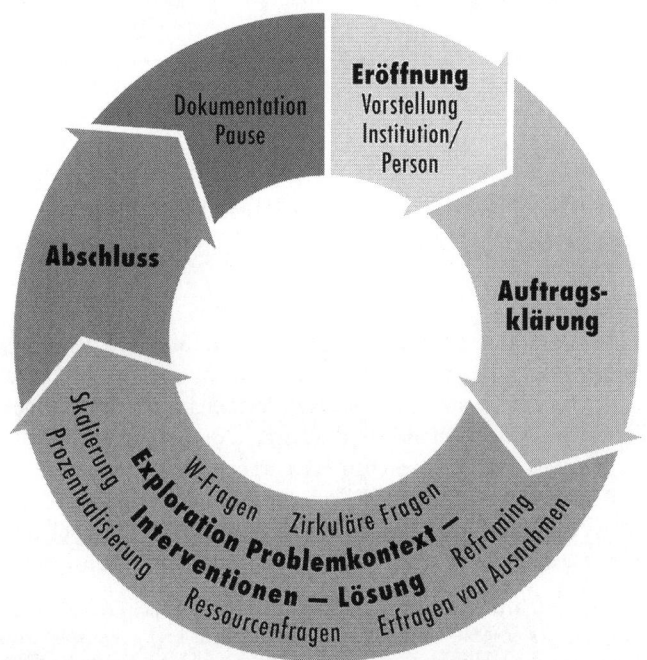

**Abb. 2:** Phasen eines systemischen Beratungserstgesprächs (prototypischer Ablauf einer 50-minütigen Arbeitseinheit zzgl. Pause/Dokumentation)

Es ist wichtig, ein Grundverständnis von Beratung als ein komplexes Konstrukt zu vermitteln und den Stellenwert von Beziehungsarbeit als elementar für eine gelingende Beratung herauszustellen. Damit einher geht auch eine durchaus als Desillusionierung erlebbare Abstandsgewinnung von der Idee, dass eine gelingende Beratung ausschließlich über das Verwenden von Methoden bzw. Techniken realisiert wird. Systemische Beratung wird von der Idee getragen, »Unterschiede, die Unterschiede machen« (Simon 1993) als Haltung zu kultivieren, welche sich nicht nur in der Gesprächsführung zeigt, sondern bereits in den Gestaltungsüberlegungen das Beratungssettings niederschlägt. »Kommunikation und Gestaltung des Ortes (Setting i. w. S.) bilden als notwendige Rahmenbedingungen eine Einheit, deren Teile sich wechselseitig beeinflussen und zu einer neuen Qualität führen« (Stimmer & Ansen 2016, S. 126).

> **Hinweis für Lehrende**
>
> Im Sinne der in Kapitel 2.6 geschilderten Haltungsaspekte bietet sich hier die Möglichkeit für Lehrende als Settingverantwortliche, den Seminarraum über kleine Unterschiede, die Unterschiede machen, zu arrangieren und dergestalt ein kooperationsbedachtes, einladendes und angenehmes Lernen anzuregen (Stuhlkreis, kleine Aufmerksamkeiten, Mitte, Blumen, Musik, Bild- und Emotionskarten …). Das Arrangement des Lehr-Lernsettings ist ein Beziehungsangebot.

## 6.2 Settinggestaltung und »establishing of a yes-set«

Der erste Teil des Beratungsgesprächs ist entscheidend für die Beziehungsgestaltung. Der erste Besuch einer Beratung ist für viele Klient*innen von Unsicherheiten, vielleicht sogar Negativerwartungen geprägt. Vielleicht gibt es die Idee von Entwertungen oder Vorwürfen seitens der*des Berater*in. Es gibt mögliche (als negativ erlebte) eigene Vorerfahrungen, ebenso existieren in den Erwartungen »Wirklichkeiten« von Beratung bzw. Ableitungen von Therapien, die durch Erzählungen Bekannter oder aber auch durch mediale Bilder beeinflusst sind. Auch der Umstand, nicht zu wissen, was in der Beratung zu erwarten ist, kann verunsichernd sein.

> »Die Beziehung zwischen Therapeuten und Klienten beginnt nicht erst in dem Moment, in dem sie sich zum ersten Mal von Angesicht zu Angesicht begegnen, sondern sie hat eine Vorgeschichte, die sich in Hoffnungen, Befürchtungen und Vorurteilen der Klienten zeigen. Sie bilden den Ausgangspunkt jeder Psychotherapie« (Simon & Rech-Simon 2018, S. 13).

In der Beratung mit Mehrpersonensystemen (Paare, Familien, Teams) sind die Erwartungen nahezu nie identisch, vielmehr kann hier von einem Phänomen der Gleichzeitigkeitsmomente differenter, teilweise sich widersprechender Erwartungen ausgegangen werden. Hier bietet es sich an, die Studierenden in Kleingruppen sammeln zu lassen, woher sie eigentlich ihre Assoziationen von Beratung oder auch Therapie haben. Die Spannbreite der Nennungen reicht von eigenen Erfahrungen (Studienberatung, Psychotherapie), über Filme, Serien (Good Will Hunting, Die Sopranos, Tote Mädchen lügen nicht), Sketchen in Comedyformaten, Cartoons bis hin zu Ratgeberliteratur oder Podcasts.

Nach unserer Erfahrung ist es lohnenswert, sich die Zeit zu nehmen und mit den Studierenden dezidiert zum Bereich systemisches Setting zu arbeiten, sich also die Fragen und Feinheiten der Vorbereitung anzuschauen. In Kleingruppen kann etwa auf Flipcharts zusammengetragen werden, was gute Gastgeber*innenschaft charakterisiert und was gute Gäst*innen ausmacht (siehe Übung 6.1). In einem ersten Schritt vor einem privaten Erfahrungshintergrund, um alsdann die zusammengetragenen Kriterien auch auf professionelle Beratungssettings zu übertragen.

> **Übung 6.1: Kleingruppenarbeit (30 Minuten Arbeit in Gruppen mit fünf bis sechs Personen, dann Präsentation der Gruppenergebnisse im Plenum)**
>
> Fragen für die Kleingruppen:
>
> - Was macht gute Gastgeber*innenschaft genau aus?
> - Wie lässt sich eine angenehme Atmosphäre schaffen?
> - Welche Aspekte sind wichtig, zu kommunizieren?
> - Was sind No-Gos?
> - Was könnte eine Person konkret (nicht) tun, damit Sie sie nie wieder einladen?
> - Was könnte ein*e Gastgeber*in konkret (nicht) tun, damit Sie als Gast*in nie wieder kommen?
> - Was ist Ihnen wichtig, wenn Sie in einem offiziellen Rahmen »zu Gast« sind?
> - Welche Besonderheiten sind Ihnen in der Gestaltung eines professionellen Settings wichtig (im Unterschied zu Gastgeber*innenschaft in informellen Kontexten)?

In den Zusammentragungen studentischer Kleingruppenarbeiten werden häufig erarbeitet: *Einführung in die Räumlichkeiten, Orientierung geben, WC, Klärung des Ablaufs, freundliche Begrüßung, angemessene Kleidung, umsichtig sein, feinfühlig sein, Grenzen, Vorstellen, Bekanntmachen, Zeit, Pünktlichkeit, einladende Atmosphäre, nicht zu klinisch, Empathie, Offenheit, Aufmerksamkeit, Rücksichtnahme, angenehmes Licht, Diskretion (keine Einblicke von außen), Sauberkeit, Ordnung, Pflanzen ...*

Wichtig ist es für die gelingende Kontaktaufnahme in Erstberatungsgesprächen, eine Atmosphäre der Entängstigung zu schaffen und diesbezüglich auch das Beratungssetting und die Räumlichkeiten mit einzubeziehen. Je nach Beratungskontext können die Feinheiten des Settings variieren. In der Arbeit mit gewaltanwendenden Menschen sind Aspekte von Sicherheit (bspw. Absicherung durch Kolleg*innen, Fluchtmöglichkeiten, wer sitzt wie zur Tür) denkbar, in Beratungskontexten mit Kindern Spielzeug, für welches es wiederum Regeln geben kann, Kindersicherungen an Steckdosen usw., Aspekte der Niederschwelligkeit, Freiwilligkeit, Lebensalter, ... Die Kunst besteht darin, einen Wohlfühlraum zu kreieren, der sich jedoch nicht in Gemütlichkeit verliert, sondern eine Arbeitsatmosphäre schafft.

Folgende Aspekte können hinsichtlich der Vorbereitung des räumlichen Settings relevant sein (orientiert an Großmaß 2002, S. 189 ff.; Großmaß 2014, S. 491 ff.; Hinz 2008, S. 219 ff.):

- Sitzmöglichkeiten, adäquate Stühle (gleiche Stühle, kein Sofa), bei Mehrpersonenberatung Stuhlkreis
- Sauberkeit des Raumes
- eventuell Verträge, Informationsmaterialien bereitlegen
- Material für Notizen, Flipchart, Stifte
- Material für kreative Methoden: Bildkarten, Systembrett, ...
- Getränke vorbereiten
- Taschentücher
- störende Gegenstände (z. B. großer Tisch) wegstellen
- dezenter Blick auf Uhr für sich ermöglichen (Zeit einhalten)
- lüften
- Desinfektionsmittel
- Störquellen ausschalten, z. B. Telefon, Türschild anbringen, Kolleg*innen informieren, Fenster, Vorhang
- evtl. Spielecke für Kinder, altersgerechtes Spielzeug
- Selbstfürsorge: sich Zeit für sich nehmen und auf eine innere professionelle Haltung konzentrieren (Bin ich die Person, der es am besten im Raum geht?)
- je nach Setting vorab für sich klären, wer vorweg geht (u. a. für eigene Sicherheit).

Das Setting vorzubereiten, stellt als Feinheit der entängstigenden und wertschätzungssignalisierenden Beziehungsgestaltung gewissermaßen den ersten Teil eines gelingenden Beratungsgesprächs dar, auch wenn die zu beratende Person zunächst noch imaginativ vor Ort ist. Die sich anschließende zweite Phase umfasst den Moment der Begrüßung, des Small Talks sowie der Vorstellung des Settings und der beratenden Person. Wie wird begrüßt (Handschlag? Lächeln? Welche Grußformel?)? Wie wird in die Räume eingeführt?

In der Phase des Ankommens, des Platznehmens und in den Raum Einfindens ist ein begleitender Small Talk ein probates Mittel, um unangenehmes (klinisch wirkendes) Schweigen zu umgehen und gleichzeitig freundlich interessiert – aber eben nicht unangemessen mit der Tür ins Haus fallend – ein Gespräch zu führen. Im Joining (s. u.) wird also ein Kontakt zwischen beratender und zu beratender Person hergestellt und idealerweise eine positive Verbindung geschaffen. Sich zu Beginn die Zeit zu nehmen und etwas Small Talk zu betreiben, ist in mehrerer Hinsicht lohnenswert:

- Indem nicht sofort mit der Problemtür ins Haus gefallen wird, kann als erste angemessen ungewöhnliche Erwartungsverstörung erlebt werden.
- Small Talk ermöglicht ein entschleunigendes Ankommen und Einfinden in die Situation, was insbesondere in einem reizintensiven Erstgespräch (unbekannte

Räumlichkeit, unbekannte Person[-en], unbekannter Ablauf ...) Aufgeregt-Sein abzubauen hilft.
- Fragen nach dem Weg zur Beratung oder ähnliches können als wertschätzende Neugier interpretiert werden und helfen, einen guten Draht zu knüpfen.
- Als Gesprächsform wird die*der Klient*in auf Augenhöhe angesprochen und die Grundidee eines gemeinsamen Arbeitsprozesses von Beginn an performt.
- Im Sinne von Joining ist Small Talk nicht nur inhaltlich relevant, sondern bietet beraterisch auch die Möglichkeiten, non-verbal und paraverbal eine entängstigende, wertschätzende und kooperationsbedachte Arbeitsbeziehung zu gestalten.

»Small Talk« kann allgemeine Themen wie Wetter, Verkehr, Sport, Haustiere etc. adressieren oder auch Komplimente (bzgl. Pünktlichkeit, Termineinhaltung ...) sowie Fragen zum Ankommen (»Haben Sie gut hergefunden?«; »Haben Sie einen guten Parkplatz bekommen?«) beinhalten (siehe weiterführend zum Stellenwert des Small Talks: Brüggemann, Ehret & Klütmann 2016, S. 30, 36; Fischer, Borst & von Schlippe 2019, S. 11 ff.; Kindl-Beilfuß 2012, S. 42 ff.; Schlippe & Schweitzer 2016, S. 225; Schwing 2016, S. 156 ff.; Schwing & Fryszer 2018, S. 33 ff.).

## Joining, establishing of a yes-set

Der Beziehungsaufbau wird im systemischen Denken häufig über die Termini Joining bzw. establishing of a yes-set theoretisiert.

Joining bedeutet »sich verbinden, sich anschließen, ankoppeln« (Schlippe & Schweitzer 2016, S. 225) zwischen dem*der Berater*in und dem Klient*innensystem. Getragen von der Idee sicherheitsstiftender Entängstigung und Entschleunigung ist das beraterische Handeln darauf ausgerichtet, eine Atmosphäre zu schaffen, die »Fremdheit ab- und Sicherheit aufzubauen« (Schwing 2016, S. 157) hilft.

Das positive In-Kontakt-Kommen, der Aufbau und das Aufrechterhalten eines guten Drahtes zu Klient*innen stellt eine der zentralen Grundlagen für eine respektvolle und tragfähige Arbeitsbeziehung dar und wurde von Milton Erickson als »establishing of a yes-set« (Schmidt 2016, S. 262) in die Beratungs- und Therapiegeschichte eingeführt.

Angelehnt an das Neurolinguistische Programmieren (NLP) wird Joining teilweise in Pacing und Leading differenziert und mit einem intendierten Führungs- bzw. Lenkungsverhalten des*der Berater*in versehen. Dies birgt die Gefahr, die Arbeits- und Vertrauensbeziehung potentiell eher auf der Ebene von Kommunikationstechniken und einem Lenkungsanspruch zu belassen, denn eine zutiefst inkorporierte innere Einstellung von Respekt und Wertschätzung zu betonen. Es würde weder dem Komplexitätsanspruch noch der systemischen Grundhaltung gerecht, »establishing of a yes-set« auf Gesprächstechniken zu reduzieren, vielmehr impliziert es eine stetige »Haltung sehr achtungsvoller, achtsamer Einstimmung und Würdigung der Prozesse der Klienten« (Schmidt 2019, S. 185) sowie »eine Haltung kongruenter Achtung und Respekts vor der Einzigartigkeit des Kommunikationspartners« (ebd.). Die kooperationsbedachte Beziehungsgestaltung ist dabei nicht auf verbale Kommunikation zu reduzieren, sondern entfaltet ihre Komplexität über sämtliche Sinneskanäle, impliziert auch non- und paraverbale Ebenen und deren Feinheiten (Körperhaltung, Mimik, Gestik, Atmung, Sprechtempo, Metaphern ...).

Auch wenn es sich um eine kurze, zunächst unscheinbar wirkende Sequenz handelt, erscheint es wichtig, die Lernenden diese üben zu lassen. Um die Thematik Selbstwahrnehmung-Fremdwahrnehmung bzw. (Selbst-)Beobachtung von Beginn an zu adressieren, ist es sinnvoll, diese Übungen im Dreipersonenkontext zu absolvieren und diesbezüglich zudem Feedback-Geben und -Annehmen einzuüben (▶ Kap. 5.2).

Die Übungen 6.2 und 6.3 sensibilisieren für die Feinheiten von Settinggestaltung und des Einflusses von nonverbalen Ebenen. In der ersten Übung werden verschiedene Sitzpositionen von Berater*in und Klient*in erprobt. Häufig wird von den Lernenden als angenehm beschrieben: Kein frontales Gegenübersitzen, Stühle von Berater*in und Klient*in in einem Winkel von 90 bis 110 Grad (denn so ist unaufwändiges Sich-Ansehen und bedarfsweise Sich-nicht-Ansehen möglich), ein angenehmer Abstand der Stühle von etwa einem bis anderthalb Metern. Wichtig kann hier der ergänzende Hinweis sein, dass es bei Mehrpersonenberatung, z. B. Paarberatung, unbedingt empfehlenswert ist, als Berater*in eine mittige Sitzposition zu allen Klient*innen einzunehmen und keine etwaigen Parteilichkeiten über das Sitzen zu suggerieren.

In der zweiten Übung erfolgt eine Sensibilisierung für die Bedeutung nonverbaler Kommunikation. Anschließend an diese kurze Übung können beispielsweise auch Besonderheiten verschiedener Beratungsformate (z. B. Telefonberatung) erarbeitet werden, die auf sprachliche Kommunikation beschränkt sind.

> **Übung 6.2: Variation der Sitzposition (Übung zu zweit, 10 Minuten)**
>
>
> *Aufgabe:* Versetzen Sie sich mental in die Rolle eine*r Klient*in und eine*r Berater*in.
>
> Setzen Sie sich, ohne zu sprechen, in verschiedenen Abständen und Winkeln zueinander. Spüren Sie jeweils nach, wie es sich für Sie anfühlt. Was ist zu nah? Was ist zu weit? Wie ist es, nebeneinander zu sitzen? Und wie frontal? Was ist ein angenehmer Winkel der Stuhlpositionen? In welchem Abstand?

> **Übung 6.3: Nonverbale Sprache (Übung zu zweit, 15 Minuten)**
>
>
> *Aufgabe:* Gehen Sie im Zweier-Team in ein kurzes Gespräch (5 Minuten). Eine Person erzählt in einer kurzen Sequenz etwas über sich (z. B. Hobby, Anekdote einer Alltagstätigkeit, z. B. Einkaufen im Supermarkt ...).
> Die andere Person erprobt als Zuhörende*r verschiedene Reaktionen, z. B.
>
> - hält starr Blickkontakt
> - hat nie Blickkontakt (schaut z. B. aus dem Fenster oder aufs Mobiltelefon)
> - lächelt und nickt gelegentlich

- runzelt die Stirn
- schüttelt gelegentlich den Kopf
- …

Notieren Sie nach dem Üben kurz Ihre Gedanken. Wechseln Sie die Rollen.

## Sich vorstellen

In einem nächsten Schritt geht es in Erstberatungsgesprächen darum, sich selbst vorzustellen und kurz etwas zum Projekt/Träger/Beratungseinrichtung zu sagen. Je nach Setting und institutionellem Auftrag sind hierbei ganz unterschiedliche Aspekte für den*die Klient*in relevant. Auch hier ist es nützlich, sich vorab zu überlegen, was aus Klient*innenperspektive wichtig wäre, zu wissen, und die Kurzvorstellung als Berater*in einzuüben und je nach Kontext anzupassen. Dies schafft Sicherheit für sich selbst und wirkt sich dadurch auch sicherheitsstiftend auf den Beratungskontext aus.

Grundbausteine einer Kurzvorstellung stellen in der Regel dar:

- Name, Qualifikation, Erfahrungen …
- Funktion/Rolle in der Einrichtung
- Grundidee der Einrichtung (Was ist das hier für ein Ort? Was ist das Ziel? Wer bezahlt das alles?)
- eventuell Einwandvorwegnahmen.

Um die Parameter einkreisen zu können, welche für eine Kurzvorstellung bedeutsam sein können, haben sich diese Fragen bewährt: Was könnte für die zu beratende Person relevant sein? Was ist redundant? Was wäre mir wichtig, zu wissen, um Vertrauen entwickeln zu können?

In diesem Zusammenhang ist auch das respektvolle Vorstellen des Settings sowie des Gesprächsablaufs zu verstehen. Neben den Hinweisen auf den zeitlichen Rahmen, die Räumlichkeit, möglicherweise Getränke, Taschentücher etc., kann es sich in vielen Beratungskontexten in Sozialer Arbeit, die nicht immer freiwillig und selbstbestimmt von Klient*innen aufgesucht werden, als sehr wichtig erweisen, bereits zu Beginn des Gesprächs auf das Thema Schweigepflicht/Diskretion einzugehen sowie den Umgang mit schwierigen Fragen zu thematisieren. Da systemisches Arbeiten von Neugier und Verstehen-Wollen grundiert ist und gleichzeitig mit angemessen ungewöhnlichen Fragen (und Methoden) operiert, ist es unserer Erfahrung nach nützlich, auch auf die vielleicht manchmal etwas »komisch« anmutenden Fragen zu verweisen. Die Rückversicherung, ob dies so in Ordnung ist, kombiniert mit der Einladung, zu signalisieren, falls sich etwas unstimmig anfühlt, soll dabei explizit als Stärkung von Eigenkompetenz, Ko-Gestaltungserleben sowie als Selbstsorge verstanden werden.

Häufig helfen Lernenden in diesen ersten Übungsphasen konkrete Beispiele für Formulierungen, die dann erprobt und individuell an den*die Berater*in sowie die Zielgruppe und das Setting angepasst werden können:

- zeitlicher Rahmen: »Ich habe mir für dieses Gespräch eine Stunde Zeit reserviert.«
- Verweis auf Räumlichkeit: »Wir sind hier …«
- Vorstellung der eigenen Person: »Ich bin …«
- Schweigepflicht/Diskretion: Verweis auf Vertraulichkeit sowie Hinweis auf Einschränkungen der Schweigepflicht und rechtliche Besonderheiten, z. B. hinsichtlich Eigen- oder Fremdgefährdung, Kinderschutz o. Ä. (variiert je nach Setting und Zielgruppe), z. B.:
»Was wir in diesen Beratungssitzungen sagen und tun, ist vertraulich. Und jetzt sage ich etwas, was ich jedem Klienten sage. Wenn ich den Eindruck habe, daß Sie in Gefahr sind, sich selber oder anderen Schaden zuzufügen, werde ich andere Hilfe einschalten müssen. Dabei werde ich, wo immer das möglich ist, die Angelegenheit vorher mit Ihnen besprechen« (Culley 2015, S. 61).
Oder: »Ich habe – wie alle hier im Projekt – eine Diskretionsvereinbarung unterschrieben. Das heißt, alles, was wir hier heute besprechen, bleibt grundsätzlich in diesem Raum, es sei denn, Sie wünschen, dass ich mit jemandem darüber spreche.«
Oder: »Als Sozialarbeiter*in/Berater*in in dieser Beratungsstelle unterliege ich der Schweigepflicht. Ähnlich wie bei Ihrem Arzt/Ihrer Ärztin ist dieses Gespräch also vertraulich und ich werde keine Informationen unbefugt an Andere weitergeben«.
- Verantwortung für schwierige Fragen/Verweis auf eigene Neugier: »Ich bin ein sehr neugieriger Mensch und werde viele Fragen stellen, um alles gut verstehen zu können. Ist das so in Ordnung für Sie? Falls eventuell mal eine Frage dabei sein sollte, die Sie noch nicht beantworten möchten, geben Sie mir bitte ein Zeichen. Ich werde dies gern respektieren, möchte die Verantwortung dafür, dass es Ihnen gut geht, gern in Ihre Hände legen.«
- Verweis auf »komische Fragen«: »Ich habe schon öfters gehört, dass ich manchmal komische Fragen stelle. Mir ist das wichtig, gleich am Anfang zu erwähnen, damit Sie sich darüber nicht wundern.« (Darauf kann auch verzichtet werden und später im Interview gefragt werden: »Darf ich Ihnen vielleicht mal eine komische Frage stellen?« Wichtig wäre es, gewisse Irritationsinterventionen grundsätzlich zu thematisieren, ohne die Gründe dafür zu explizieren.)
- bei Mehrpersonenberatungen Erklären des Gesprächsablaufs (mit wem wird begonnen, Hinweis, wie wichtig es ist, zuzuhören und ausreden zu lassen)
- im Fall von Co-Beratung Vorstellen beider Personen: »Zwei Menschen sind ganz für Sie da …«
- im Fall des Vorhandenseins eines Reflecting Teams (▶ Kap. 7.5) Vorstellen und kurze Erläuterung dazu
- Als Auftakt für eine gelungene Arbeitsbeziehung empfiehlt es sich, sprachlich variabel, mit wachem Blick, das O. K. des*der Klient*in einzuholen (»Ist das okay?«, »Ist das so in Ordnung für Sie?«, »Sind Sie damit einverstanden?«, »Sind Sie damit d'accord? Ist dies so okay für Sie?«).

- wichtig: Das »establishing of a yes-set« ist *nicht* auf ein bloßes Erfragen des Einverstandenseins mit einzelnen Gesprächskomponenten zu reduzieren, um die*-den Klient*in in eine manipulative Zustimmungstrance zu versetzten. Es ist wichtig, eine wertschätzende und respektvolle Beziehung zu kreieren und den*-die Klient*in als Co-Konstrukteur*in auf Augenhöhe zu adressieren.
- Zusammenfassend könnte die Beratungshaltung verdichtet werden auf: respektvoll, transparent, Zuversicht vermittelnd, Sicherheit herstellend, vertrauensbildend, entängstigend, entschleunigend.

Die ersten beiden Phasen (Begrüßung und Vorstellung des Settings) umfasst mit wenigen Minuten einen eher überschaubaren Zeitraum. Gleichzeitig sind sie als Weichenstellung für ein gelingendes Beratungsgespräch von enormer Relevanz. Auch wenn es von außen bei geübten Berater*innen vielleicht nonchalant, von Leichtigkeit getragen wirken mag, erweist sich diese Sequenz doch als komplexes Geschehen. Gemäß der Leitidee »Schwimmen lernt man nur im Wasser« ist es für uns sehr wichtig, die Lernenden so früh wie möglich ins Üben zu bringen und in einer 3-Personen-Konstellation (Berater*in, Klient*in, Beobachter*in), die Gesprächseröffnung als Rollenspiel zu üben (in wechselnden Rollen) und sich anschließend im Plenum diesbezüglich viel Zeit zu nehmen, dies zu besprechen und auszuwerten (▶ Kap. 5.2 zu den weiterführenden Infos zu Rollenspielen).

## Feedbackvariante im Plenum – Wertschätzendes Tratschen über Anwesende

Als ein angemessen-ungewöhnliches Format, die Erfahrungen aus den Rollenspielen ressourcenorientiert im Plenum einzufangen, hat sich das »wertschätzende Tratschen über Anwesende« erwiesen. Dieses Format relativ früh in Gruppenprozessen zu erproben, kann eine wertschätzende, ressourcenorientierte Feedback-Kultur befördern. Hierbei werden, nachdem die Kleingruppen zurückgekehrt und die Studierenden sich wieder im Plenum eingefunden haben und im Stuhlkreis sitzen, die Beobachter*innen eingeladen, gemeinsam mit der Seminarleitung etwas in die Mitte zu rücken und gewissermaßen ein Kreis im Kreis zu bilden. Die Seminarleitung kann nun ganz auf Freiwilligkeit basierend danach fragen, was die Beobachter*innen an besonders Gelungenem, an brillanten Momenten, Kompetenzen, Fähigkeiten und Fertigkeiten der*des Berater*in wahrgenommen haben. Die Berater*innen werden dabei nicht namentlich genannt, sondern sprachlich wird immer in der dritten Person gesprochen, so dass stets eine gewisse Abstraktion beziehungsweise Anonymität gewahrt bleibt. Nach unserer Erfahrung können die ersten Momente dieses Formats als durchaus reserviert und zurückhaltend beschrieben werden. Einerseits ist es für Viele aufregend, im Mittelpunkt zu stehen und sich in einer Bühnensituation zu befinden, andererseits ist es auch ungewohnt, ausschließlich ressourcenorientiert auf ein Übungsformat zu blicken und dieses zu versprachlichen. Die Seminarleitung kann durch aktives Zuhören und Würdigen des Gesagten, aber auch durch Humor dazu einladen, sich auf das wertschätzende Tratschen einzulassen. Nach unserer Erfahrung lässt sich dieses Format (ähnlich wie auch beim Reflecting Team oder in der kollegialen Fallberatung) nach dem Prinzip Ketchupflasche beschreiben: Anfangs kommt wenig und dann alles auf einmal. (Je nach Gruppendynamik und Seminarsituation lässt sich die Runde der Tratschenden auch durch die Klient*innen zusammensetzen.)

## 6.3 Auftragsklärung – Auftragsvereinbarung

Die Auftragsklärung und Auftragserarbeitung erfolgt nach der Gesprächseröffnung. Für das Erstgespräch ist es wichtig, die Aufträge für den Gesamtprozess einer Beratung und die Auftragsklärung für die aktuelle Sitzung zu erfragen.

Bei der Erarbeitung eines Auftrages sind folgende Kriterien relevant:

- positiv formulieren
- konkret, beschreibbar, sichtbar, erlebbar, messbar
- für den*die Klient*in erreichbar
- motivierend
- im Einklang mit anderen Personen (Beteiligte des Systems)
- im Einklang mit den institutionellen Aufträgen des*der Berater*in.

Die Idee, dass jemand einen Beratungstermin vereinbart, pünktlich erscheint, supermotiviert ist und die Frage nach dem Ziel des Beratungsgespräches sofort, präzise und realistisch beantwortet, findet in der konkreten Beratungspraxis – insbesondere in Kontexten Sozialer Arbeit – selten ihre Entsprechung. So vielfältig sich soziale Realität und subjektive Lebenswelten gestalten, so vielfältig sind auch die Motivationslagen von Menschen, insbesondere wenn es Einbettungen in (teilweise verschleierte) Zwangskontexte, negative Vorerfahrungen bei der Inanspruchnahme von Hilfeprozessen, Schamempfinden oder aber überhaupt keine eigenen Veränderungswünsche gibt (▶ Kap. 4.2). Während in der Literatur eine Vielzahl von Schematisierungsmöglichkeiten von Beratungsanlässen, -anliegen, -aufträgen und -zielen diskutiert wird, hat es sich unserer Erfahrung nach als sinnvoll erwiesen, sich zunächst die Zeit zu nehmen und sich mit den Beziehungsmustern zwischen Berater*in und Klient*in zu befassen. Hierfür befassen wir uns in einem ersten Schritt theoretisch mit dem Modellangebot von Steve de Shazer (u.a. 2019, 2022) und dessen Erweiterung von Gunther Schmidt (2021), um alsdann in einem zweiten Schritt Studierende in Kleingruppen Beispiele für die Beziehungsmuster finden zu lassen. Anschließend werden die Beispiele anhand der Modelle im Plenum diskutiert und Ideen für den konkreten Umgang in Beratungsgesprächen vorgestellt. Nach unserer Erfahrung hat es sich als sinnvoll erwiesen, die Idee der Beziehungsmuster *vor* der konkreten und kleinschrittigen Schematisierung der Auftragsklärung vorzustellen, dieser Raum zu geben und die Lernenden einzuladen, die Frage nach der Arbeitsbeziehung von Beginn an als Hintergrundscan mitlaufen zu lassen.

Im systemischen Feld hat sich die Idee einer Differenzierung des Klient*innenverhaltens in *Besucher*in*, *Klagende*r*, *Co-Berater*in* und *Kunde*in* als nützlich erwiesen. Diese Unterscheidungskategorien haben sich als nützlich für die Auftragsklärung(-en) und Arbeitsbeziehung(-en) in Beratungsprozessen erwiesen. Insbesondere in Beratungen in denen die Auftragsklärung äußerst mühsam verläuft und kein systemischer Auftrag formuliert wird, kann es nützlich sein, zu prüfen, inwieweit gemäß dieser Tetralogie eine Beratung (zum jetzigen Zeitpunkt, innerhalb dieses Settings etc.) sinnvoll ist (Berg 1999; de Shazer 2022, S. 102 ff.; Mücke 2019; von Schlippe & Schweitzer 2016, S. 55 ff.; Schmidt 2021, S. 118 ff.; Willemse & Ameln 2018, S. 143 ff.). Ergänzend zu der vorgeschlagenen Schematisierung nach de Shazer und Schmidt erscheint insbesondere für Soziale Arbeit eine weitere differenzierende Betrachtung verschiedener Formen von Beratungsbeziehungen (und inhärenter Rollenzuschreibungen) nach Werner Pfab (2020) wichtig und hilfreich (▶ Kap. 7.2). In ersten Zugängen zu eigenem beraterischen Tun in Erstgesprächen und mit dem Fokus auf methodische Aspekte erweist sich die im folgenden skizzierte Differenzierung des Klient*innenverhaltens in Besucher*in, Klagende*r, Co-Berater*in und Kund*in aber als gut anschlussfähig für Beratungsnoviz*innen und hinsichtlich ihrer Komplexität nicht überfordernd.

Unter dem jeweiligen Modus soll hierbei der Versuch verstanden werden, die Interaktion zwischen Berater*in und Klient*in zu beschreiben. Keineswegs soll damit eine Typisierung und damit Etikettierung der*des Klient*in vorgenommen werden. Die von Berater*in und Klient* in von Beginn an gemeinsam konstruierte Beratungsbeziehung ist nicht in Zement gegossen, vielmehr kann die Idee des Modus den kontingenten (Co-)Konstruktionscharakter von Arbeitsbeziehungen verdeutlichen.

1. *Besucher*in:* Menschen im Besucher*innen-Modus formulieren kein eigenes Anliegen oder Ziel. Ein Veränderungswunsch ist entweder nicht vorhanden oder wird aus guten Gründen nicht explizit formuliert. Die Erklärung, weshalb jemand dennoch eine Beratung aufsucht, lässt sich in hintergründigen Beziehungskontexten der zu beratenden Personen verorten. Teilweise wird einer anderen Person damit »ein Gefallen getan«, beispielsweise können Familienmitglieder Freundinnen oder Partnerinnen darum bitten, dass jemand zur Beratung geht, und die Person das dann auch tut, um dem Gefallen zu entsprechen oder seine Ruhe zu haben. Nicht selten liegt dem Geschickt-Werden nicht nur eine Gefälligkeitsidee zugrunde, sondern kann durchaus in Zwangskontexte eingebettet sein. In Kontexten von Kindeswohlgefährdung, Bewährungshilfe, gerichtlichen Auflagen oder Sucht kann die unfreiwillige Inanspruchnahme von Beratung explizit formuliert werden. Beim In-Aussicht-Stellen sich andernfalls zu trennen, kann etwa in Kontexten von Paarberatung implizit Zwang ausgeübt werden. Aus Sicht des*der Berater*in besteht das Ziel nicht darin, den (durchaus legitimen) Widerstand zu brechen, die Person zu einer Beratung zu überreden, oder sich stellvertretend zu bemühen, für sie einen sinnvollen Auftrag zu finden. Konkret empfiehlt de Shazer (2019, S. 105) drei Leitlinien:

1. Stets so freundlich wie möglich sein;
2. als anwesende*r Therapeut*in *immer* auf der Seite der Interviewten stehen;

3. Ausschau halten nach dem, was funktioniert, und nicht nach dem, was nicht funktioniert.

Den Klient*innen werden Komplimente gemacht, aber keine Hausaufgaben gegeben. In Zwangskontexten besteht die Möglichkeit, dass sich aus dem Besucher*innen-Modus heraus sukzessive eine Arbeitsbeziehung entwickelt, die ihren Ausgangspunkt darin findet, eine Mindestanzahl an Sitzungen zu absolvieren, um eine beauflagende/sanktionierende Instanz (Jugendamt, Bewährungshilfe, Therapeut*in) wieder loszuwerden (Schmidt 2021, S. 121).

2. *Klagende:* Steht das Beschweren über etwas im Vordergrund, kann von einem Klagenden-Modus gesprochen werden. Bei der Interaktion im Beratungsgespräch wird von Klient*innen im Klagemodus eine Situation des Nichthandeln-Könnens und empfundener Passivität beschrieben. Gleichzeitig wird die Idee einer Veränderung bei anderen (z. B. Partner*innen, Berater*innen, Kinder) verortet. Da das Problem und die Lösungsverantwortung extern liegen, und folglich nicht in der hiesigen Beratung bearbeitet werden kann, bietet sich die Möglichkeit, danach zu schauen, was für den*die Klient*in ein »Auftrag zweiter Wahl« (Schmidt 2021, S. 120) für die hiesige Beratung sein könnte. Für Steve de Shazer unterscheidet sich Klagen im Vergleich zu Besuchen darin, dass im Verbalisieren von Unzufriedenheit im Kontext der Beratung bereits ein latenter Veränderungswunsch schlummert, der die Grundlage für eine Arbeitsbeziehung darstellen kann (de Shazer 2019, S. 105 f.). Im Unterschied zur Besucher*innenbeziehung verhalten sich Klient*innen im Klagendenmodus gegenüber Hausaufgaben kooperativ. Beraterisch ist es beispielsweise sinnvoll, hier Beobachtungs- und Reflexionsaufgaben hinsichtlich von Ausnahmen (»Wann ist das ›Problem‹ nicht/weniger vorhanden?«) zu verschreiben.

Häufig verorten Klient*innen das Problem bei anderen Menschen. Wenn das Problem ausschließlich bei anderen gesehen wird, ist es wichtig, die Realisierbarkeit zu erfragen:

Ein Beispiel für einen Auftragswunsch nach einer Art »Fernheilung« (Mücke 2019, S. 230), der so nicht professionell anzunehmen ist, könnte lauten: »Ich will, dass mein*e Partner*in aufhört, Alkohol zu trinken.«

Hier bietet es sich an, stattdessen zu fragen:

- »Wie realistisch (in Prozent) ist es, … (Ihre*n Partner*in zu ändern)?«
- »Angenommen Sie könnten … (Ihre*n Partner*in) nicht ändern, was wäre für Sie ein gutes Ergebnis dieses Gespräches?«

3. *Co-Berater*in:* In Kontexten des Klagendenmodus können durchaus Koalitionsangebote des*der Klient*in an den*die Berater*in gemacht werden. Dies ist dann der Fall, wenn in Klagendeninteraktionen die Verantwortung für ein Problem klar bei anderen gesehen wird und die sich beklagende Person zugleich als Expert*in versteht, wie das Problem zu lösen sei. Konstellationen von Co-Beratung finden sich beispielsweise in hierarchisierten Mehrpersonenkonstellationen (Eltern, Lehrer*innen, Teams). Hier gibt es eine klare Idee, wie die als »Problemverursacher*in« markierte Person etwas ändern kann. Allein: Die Lösungsvorschläge des*der Co-

Berater*in wurden bisher nicht umgesetzt. In diesen Zusammenhängen wird nun von Seiten eine*r Klient*in versucht, den*die Berater*in von seiner*ihrer expertisegrundierten Lesart zu überzeugen und mit ins Boot zu holen. Dergestalt können Konkurrenzthemen oder Loyalitätsaufforderungen in die Beratungsinteraktionen hineinspielen. Schmidt (2021, S. 118) empfiehlt hierbei, Co-Beratung als Lösungsversuch zu würdigen, gemeinsam mit dem*der Co-Berater*in nach der Zieldienlichkeit und Erfolgsaussicht der Co-Beratung zu fragen und eventuell gemeinsam nach anderen Formen zu suchen.

4. *Kund\*in:* Insofern Menschen mit in einer motivierten Arbeitshaltung auftreten, sich als gestaltungsfähig erleben und etwas ändern wollen, kann die Beratungsinteraktion als Kund*innenmodus beschrieben werden. Für Berater*innen ist es gut möglich, eine Auftragsklärung vorzunehmen, zumal Kund*innen ihre Ziele gut formulieren können, konkrete Ideen entwickeln und Handlungsoptionen verbalisieren. Dementsprechend können im Beratungsprozess nächste Lösungsschritte fokussiert werden und als Hausaufgabe Verhaltens- und Beobachtungsaufgaben verschrieben werden.

## Auftragsebenen

Entgegen der in der Literatur oftmals verwendeten Schematisierung von Anlass, Anliegen, Auftrag und/oder Ziel (Ludewig 2012; Roessler & Gaiswinkler 2012; von Schlippe & Schweitzer 2016, 2017; Schwing & Fryszer 2018) konzentrieren wir uns in hochschulischen Beratungsseminaren auf eine Ebenendifferenzierung der Aufträge als Reflexionsmatrix für den*die Berater*in (vgl. Paulick & Wesenberg 2019, S. 27 ff.). Nach unserer Erfahrung ist es für Student*innen und ihre Professionalisierung nützlich, die Komplexität der Auftragsklärung/Auftragserarbeitung über eine Ebenendifferenzierung von vier Komponenten einzufangen, in welcher verschiedene Motivationslagen von Klient*innen, institutionelle Kontexte, Ausgesprochenes und Unausgesprochenes sowie die eigene Absichtslosigkeit berücksichtigt werden.

Vor diesem Hintergrund bieten wir die Idee einer Perspektiventetralogie auf Aufträge:

*Institutionelle Aufträge* umfassen die strukturell eingebetteten Interessenslagen, die sich aus dem Professionssetting der*des Berater*in ergeben. Hierzu zählen Förderrichtlinien der Kostenfinanzierungsträger, konzeptionelle Leitlinien des*der Arbeitgeber*in bzw. der Beratungsstelle, welche mit thematischen Setzungen assoziiert sind (z. B. in Kontexten von Sucht-, Schwangerschaftskonflikt-, Täter*innenberatung etc.) und spezifische Inhalte, die zu thematisieren sind, vorgeben. Ebenso fallen rechtliche Bestimmungen (etwa in Fällen von Eigen- und Fremdgefährdung oder Kindeswohlgefährdung, Verletzung von Privatgeheimnissen) in das Spektrum institutioneller Aufträge, die als Hintergrundfolie unentwegt verfolgt werden. Institutionelle Aufträge umfassen dergestalt neben den inhaltlichen Setzungen, also was in einem Beratungsgespräch thematisiert werden muss (bspw. das Kindeswohl in Kontexten von § 8a SGB VIII), teilweise auch klar definierte räumliche und zeitliche Aspekte (z. B. eine Mindestanzahl der Sitzungen) der Beratung. Es bietet sich an, die zentralen Aspekte von institutionellen Aufträgen in einem Beratungsvertrag verständlich formuliert aufzunehmen und diesen gemeinsam mit dem Klient*innensystem zu besprechen und beiderseits zu unterzeichnen.

Institutionelle Aufträge werden insbesondere in Kontexten von Nicht-Freiwilligkeit, Eigen- und/oder Fremdgefährdung als machtvoll erlebt. Ein Bewusstsein auf Seiten der*des Berater*in über die institutionellen Aufträge stellt sowohl eine Empathiebasis für die nicht-kooperative Grundhaltung von Klient*innen als auch eine authentizitätsunterstreichende Transparenzmachung der eigenen beraterischen Rollen dar. Die rhetorische Herausforderung besteht für den*die Berater*in darin, die Frage, »wie viel Handlungsspielraum man hat und wo die Institution nicht mehr mitgeht« (von Schlippe & Schweitzer, 2017, S. 27), für den*die Klient*in verständlich zu formulieren, dessen*deren Unfreiwilligkeit zu würdigen und zugleich einen Motivationshorizont anzubieten. Das Würdigen des Da-Seins ohne eigenes Anliegen sowie die Erörterung des Überweisungszusammenhangs bilden bei »geschickten« Klient*innen die Voraussetzung, um in einem nachfolgenden Schritt die Motivation, ein Kooperationsbündnis einzugehen, beziehungsweise die Nützlichkeit von Beratung zu thematisieren (vgl. Barthelmess 2016, S. 168 ff.).

Als Minimalbasis für das Einlassen auf einen Beratungsprozess kann dabei erfragt werden, wie der*die Berater*in helfen kann,

- Ruhe vor anderen zu haben
- zu erreichen, dass andere nicht mehr denken, dass …
- den*die Berater*in möglichst schnell wieder loszuwerden (vgl. u. a. Schlippe & Schweitzer 2017, S. 26; Conen & Cecchin 2022).

Während sich Einführungsliteratur zu systemischer Beratung häufig an Freiwilligkeitskontexten orientiert, ist es unserer Meinung nach wichtig, Studierende Sozialer Arbeit von Beginn an für institutionelle und durchmachtete Auftragsebenen zu sensibilisieren. Vor dem Hintergrund eines weiten Beratungsverständnisses und den Einbettungslogiken Sozialer Arbeit von Doppelmandat bzw. Trippelmandat ist das Ideal der Abwesenheit institutioneller Aufträge in der Praxis äußerst selten anzutreffen. Umso bedeutsamer ist es, ein Bewusstsein für diese Auftragsebene zu schaffen und eine Transparenzmachung als fester Bestandteil des Beratungsgespräches (insbesondere im Erstgespräch) von Beginn an einzuüben.

Bei Beratungen mit (noch) nichtfreiwilligen Kontexten, bei geschickten Klient*innen oder dem Beziehungsmodus von Klagen hat sich die paradoxe Intervention der Verschlimmerungsfrage bewährt. Hier ist es möglich, Bedenken oder Befürchtungen gewissermaßen ex-negativo zu erfragen.

- »Darf ich Ihnen vielleicht mal eine etwas komische Frage stellen?«
- »Was könnte ich heute tun, damit Sie nie wieder kommen?«
- »Was müsste in der Beratung passieren, so dass Sie sagen: Es war ganz furchtbar?«

Insofern hier keine Dinge genannt werden, kann dies als bisher stimmige Beziehung verstanden werden. Teilweise werden von Klient*innen konkrete Parameter genannt, die dann sofort besprochen werden können. Hier bietet es sich an, sich für das Gesagte zu bedanken, dies als wichtige Ressource, »gut für sich zu sorgen«, zu würdigen und konkret zu thematisieren, inwieweit dies in der Beratung passieren wird. Nach unserer Erfahrung beziehen sich die Bedenken häufig auf Aspekte von Vertraulichkeit, Diskretion, Wertschätzung und dem Wunsch, die eigene Integrität zu schützen. Beispielsweise formulieren Klient*innen:

- »Wenn Sie sagen, dass ich eine schlechte Mutter bin.«
- »Wenn Sie sich auf die Seite von x, y schlagen.«
- »Wenn Sie dem Jugendamt, Gericht, x, y hinter meinem Rücken sagen, dass ...«

Konkrete Benennungen auf diese Verschlimmerungsfrage sind ein Zeichen dafür, dass auf der Beziehungsebene noch Unsicherheiten bestehen. Insofern der*die Berater*in dies aufgreift und gemeinsam mit dem*der Klient*in anschaut, ist ein Zeichen von Würdigung und Respekt und kann durchaus als Authentizität erlebt werden. Hier ist es angebracht, sich Zeit zu nehmen, zu versuchen die Unsicherheiten auszuräumen und erst dann das Gespräch in der Ablauflogik nicht zu schnell fortzusetzen, sondern vielmehr beziehungsstiftend zu arbeiten.

*Explizite/offene Aufträge* umfassen die Aufträge, die konkret vom Klient*-innensystem formuliert werden. Also was will die zu beratende Person in der Beratung erreichen/bearbeiten? Diese impliziert sowohl das Erstgespräch, das jeweils aktuell geführte Gespräch, als auch eine Auftragsklärung für den Beratungsprozess. In der Arbeit mit Mehrpersonensystemen können durchaus widersprüchliche Aufträge von den beteiligten Systemmitgliedern formuliert werden. Hier ist es sinnvoll, sich in der Auftragserarbeitung auf einen konsensualen Auftrag zu verständigen. Zu den Herausforderungen der Zielformulierung expliziter Aufträge gehört oftmals, dass Klient*innen anstatt einer gewohnten Problemschilderung eine konkrete und realistische Lösungsformulierung/-vision benennen, zu große Ziele benennen, Negierungen des Problems formulieren (also etwas »weg« haben möchten) oder die Ziellösung bei anderen verorten. In der Arbeit in Familiensystemen kann etwa der Wunsch nach einer Generalsanierung von Jugendlichen oder umgekehrt der Erwachsenen oder der*des (Ex-)Partner*in durchaus als expliziter Auftrag formuliert werden.

Fragen zur expliziten Auftragsklärung können sein:

- »Was ist Ihr Ziel für dieses Beratungsgespräch«?
- »Was wäre für Sie ein gutes Ergebnis dieses Gespräches?«
- »Wozu möchten Sie dieses Gespräch nutzen?«
- »Angenommen, über das heutige Gespräch würde in der Abendausgabe ein Zeitungsartikel erscheinen. Wie würde die Schlagzeile lauten?«
- »Wenn Sie in einer Stunde hier hinausgehen, woran würden Sie merken, dass
  – ... es sich gelohnt hat, dieses Gespräch zu führen?«
  – ... es ein gutes Gespräch war?«

Nicht selten werden zunächst Aufträge formuliert, die schwer zu realisieren sind. Es sei darauf hingewiesen, nur Aufträge anzunehmen, die auch realistisch bearbeitbar sind. Ebenso ist es wichtig, bei der Auftragsklärung Konkretheiten herauszuarbeiten und gewissermaßen in der Auftragserarbeitung mentale Bilder oder sogar einen kleinen Lösungsfilm entstehen zu lassen. Denn: »Streng genommen gibt es immer nur Deutungen oder Interpretationen« (de Shazer 2019, S. 102).

Diesbezüglich bieten sich neugierige, verstehen-wollende Nachfragen an, die zwischen Verhaltens- und Bedeutungsebenen navigieren und zirkulär sowie ressourcenorientiert formuliert werden:

- »Woran genau würden Sie dies bemerken?«
- »Was bedeutet für Sie ... genau?«
- »Wie würde es sich anfühlen, wenn Sie diesem Ziel einen Schritt näher kommen?«
- »Welche Frage müsste ich als nächstes stellen, um Ihr Ziel besser zu verstehen?«
- »Woran würde es jemand, der Ihnen wichtig ist, merken? Woran noch?«
- »Woran würde Ihr Haustier bemerken, dass es für Sie ein gelungenes Gespräch war?«
- »Angenommen Sie hätten hier heute eine gelungene Beratung, Sie gehen raus und im Hausflur kommt Ihnen jemand unbekanntes entgegen. Woran würde dieser Mensch sehen, dass Sie eine gelungene Beratung hatten? Woran noch? Woran noch?«
- »Wer würde sich für Sie freuen, wenn Sie die gewünschte Veränderung erreichen?«

Manchmal wird ein »Problem« für alle Systembeteiligten nicht ausschließlich negativ erlebt. Es ist durchaus interessant, die »komische Frage« zu stellen, was mit der Abwesenheit des »Problems« auch aufgegeben werden würde und inwieweit sich dies auf die Veränderungsbereitschaft auswirkt.

- »Wen gibt es in Ihrem Leben, der es nicht so toll fände, wenn Sie hier eine gelungene Beratung hätten?«
- »Angenommen, Sie würden Ihr Ziel erreichen, welche Nachteile könnte es geben?«
- »Was ist das Schlimmste, was passieren kann, wenn Sie Ihr Ziel erreichen?«

Wichtig bei der Auftragsklärung ist es, Formulierungen wie »keine«, »nicht«, »ohne« positiv zu formulieren, also das *stattdessen* als Lösungsidee einzuladen. »Ich will nicht keine Prüfungsangst mehr haben« ist kein systemischer Auftrag. »Ich will angstfrei mein Studium absolvieren« hingegen schon!

Beispielfragen, wenn Negationen genannt werden:

- »Wenn etwas nicht mehr da ist, dann entsteht Raum für Neues. Was wäre stattdessen da?«
- »Woran würden Sie merken, dass das Problem nicht mehr da ist?«

Bereits im Erstgespräch ist es bedeutsam, eine Auftragsklärung für einen möglichen Beratungsprozess vorzunehmen, insofern absehbar ist, dass es mehrere Sitzungen geben wird.

- »Was wäre für Sie ein gutes Ergebnis unseres gemeinsamen Beratungsprozesses?«
- Was möchten Sie mit dieser Beratung erreichen?«
- »Wenn wir gedanklich an das Ende dieses Beratungsprozesses springen, ohne jetzt schon genau zu definieren, wann genau das sein wird. Woran würden Sie bemerken, dass der Beratungsprozess für Sie nützlich war?«
- »Woran würde X, Y das bemerken?«
- »Wenn das Problem gelöst sein wird: Was wird dann anders sein?«
- »Woran würden Sie bemerken, dass Sie mich als Ihre*n Berater*in nicht mehr benötigen?«

Wenn unterschiedliche/zu große Ziele genannt werden, ist es nützlich, eine Hierarchisierung der Aufträge vorzunehmen.

- »Mit welchem Thema können Sie anfangen?«
- »Was wäre für Sie ein erster Schritt in diese Richtung?«
- »Worüber müssten wir als erstes reden, damit Sie dem Ziel ein wenig näher kommen?«
- »Ich weiß nicht, ob das in einem Gespräch zu erreichen ist, aber wie könnte dieses Gespräch dazu beitragen, dass Sie diesem Ziel einen Schritt näherkommen?«
- »Woran genau würden Sie bemerken, dass Sie diesen Schritt gegangen sind?« (vgl. Barthelmess 2016, Dritter Teil; Brüggemann, Ehret & Klütmann 2016, Kapitel II u. III; Mücke 2019, Kapitel VI; Ritscher 2017, S. 256 ff.; Schwing & Fryszer 2018, S. 21 ff., 42 f.)

*Verdeckte/heimliche Aufträge* beziehen sich auf den Bereich des Unausgesprochenen und latent Vorhandenen auf Seiten von Klient*innen. Hierzu zählen einerseits die unausgesprochenen Erwartungen und Veränderungsintentionen, die vor Hintergründen von Scham, Unsicherheit, Selbstschutz oder Widerstand (bei einer nichtkooperativen Haltung) nicht verbalisiert werden. Ebenso können seitens anderer Systemmitglieder (Eltern, Familie) oder professioneller Helfer*innen (Psychiatrie, Schule, Jugendamt) »in der Lücke, zwischen dem was gesagt wird und dem was gemeint ist« (Schwing & Fryszer 2018, S. 113) verdeckte Auftragsebenen existieren – verdeckte Aufträge also als eine Art Falte unausgesprochener Präsenz. In den Bereichen häusliche Gewalt, Gewalt gegen Kinder, sexualisierte Gewalt ist punktuell das Phänomen beobachtbar, dass der Gewaltterminus seitens Teilen von professionellen Helfer*innensytemen nicht explizit genannt wird, sondern die Bearbeitung »verdeckt« an andere Helfer*innen (bspw. über die Installation einer HzE) delegiert wird. Ebenso kann in der Arbeit in Familiensystemen der Wunsch nach einer Generalsanierung von Jugendlichen als heimlicher, aber nicht verbalisierter Auftrag als Wunsch mit im Raum sein. Selbstverständlich ist es auch denkbar, dass Jugendliche als »heimlichen« Auftrag von dem*der Berater*in erwarten, erwachsene Systemmitglieder oder Beteiligte aus dem Helfer*innen- bzw. Schulsystem entspannter zu machen/zu entstressen. Metaphorisch lässt sich das Abstraktum verdeckter/heimlicher Aufträge mit dem Bild eines Elefanten im Raum, den niemand benennt, oder dem Gefühl, dass etwas zwischen den Zeilen steht, einfangen. Für uns ist es wichtig, Student*innen von Beginn an für ihr diesbezügliches Bauchgefühl zu sensibilisieren und zu ermutigen, verdeckte Aufträge im Beratungsgespräch zu thematisieren. Das Erfragen vermeintlich verdeckter/heimlicher Aufträge birgt einerseits die Gefahr für Irritationsmomente in der Beziehungsgestaltung, andererseits kann es auch beziehungsstabilisierend wirken, da der*die Berater*in als authentisch, transparent und klar erlebt wird. Ein positiver Nebeneffekt des Ansprechens besteht zudem darin, dass hierdurch eine saubere und für alle Seiten transparente Auftragserarbeitung stattfindet, welche Handlungsmöglichkeiten der*des Berater*in erhöht.

*Implizite Aufträge* hierunter verstehen wir – vor dem Hintergrund der Kybernetik zweiter Ordnung – die Erfahrungsüberlagerungen des*der Berater*in als Biographieträger*in. Ähnlich wie im psychoanalytischen Konzept der Gegenübertragung, sind unter impliziten Aufträgen diejenigen Phänomene zu subsumieren, welche vor dem Hintergrund biographischer Reminiszenzen des*der Berater*in, die retrospektiv erinnert werden, und/oder gegenwärtiger Perspektiven aus nicht-professioneller Sicht in verschiedenen sozialen Rollen (Erwachsene*r, Elter*, Freund*in, Partner*in ...) als empfundene Wünsche für die Klient*innen im Raum stehen. Da diese Aufträge jedoch an keiner Stelle seitens der Klient*innen expliziert werden, handelt es sich ausschließlich um hypothetische Konstrukte bzw. Wünsche der*des Berater*in. Implizite Aufträge können durchaus Einfluss auf die Gestaltung der Beratungsbeziehung haben und sich auf die Kooperationswahrscheinlichkeit der*des Berater*in auswirken. Dies kann sich beispielsweise in einer vorschnellen Ablehnung (etwa durch Weitervermittlung) oder einer besonderen Bemühung (auch durch Omnipotenzphantasien) um Klient*innen niederschlagen. Ebenso fallen unter diesen Bereich vermeintliche Ziele, denen die*der Berater*in eine Bearbeitungsrelevanz beimisst, obwohl es gemäß der drei vorher beschriebenen Auftragsebenen keine Klarheit gibt. Also was will der*die Berater*in jenseits institutioneller, expliziter und verdeckter Auftragsebenen im vermeintlichen Sinne der*des Klient*in bearbeiten? Für den durchaus unscharfen Bereich impliziter Auftragsbildung bieten sich Formate wie das »Auftragskarussell« (Schlippe 2016; Schlippe & Kriz 1996; Schlippe & Molter 2012;), Kollegiale (Fall-)Beratung, Supervision sowie strukturierte Selbstreflexionen an.

Die Bearbeitung eines Auftrages im Beratungsgespräch bedarf der beiderseitigen Zustimmung von Klient*in und Berater*in, ein Thema zielgerichtet zu bearbeiten. Nicht jeder Wunsch, nicht jedes Anliegen kann in einer Beratung verfolgt werden. Jenseits der institutionellen Aufträge besteht das Ideal einer systemischen Haltung in der Absichtslosigkeit der*des Berater*in. Unter Absichtslosigkeit verstehen wir hierbei, keine eigenen Ideen/Wünsche stellvertretend für den*die Klient*in in der Beratung zu verfolgen und keine Ziele überzuhelfen oder zu unterstellen. Stattdessen gilt es, die hohe Kunst der Zurückhaltung zu kultivieren. Ein seriöser Auftrag benötigt stets die »ausdrückliche Erlaubnis« (Ludewig 2012, S. 37) der*des Klient*in und sollte auch – grundiert von einer Veränderungsbereitschaft – von ihm*ihr formuliert werden. Die Frage, inwieweit der*die Berater*in einen impliziten Auftrag verfolgt, lässt sich über die ehrliche Beantwortung von Absichtslosigkeit beantworten. Insofern die geschlossene Frage »Gehe ich mit einer Haltung der Absichtslosigkeit in die Beratung?« nicht bejaht werden kann, liegen implizite Ideen auf Seiten der beratenden Person vor. Dies stellt eine wunderbare Gelegenheit für eine selbstreflexive Auseinandersetzung, Kollegiale Fallberatung oder Supervision dar.

Eine gute Auftragsklärung im Erstgespräch kann durchaus zeitintensiv sein, insbesondere da es wichtig ist, nur saubere und realistische Aufträge anzunehmen. Es empfiehlt sich eine Grundhaltung von freundlicher Beharrlichkeit, Konkretisierungslust und Einladungen an die*den Klient*in, auf sich zu schauen sowie positive Ziele/erste Schritte zur Lösung zu formulieren.

Wir ermutigen die Student*innen, Aufträge gern schriftlich festzuhalten (etwa in einem Beratungsvertrag oder auf dem Flipchart, welches fotografisch festgehalten wird). Nach spätestens fünf Sitzungen empfiehlt es sich, gemeinsam mit dem*der Klient*in die bis dato stattgefundene Arbeit an den Aufträgen zu überprüfen. Hier kann geschaut werden, was gelungen ist, was sich vielleicht verschoben hat oder inwieweit sich Aufträge (insbesondere hinsichtlich des Beratungsprozesses) geändert haben.

> **Hinweis für Lehrende**
>
> Für uns stellt das Thema Aufträge das bedeutsamste Element des Beratungserstgespräches dar. Dementsprechend nimmt es im Seminar auch den quantitativ und qualitativ größten Raum ein. Insbesondere Rollenspiele und konkrete Fallbeispiele aus der Beratungspraxis können Student*innen dazu einladen, folgende Idee zu verinnerlichen: Eine gelungene Beratung ist stets eine auftragskonforme Beratung, sie steht und fällt mit einer soliden Auftragsvereinbarung.

## 6.4 Problemexploration – Ressourcenorientierung – Interventionen – Lösungen

Von Beginn an ist es uns ein Anliegen, Student*innen dafür zu sensibilisieren, dass sich systemische Beratung nicht über das bloße Anwenden als systemisch gelesener Methoden und Techniken charakterisiert, sondern es vielmehr die Haltung ist, welche unter Hinzuziehung von Methoden und Techniken und der Co-Konstruktion des Klient*innensystems das Kunstwerk eines systemischen Beratungsgesprächs erschaffen. Jede Methode, Technik oder Frage ist ein Bestandteil von Beziehungsgestaltung. Dementsprechend schicken wir vorweg, dass sich ein systemisches Gespräch nicht über die Quantität von Methoden, Techniken oder Fragen charakterisiert, sondern sich auf einer wertschätzenden, verstehen-wollenden Haltung entfaltet. Interventionen und Techniken entzaubern bzw. erschöpfen sich bei häufigerer Anwendung. Dementsprechend ist ein wohldosierter Einsatz empfehlenswert.

Nach der Gesprächseröffnung und einer ersten Auftragsklärung erfolgt (in einem prototypischen Ablauf, der so nicht immer der Beratungsrealität entspricht, für die Übung von Erstgesprächen aber hilfreich ist) die *Exploration des Problemkontextes*. Ziel ist es hierbei, Verhaltensweisen des Klient*innensystems sowie die zeitlichen und räumlichen Komponenten des Problems zu erfragen. Mit dem neugierigen Nachfragen erfolgt eine Navigation zwischen Ebenen der Sinngebung/Bedeutungszuweisung und Beobachtungsebenen von Verhalten. Also was wird über eine Situation/Interaktion/Problematik gedacht und welches Verhalten wird wahrgenommen?

Um das Problempaket auszupacken, empfehlen sich sämtliche W-Fragen mit Ausnahme von Warum. W-Fragen generieren Informationen und helfen zu verstehen; »Warum-Fragen erzeugen eine Verteidigungshaltung« (Satir 2020, S. 124).

Indem die Fragen zwischen Bedeutungsideen, Verhalten, Zeit und Perspektiven changieren, werden Unterschiede einer ansonsten teilweise sich als gleichförmig erlebten Problemtrance möglich. Obwohl das Beratungsgespräch lösungsorientiert ausgerichtet ist, ist es unserer Auffassung nach bedeutsam, auch einen Verstehensraum für das Problemerleben anzubieten. Dies dient einer Hypothesenbildung, lässt Schlüsselbegriffe erkennen, macht Ressourcen und Beziehungen sichtbar und würdigt Klient*innen in ihrem Leidempfinden, indem Sie gesehen werden. Gleichzeitig ermöglichen offene Fragen (die wir am ersten Seminartag eingeübt haben) das Sichtbarmachen von Unterschieden sowie Verflüssigungen und haben dahingehend einen Interventionscharakter.

Beispielfragen für die Exploration des Problemkontextes (vgl. Barthelmess 2016, S. 152 ff.; Schlippe & Schweitzer 2016, S. 260 ff.):

- »Aus welchen Verhaltensweisen besteht das Problem?«
- »Wem wird dieses Problem gezeigt und wem nicht?«
- »Wo wird es gezeigt, wo nicht?«
- »Wann wird es gezeigt, wann nicht?«
- »Was haben Sie bisher unternommen, um das Problem zu lösen?
- »Woran würden Sie erkennen, dass das Problem gelöst ist?«
- »Wer hat es zuerst als Problem bezeichnet?«
- »Für wen ist das Problem am größten?«
- »Für wen ist es keines?«
- »Wie reagieren welche Personen auf welche Verhaltensweisen des Problems?«
- »Wie erklären Sie sich, dass das Problem entstanden ist?«
- »Was wäre anders, wenn das Problem gelöst würde?«
- »Was sind die Vorteile des Problemverhaltens?«
- »Was haben Sie bisher unternommen, um das Problem zu lösen?«
- »Was haben andere versucht?«
- »Was bedeutet ADHS/Depression/Prüfungsangst ... denn für Sie? Und was für X, Y ...?«
- »Wie erklären Sie sich, dass es manchmal auftritt, manchmal nicht?«

## Lösungsorientiertes Problemverstehen

Die Problemexploration stellt für sich keine klar abgrenzbare Phase im Gesprächsverlauf dar, vielmehr laden wir die Lernenden dazu ein, sukzessive ressourcen- und lösungsorientierte Interventionen in den Verstehensprozess einzustreuen. Da jedes Problemerleben einzigartig ist, wäre ab hier ein schematisiertes Vorgeben von konkreten chronologisierten Interventionen wenig passend. Daher stellen wir eine Auswahl an Methoden und Techniken vor, welche situativ und prozessorientiert in den jeweiligen Rollenspielen angewendet werden können. Die Auswahl, und damit das intensive Selbstwirksamkeitserleben, liegt dabei kreativ in den Händen der beratenden Person – ganz im Sinne der Idee von Beratung als Kunstwerk. Als einzige Richtlinie verweisen wir nochmals auf den ethischen Imperativ *Heinz von Foersters*: »Handle stets so, dass die Anzahl der Möglichkeiten wächst« (Foerster 1993, S. 49).

## Eine Auswahl von Methoden und Techniken

*Zirkuläre Fragen:* Im systemischen Denken wird der Terminus zirkuläres Fragen in zwei Bedeutungsweisen verwendet. In einem weiteren Sinne wird im systemischen Denken zirkuläres Fragen als Oberbegriff für systemische Frage- und Interviewtechniken verwendet, die der oben beschriebenen systemischen Haltung zugrunde liegen (Simon & Simon-Rech 2020; Simon 2012). Zur besseren Unterscheidbarkeit für die Lernenden beim Kennenlernen und Einüben der Methoden und Techniken im hier beschriebenen Seminarformat verwenden wir die enge Bedeutungsweise zirkulären Fragens. In einem engen Sinne wird darunter eine Frageform verstanden, welche über Eck die Beziehung mehrerer Personen in den Blick nimmt und zum Spiel mit Beobachtungspositionen einlädt bzw. neue Perspektiven einführt. Beispielsweise wird A dazu befragt, was B wohl zu Y (Symptom, Verhalten, Problem, Lösung) denken würde. Oder A wird eingeladen, das Verhältnis zwischen B und C zu beschreiben. Hierdurch werden neue Informationen zur Verfügung gestellt, Beziehungsunterschiede verdeutlicht, Perspektivwechsel angeregt, Problemtrancemuster unterbrochen sowie Hypothesenbildung ermöglicht (Selvini-Palazzoli et al. 1981). Zirkuläre Fragen können bereits in der Gesprächseröffnung sowie der Auftragsklärung eingesetzt werden, spätestens ab der Exploration des Problemkontextes (bis zum Ende des Interviews) sind sie ein zentrales Werkzeug für die*den Berater*in.

Zirkuläres Fragen richtet »den Fokus der Aufmerksamkeit auf die direkt beobachtbare Interaktion und die dem Verhalten der Beteiligten zugeschriebenen unterschiedlichen Bedeutungen« (Simon 2012, S. 473) der einzelnen Systemmitglieder. Diese Fragetechniken sind vor dem Einbettungshintergrund einer systemischen Haltung zu verstehen. Ein bloßes Um-die-Ecke-Fragen, ohne eine wertschätzende Grundierung wie etwa »Was denkt der sich bloß?« oder »Was will die von der?«, sind eher Elemente von Empörungsroutinen denn zirkuläre Fragen.

Beispielfragen hierfür sind:

- »Wenn A von B angeschrien wird, wie reagiert C dann?«
- »Wenn A weint, wie verhält sich dann B?«
- »Was könnte C beobachten, wenn A und B versöhnlicher miteinander umgehen?«
- »Was bedeutet Bs Diagnose für A?«
- »Wie würde C die Diagnose beschreiben?«
- »Wie fühlt sich C, wenn A und B kooperieren?«
- »Woran würde A merken, dass Sie hier eine für Sie nützliche Beratung hätten?«
- »Angenommen Sie würden einen ersten Schritt in Richtung Problemlösung gehen, woran würde B dies merken?«

> **Hinweis für Lehrende**
>
> Wir orientieren uns im hier vorgestellten viertägigen Seminar eng am Klassiker*innentext »Hypothetisieren – Zirkularität – Neutralität« (Selvini-Palazzoli et al. 1981), welcher sich auch wunderbar als Vorbereitungstext für das Seminar anbietet. Gleichzeitig kann es sich nur um ein erstes Kennenlernen von zirkulären Fragen handeln, zumal sich diese Methode seit den 1980er Jahren in Theorie und Praxis stark weiterentwickelt hat. »Zirkuläre Fragen können sich auf Sichtweisen von anwesenden oder abwesenden, beteiligten und unbeteiligten Personen oder auch auf innere Anteile und fiktive Personen beziehen« (Lindemann 2023, S. 216). Die Tiefenqualität zirkulären Fragens ist kaum zu überschätzen, zumal die Spielarten von Beobachtungspositionen durch die Kombinationen mit Zeitperspektiven (Vergangenheit, Gegenwart, Zukunft) oder hypothetischen Navigationseinladungen, einen enormen Facettenreichtum schaffen. Nach unserer Erfahrung kann in einem vertiefenden Seminarformat durchaus ein ganzer Blocktag mit den Komplexitätsebenen zu zirkulären Fragen verbracht werden. Sehr gelungene Arbeitsvorlagen hierzu finden sich bei Holger Lindemann (2023).

*Ressourcenfragen* fokussieren »Gelingensprozesse und Konstellationen der subjektiven Nützlichkeit« (Paulick 2019) in einem System und machen die Möglichkeiten sichtbar, die das System in sich trägt. Bezüglich der Fragekonstruktionen bieten sich insbesondere metaphorische und biographische Fragen an. Wir ermutigen Student*innen, ein kleines Dossier oder Notizbüchlein anzulegen in welchem besondere Fragen und eigene Lieblingsfragen gesammelt werden können.

Beispielfragen können sein:

- »Was möchten Sie in Ihrem Leben gerne bewahren, wie es ist?«
- »Wo fühlen Sie sich geborgen?«
- »Wer ist in Ihren Seelentanzmomenten bei Ihnen?«
- »Was mögen Sie an sich?«
- »Wann fühlen Sie sich als gute*r Student*in?«
- »Was mögen Sie an Ihrem Kind, Partner*in, Mutter …?« (Privatnavigation)

- »Was mögen Sie an Ihren Kolleg*innen, Kommiliton*innen, Dozent*innen ...?« (Professionsnavigation)
- »Was machen Sie gerne?«
- »Welche Dinge mag X an Ihnen?«
- »Was meint X, das Sie besonders gut können?«

Eine bedeutsame Kategorie von Ressourcenfragen stellen *Bewältigungsfragen* dar. Sie ermöglichen durch die biographische Navigation das Sichtbarmachen von eigenen, vielleicht aktuell in Krisensituationen nicht ganz so präsenten Kompetenzen, Fertigkeiten und Fähigkeiten, mit Herausforderungen umzugehen. Durch das ressourcenorientiere Verknüpfen von Vergangenheit, Gegenwart und Zukunft wird nebenher auch immanent die Idee angeboten, dass nichts immer gleich ist und Krisen von stabileren Phasen abgelöst werden können.

- »Wann in Ihrem Leben gab es vielleicht schon mal eine ähnliche Situation?«
- »Wie ist es Ihnen gelungen, diese zu bewältigen?«
- »Welche Ihrer Fähigkeiten war Ihnen dabei besonders hilfreich?«
- »Welche Kompetenz konnten Sie dabei vielleicht neu entdecken oder kultivieren?«
- »Wer hat Ihnen damals dabei geholfen?«
- »Was war die größte Aufgabe/Herausforderung, die das Leben Ihnen bisher zugemutet hat?«
- »Wie genau haben Sie diese bewältigt?«
- »Angenommen in Ihrem Buch des Lebens gäbe es ein Kapitel mit der Überschrift ›Als ich über mich selbst hinausgewachsen bin‹. Was würde darin alles stehen?«
- »Auf welche Ihrer Bewältigungskräfte können Sie immer vertrauen?«
- »Welche ist Ihre geheime Superkraft in einem herausforderungsreichen Leben?«

*Verschlimmerungsfragen* verdeutlichen einerseits das aktive Verhalten der Klient*innen am Problem, andererseits verdeutlichen sie als paradoxe Intervention den aktiven Gestaltungsspielraum. Wenn Personen in der Lage sind, ihr Problem zu verschlimmern, sind sie auch in der Lage, ihr Symptom zu verbessern.

> **Hinweis für Studierende**
>
> Falls es zu Irritationen seitens der*des Klient*in kommt, würde es die Effekte der Intervention verkleinern, wenn der*die Berater*in erklärt, warum er*sie es tut. In diesem Zusammenhang ist es günstiger, die paradox-implizite Ebene unbenannt zu lassen und auf den in der Gesprächseröffnungsphase bereits erwähnten Umstand, »manchmal komische Fragen zu stellen«, zu verweisen. Sollte dieser Hinweis nicht geschehen sein, kann – im Sinne einer Einwandvorwegnahme – eine Hinführung zur Verschlimmerungsfrage mit einem kurzen Einholen einer Zustimmung seitens der*des Klient*in dafür kombiniert werden.

Beim Formulieren der Verschlimmerungsfragen ist es zentral, keine allgemeinen Katastrophisierungsszenarien von nicht beeinflussbaren Ereignissen zu erfragen, sondern sich auf den aktiven Verhaltens- und Bedeutungsgebungsspielraum des Klient*innensystems zu konzentrieren. Diesbezüglich geht es darum, den*die Klient*in angemessen ungewöhnlich als hypothetische*n Akteur*in eines problemintensivierten Lebens sprachlich zu zeichnen und die Stellschrauben für Konstruktionsprozesse sichtbar zu machen.

Fragebeispiele sind:

- »Darf ich Ihnen vielleicht mal eine etwas komische Frage stellen?«
- »Wie ich bereits erwähnt habe, stelle ich ja manchmal etwas seltsame Fragen ...«
- »Angenommen Sie wollten Ihr Symptom/Problem bewusst verschlechtern, wie könnten Sie das am besten schaffen? Wie noch? Wie noch? ...«
- »Wer könnte Ihnen dabei helfen?«
- »Angenommen, Sie hätten für eine Woche die Aufgabe, dass Ihr Problem maximal auftritt? Was dürften Sie dann auf keinen Fall tun?«
- »Was könnten Sie konkret tun, damit Ihr*e Partner*in Sie innerhalb der nächsten Woche ganz sicher verlässt?«
- »Was könnten Sie genau machen, damit Sie ganz sicher Ihr Studium gegen die Wand fahren?«
- »Was müssten Sie tun, um Ihr Problem für immer zu behalten?«
- »Wer könnte Ihnen ganz wunderbar dabei helfen? Mit wem treffen Sie sich dann besser gar nicht?«
- »Angenommen, Sie würden das Thema, wegen dem Sie hier sind, lösen, hätten aber in ein paar Jahren Lust, Ihr Problem wieder in Ihr Leben einzuladen. Wie genau könnten Sie das tun?«

## Fragen nach Unterschieden – Ausnahmen, Prozentualisierungen, Skalierungen

Ein Phänomen des subjektiven Problemerlebens besteht häufig darin, dass sich ein großer Teil der Aufmerksamkeit auf diese »Problemwirklichkeit« richtet. Teilweise geht mit dieser Fokussierung ein Gefühl von Ausgeliefertsein, Passivität, eine Blickverengung und eine Art Problemtrance einher. Wie auch die anderen hier beschriebenen Techniken und Methoden zielen Unterschiedsfragen darauf ab, dieses Problemtrancemuster zu unterbrechen und die Aufmerksamkeit auf Ressourcen und Lösungsmöglichkeiten zu richten.

Eine bewährte Form hierfür stellen etwa *Fragen nach Ausnahmen* dar. Sie verdeutlichen, dass *nie* etwas *immer gleich* ist und können dergestalt die Intensität von verkrustetem Problemerleben verflüssigen.

Beispiele können sein:

- »Wann war das Problem weniger stark?«
- »Wann war es gar nicht da?«
- »Was war dort anders?«
- »Was hat X dort anders gemacht?«
- »Was haben Sie anders gemacht?«
- »Was hat Ihnen dort besonders geholfen?«
- »Welche Ihrer Superkräfte hat Sie damals getragen?«

*Prozentualisierungen* eignen sich wunderbar, um indifferente Erlebensprozesse zu systematisieren oder innere Anteile, Überzeugungen und Stimmungen zu quantifizieren, z. B.:

- »Wieviel Prozent nimmt das Thema X Ihrer Identität ein?«
- »Angenommen, es gäbe eine Art Tortendiagramm für Ihren Energiehaushalt. Wieviel Energie nimmt das Thema X bei Ihnen aktuell ein?«
- »Wieviel Energie verwendet Y darauf?«
- »Was wäre für Sie ein für Sie angenehmer/akzeptabler/schöner Prozentwert bezogen auf das Thema X?«
- »Wann wären Sie zuletzt bei diesem Wert?«
- »Was war dort anders?«

Ähnlich wie Prozentualisierungen ermöglichen *Skalierungen*, (auch noch so kleine) Fortschritte zu messen, Ressourcen zu verdeutlichen sowie Veränderungen sichtbar zu machen. Skalierungen können sehr kreativ eingesetzt werden (narrativ, visuell, Seil, Symbole …) und eignen sich in der Arbeit mit nahezu allen Lebensaltern (bei Kindern etwa durch das Aufpusten von Luftballons oder das Bemalen von Fingern).

Bei systemischen Skalierungen ist »1« der Minimal- und »10« der Maximalwert (ausgenommen sind Messungen, die eine Distanz betreffen oder eine Abbildung einer als negativ erlebten Symptomatik, z. B. Angst, Gewalt …, kenntlich machen). Der Maximalwert einer Skalierung hinsichtlich einer Verbesserung wird von eher wenigen Klient*innen auch als optimaler Wert genannt, daher ist es wichtig, nach diesem zu fragen, nach der aktuellen Position sowie danach, wie es auf dem nächsthöheren Skalenwert genau ausschaut. Im Kontext einer lösungsorientierten Skala ist es wichtig, detailliert nach dem Denken, Fühlen, Handeln zu fragen und Ressourcen zu würdigen und dergestalt Sensibilitäten für Veränderungen zu schaffen.

Beispielfragen sind:

- »Angenommen, der Beratungsprozess zwischen uns ist für Sie nützlich. Welchen Wert auf der Skala würden Sie gern erreichen?«
- »Was ist der nächste sichtbare Schritt?«
- »Was ist der nächste sichtbare Schritt auf dem Weg zum Wunder?«
- »Woran würden Sie merken, dass Sie beim Wert X angekommen sind?«
- »Wer würde merken, dass Sie auf der X sind? Woran genau? Und woran noch? Wie reagiert Y dann? …«

Im Anschluss an Steve de Shazer sowie Therese Steiner und Insoo-Kim Berg (2016, S. 44 ff.) lässt sich ein lösungsorientiertes Arbeiten mit Skalierungen über fünf Schritte vollziehen (dazu auch Hirschberg 2012).

Zunächst gilt es, eine Skala vorzustellen und die Pole zu benennen. Beispielsweise: »Frau A, angenommen es gäbe eine Skala für Ihren Selbstwert. Auf dieser Skala wäre 1 der geringste Wert und 10 das Maximum. O. K.?« Im folgenden Schritt wird danach gefragt, wo genau eine aktuelle Positionierung erfolgt. Beispiel: »Wo genau würden Sie sich jetzt auf dieser Selbstwertskala einordnen?« In einem dritten Schritt gilt es, diesen Status quo zu würdigen und danach zu fragen, welche genauen Ressourcen es ermöglichen, auf diesem Wert zu sein. In einem nun folgenden Schritt wird nach dem optimalen Wert gefragt, erfahrungsgemäß wird der Maximalwert von eher wenigen Klient*innen auch als optimaler Wert genannt. »Frau A, Sie haben mir heute viel aus Ihrem Leben anvertraut und ich bin beeindruckt von Ihrer Energie, sich den Herausforderungen des Lebens zu stellen. Angenommen, ich würde Sie nun danach fragen, was für Sie ein idealer Wert auf der Skala wäre, den Sie gern erreichen möchten, welchen würden Sie dann nennen?« Hier gilt es nun detailliert nachzufragen, wie genau es dort aussieht (Denken, Erleben, Handeln).

- »Wie genau sieht es auf der X aus?«
- »Was denken Sie über sich?«
- »Wie fühlt es sich noch an?«
- »Was tun Sie, wenn Sie auf der X sind?«

Abschließend wird der*die Klient*in eingeladen, sich auf den aktuellen Wert zu besinnen und den nächsten Schritt in Richtung des definierten Zielwertes zu bestimmen.

- »Frau A, ich möchte Sie nun einladen, auf der Skala nochmal auf den aktuellen Wert, also wo Sie heute sind, zu schauen. Welcher Wert wäre für Sie der nächste Schritt in Richtung Ihres Zielwertes?«
- »Wie genau sieht es beim nächsten Schritt aus?«
- »Wie fühlt es sich an?«
- »Was denken Sie da über sich?«
- »Was ist noch bemerkbar?«

## Wunderfrage

Im Kontext eines Seminares zum systemischen Erstgespräch kann die Wunderfrage im Ablauf eines Beratungsgesprächs die Schlussintervention darstellen (siehe Übung 6.4). Dergestalt sind 10 bis 20 Minuten der idealtypisch vorgesehenen 50 Minuten der Gesamtdauer vorgesehen. Da die Wunderfrage nur äußerst ausgewählt zum Einsatz kommen kann, ist es wichtig, die Lernenden dafür zu sensibilisieren, dass sie sich im Beratungsgespräch ausreichend Zeit reservieren sollten, um die Tranceinduktion sowie die sich anschließenden Vertiefungsfragen qualitativ entfalten zu lassen. Denn: »Gerade diese nahezu vollkommene Frage braucht eine Geschichte, die wie eine Einladung wirkt sich etwas Neues, sehr Spannendes vorzustellen und über zehn oder 20 Minuten dabei zu bleiben« (Kindl-Beilfuß 2015, S. 66f.).

### Übung 6.4: Wunderfrage

**Aufgabe**

Es gibt verschiedene Varianten der Wunderfrage. Im Folgenden finden Sie verschiedene Beispiele. Suchen und erproben Sie gern die für Sie stimmige Variante. Experimentieren Sie mit der Sprechweise, z. B. welche Tranceinduzierung Ihnen liegt. Essentiell ist nach der eigentlichen »Wunderfrage« das wertschätzende/ würdigende, beharrliche und detaillierte Nachfragen, was nach dem Wunder geschieht: Wer? Was? Wann? Wo? Wie? Und dann? Und woran noch? Die Wunderfrage eignet sich für die ersten Schritte als Berater*in in der Welt der systemischen Beratung sehr gut für den Gesprächsabschluss! Planen Sie hierfür ausreichend Zeit ein.

**Formulierungsbeispiel 1**

»Stellen Sie sich vor, heute Abend gehen Sie wie gewohnt zu Bett. Und in der Nacht, während Sie schlafen, geschieht ein Wunder. Dieses Wunder bewirkt, dass die Probleme, deretwegen Sie heute hierher gekommen sind, weg sind, wie durch einen Fingerschnipp. Einfach so! Woran würden Sie, Ihr*e Frau*Mann, Ihre Kinder am Morgen, wenn Sie aufwachen, bemerken, dass das Wunder geschehen ist? ... Woran würden Sie es noch bemerken? ...« (nach Hahn 2012, S. 455f.)

**Formulierungsbeispiel 2**

»Stellen Sie sich vor, eines Nachts geschieht ein Wunder. [...] Und die Probleme, die Sie hierher geführt haben sind gelöst. O. K.?
Das passiert, während Sie schlafen, Sie können also nicht wissen, dass es passiert ist. [...]
O. K.? Am nächsten Tag, wie würden Sie bemerken, dass es ein Wunder gegeben hat? Was wäre anders, das Ihnen sagen würde, dass ein Wunder geschehen ist?« (de Shazer 2010, S. 132)

**Formulierungsbeispiel 3**

»Ich habe eine besondere, vielleicht etwas ungewöhnliche Frage an Sie, sicher eine Frage, die etwas Fantasie braucht. Angenommen, nachdem wir unsere Sitzungen hier beendet haben, gehen Sie nach Hause und Sie tun alles, was Sie üblicherweise auch tun. Sie erledigen Ihre Pflichten, nehmen das Nachtessen ein, schauen noch etwas fern, und gehen dann zu Bett. Und während Sie schlafen, geschieht ein Wunder, und die Probleme, die Sie heute hierher gebracht haben, sind gelöst, einfach so (mit den Fingern schnippen). Aber da dieses Wunder

> geschehen ist, während Sie geschlafen haben, wissen Sie nicht, dass es sich ereignet hat.
> Wenn Sie am nächsten Morgen erwachen, wie werden Sie entdecken, dass das Wunder geschehen ist und das Problem gelöst ist?« (Steiner & Berg 2016, S. 46)

De Shazer (2010, S. 132 ff.) hat darauf hingewiesen, dass zunächst »Ich weiß nicht« die wirklich angemessene Antwort auf diese seltsame Frage darstellt. Der Job der*des Berater*in besteht darin, das Schweigen auszuhalten, und dadurch eine Antwort hervorzulocken. Denn Schweigen bedeutet hier ein respektvolles Warten und das Sich-die-Zeit-Nehmen basiert auf dem Zutrauen, dass ein Lösungsentwurf denkbar ist.

Fragen nach dem Wunder zielen darauf ab, konkrete Details zu erfragen. Hierbei empfiehlt es sich, zwischen den Ebenen von Gedanken, Emotionen sowie Verhalten zu navigieren und eine Art Drehbuch für einen detaillierten Lösungsfilm narrativ zu entwerfen. »Das Wunder wird zu einem inneren Anker für die Erfahrung der Lösung« (Barthelmess 2016, S. 134). Wichtig für die beratende Person ist hierbei, die wertschätzend/würdigende Beharrlichkeit des »*Was noch?/Woran noch?*« einzunehmen und detailhervorbringend zu fragen.

Beispiele für Vertiefungsfragen (de Shazer 2010, S. 132 ff.; Schlippe & Schweitzer 2016, S. 267) sind:

- »Was ist das Erste, woran Sie merken, dass das Wunder geschehen ist? Woran noch?«
- »Und woran noch?«
- »Wie sieht Ihr Tag dann genau aus? Und dann? Und dann?«
- »Auch andere wissen ja nichts von dem Wunder. Woran würde X merken, dass das Wunder geschehen ist? Und woran noch?«
- »Wer würde es als erstes bemerken?«
- »Wie würde B dann darauf reagieren? Wie noch? Wie noch?«
- »Was tut X, Y dann? Und was tun Sie dann?«
- »Bei wem merken Sie es noch?«
- »Was macht sie*er anders?«
- »Und wie reagieren Sie dann darauf?«
- »Wie sieht das Thema in X Jahren aus?«

## 6.5 Gesprächsabschluss

Die Wunderfrage stellt eine Intervention dar, deren Zauber nicht wiederholt reproduziert werden kann. Insofern bildet sie eine wunderbare Möglichkeit für ein lösungsorientiertes Erstgespräch, gleichzeitig ist es sinnvoll, in folgenden Beratungsgesprächen andere Möglichkeiten für einen Gesprächsabschluss zu nutzen. Zu den vielfältigen Optionen in der systemischen Beratung zählen hierzu insbesondere:

- Hausaufgaben (z. B. Brief an sich selbst schreiben, Beobachtungsaufgabe, Münze werfen)
- Einsatz eines Reflecting Teams
- Schlusskommentar der*des Berater*in
- Arbeit mit Metaphern
- Geschichten erzählen (Bucay 2015)
- Rituale verordnen
- paradoxe Intervention (z. B. Verschlimmerungsfrage)
- Mitgeben eines Gegenstands/eines Sinnspruchs/Cartoons
- Witze (Trenkle 2010, 2017).

Anschließend beispielsweise an die Wunderfrage erfolgt alsdann ein das Gespräch abrundender Teil von drei bis fünf Minuten in welchem nach Offenem gefragt (als Anschluss für ein nächstes Gespräch) sowie der weitere Verbleib des Miteinanders geklärt wird.

Fragebeispiele sind (vgl. Barthelmess 2016 S. 129 ff., Dritter Teil; Brüggemann, Ehret & Klütmann 2016, Kapitel IV + V; Kindl-Beilfuß 2015; Ritscher 2017, S. 272 ff.; Schwing & Fryszer 2018):

- »Frau X, ich hatte ja bereits am Beginn des Gesprächs davor gewarnt, dass die Zeit sehr schnell verfliegt ...«
- »Was fehlt Ihnen noch, bevor dieses Gespräch für Sie befriedigend abgeschlossen werden kann?«
- »Was wäre noch wichtig, zu sagen/zu kommentieren?«
- »Welche Frage hätten Sie sich von mir noch gewünscht?«
- »Was möchten Sie Abschließendes zu diesem Gespräch sagen?«
- »Wie wollen wir verbleiben?«
- »Wie könnte die Zwischenzeit gut genutzt werden?«

## 6.6 Prüfungsleistung – Rückmeldung

Wie in Kapitel 1.3 und 2.5 bereits angesprochen, sind Lehrveranstaltungen zur Vermittlung von Beratungskompetenzen für die Lehrenden mit einer Gleichzeitigkeit von Rollen verknüpft, die auch die institutionell vorgegebene Rolle als Prüfende*r einschließt. Im Folgenden wird eine mögliche Prüfungsform skizziert, die die Kompetenzen in der Planung und Durchführung eines Erstberatungsgesprächs nach dem beschriebenen Modell abbilden soll.

Als eine bewährte Möglichkeit hat sich hierfür das Durchführen eines Erstgesprächs, inklusive Videoaufzeichnung und Selbstreflexion erwiesen. Die Hinweise bzw. Grundinformationen zur Prüfungsleistung, die die Studierenden in unseren Seminaren erhalten (ergänzend werden diese im Seminar ausführlich besprochen), sind in Information 6.1 dargestellt.

> **Information 6.1: Prüfungsleistung »Systemische Beratung«**
>
> - Durchführung eines (systemischen) Erstberatungsgespräches (ca. 45 bis 50 Minuten), welches auf Video aufgezeichnet wird; d. h. Beratung eine*r Kommiliton*in zu einem selbst gewählten Thema im Rollenspiel.
> - Ziel ist dabei nicht, eine »perfekte« Beratungssitzung zu inszenieren! Vielmehr geht es darum, das im Blockseminar Erlernte zu vertiefen und die ersten Erfahrungen als Berater*in zu reflektieren.
>   - Anfertigung einer schriftlichen Reflexion (7 bis 10 Textseiten) zur eingereichten Beratung.
>   - Wählen Sie hierfür 3 Sequenzen (jeweils 3 bis 5 Minuten) aus, auf welche Sie sich in Ihrer Intravision beziehen. Obligatorisch ist die Auftragsklärung, die beiden anderen sind frei wählbar.
>   - Mögliche inhaltliche Schwerpunkte/Fragestellungen: Reflexion des Gelungenen, Hypothesenbildung, Auftragsklärung, Auswahl spezifischer Methoden oder Techniken, Gestaltung des Settings, Selbsteinschätzung Ihres professionellen Handelns.
>   - Mögliche Fragen: Vor welchem Hintergrund haben Sie sich in der gezeigten Sequenz für die verwendete Methode entschieden? Was ist Ihnen gut gelungen? Worauf möchten Sie zukünftig in Ihrer Beratung achten? Wie beurteilen Sie Ihre Umsetzung systemischer Grundhaltungen?
> - Reflexionsgespräch/Supervision (optional!): Zusätzlich zur (schriftlichen) Selbstreflexion besteht die Möglichkeit zu einem Reflexionsgespräch. Für jede*n Studierende*n, der*die ein Video angefertigt hat, besteht die Möglichkeit eines (Einzel-)Supervisionstermins á 45 bis 60 Minuten. Die Termine werden im XX stattfinden.
> - Die Videoaufzeichnung und die schriftliche Ausarbeitung der Selbstreflexion sind bis zum xx.xx.20xx abzugeben.
>
> **Abschließende Hinweise**
>
> Uns ist es nicht wichtig, wenn das eingereichte Video keine ideale Beratungsperformance zeigt. Viel wichtiger ist es, dass in der Reflexion ein Blick für die zuvor im Seminar herausgearbeiteten Feinheiten eines systemischen Erstgesprächs unter Beweis gestellt wird.
> Vergessen Sie nicht: »Da es sich um das allererste Mal eines vollständigen systemischen und auch noch videoaufgezeichneten Erstgesprächs in Ihrem Leben handelt, erwarten wir nichts anderes als absolute Perfektion.«

Ergänzend zur Prüfungsleistung und der Rückmeldung in Form der Benotung gibt es die Möglichkeit eines Reflexionsgesprächs. Diese Möglichkeit wird in der Regel von allen Student*innen in Anspruch genommen. Wir teilen die Erfahrung Rene Reichels (2005b), dass dieser persönliche Austausch und die Rückmeldungen aus Sicht der Teilnehmer*innen ein größeres Gewicht haben und nachhaltiger wirken als die formelle Prüfung und Benotung an sich. Bei der Rückmeldung konzentrieren wir uns dabei auf die drei ausgewählten Sequenzen und deren Reflexion und wählen zusätzlich mindestens einen »brillanten Moment« aus dem sonstigen Gespräch aus, der uns besonders gelungen erschien.

Zu den Parametern der Rückmeldung (und Bewertung) zählen:

- Beziehungsgestaltung: Wie erfolgt das establishing of a yes-set?; Was ist hinsichtlich Mimik, Gestik beobachtbar (hierfür schauen wir auch Sequenzen ohne Ton)?
- Welche Formulierungsfeinheiten sind gelungen? Bei welchen bieten sich Stellschrauben an? (Hier gibt es konkrete Anregungen.)
- Wie erfolgt die Auftragsklärung?
- Welche Methoden und Techniken werden eingesetzt und wie werden diese umgesetzt?
- Welche Fragen werden formuliert?
- Wie erfolgt die Navigation zwischen Verhalten und Bedeutungsgebung?
- Woran lässt sich eine systemische Haltung beobachten?
- In Bezug auf die Selbstreflexion: Inwieweit werden in der Selbstreflexion Fachtermini/Theorieaspekte systemischen Denkens von Beratung einbezogen? Wie werden Potentiale und Grenzen des eigenen Handelns reflektiert?

# 7 Praxiserfahrungen reflektieren

»Niemand kann einen anderen dadurch stark machen, dass er für diesen anderen arbeitet. Niemand kann ihn dadurch zum Denken veranlassen, dass er für den anderen denkt.«
Alice Salomon (1926): Soziale Diagnose, S. 66.

## 7.1 Vorüberlegung: Bedeutung von Praxisphasen im Studium Sozialer Arbeit

Im Gegensatz zu vielen anderen Studiengängen spielen im Studium Sozialer Arbeit hochschulbegleitende Praxiserfahrungen und deren Reflexion eine zentrale Rolle. »Curricular eingebettete und durch die Hochschule begleitete Praxisphasen am Lern- und Bildungsort professionelle Praxis intendieren in der Regel die Förderung von Handlungskompetenz und beruflicher Identität« (Roth, Kriener & Burkard 2021, S. 23). In besonderer Weise relevant scheinen die Erfahrungen beruflicher Praxis und deren strukturierte Begleitung im Studium für die Entwicklung von Reflexivität, die professionelles Handeln in der Praxis Sozialer Arbeit ermöglicht.

> »Die Transformation professionellen Wissens in professionelles Handeln, die Wirkung von Entschlüsselung biographisch und fachlich ›gefärbter‹ Deutungsmuster, das Erleben von differenten Lebensentwürfen und Lebenslagen, die Möglichkeiten und (scheinbaren) Begrenzungen der Praxisstellen oder der Profession, die Sensibilität für und den Umgang mit den der Sozialen Arbeit immanenten Widersprüchlichkeiten in der Praxis und die Konfrontation mit der eigenen Person, sind Faktoren, die die Entwicklung von Reflexivität im Studium anregen können« (Burkard 2021, S. 55f.)

Insbesondere im Zuge des Bologna-Prozesses Ende der 1990er Jahre gewannen Fragen nach der Bedeutung von handlungspraktischem Wissen, der Integration von Praxisbezügen im Studium und ersten Erfahrungen in Berufspraxis sowie dem Verhältnis von praxisorientiert-professionsorientierten und wissenschaftlich-disziplinären Studieninhalten und deren Verschränkung Bedeutung. Der Wechsel von Diplomstudiengängen auf ein zweistufiges Bachelor-Master-System erfolgte

> »u. a. mit Blick auf die sog. ›Employability‹ der Studierenden und Beschäftigten: Stärker als je zuvor ging es darum, dass ein Studium die Anschlussfähigkeit der Absolvent*innen auf dem Arbeitsmarkt sichern sollte, da lange Studienzeiten, hohe Abbruchzahlen und schwierige Berufseinmündungsphasen vor allem in den Geistes- und Sozialwissenschaften Nachbesserungsbedarf signalisierten« (Rauschenbach 2020, S. 151).

Infolge der Bologna-Reform war die Umsetzung der Vorgaben des allgemeinen »Bologna-Qualifikationsrahmens« (Framework for Qualifications of the European Higher Education Area – QF EHEA) in Form von spezifischen fachwissenschaftlichen Qualifikationsrahmen notwendig. Der Qualifikationsrahmen Soziale Arbeit (QR SozArb) wurde 2006 in erster Version vorgelegt und in novellierter, aktuell gültiger Version (Version 6.0) 2016 durch den Fachbereichstag Soziale Arbeit verabschiedet. Die Novellierung konkretisiert insbesondere die Leitlinien des ebenfalls überarbeiteten Qualifikationsrahmens für Deutsche Hochschulabschlüsse (HQR) für die Disziplin und Profession der Sozialen Arbeit. Der QR liegt den Akkreditierungen der entsprechenden Studiengänge Sozialer Arbeit in Deutschland zugrunde und bildet zudem die Referenz für die Sozialberufe-Anerkennungsgesetze auf Länderebene.

Bereits in der Präambel des Qualifikationsrahmen Soziale Arbeit wird die Verschränkung von Theorie und Praxis hervorgehoben:

> »Kompetenzen in der Sozialen Arbeit zeichnen sich durch einen konstruktiven gestalterischen Umgang mit der Wechselbeziehung zwischen Theorie und Praxis bis hin zur konkreten Differenzerfahrung zwischen theoretischem Wissen und dessen praktischer Anwendung aus, um Handlungssinn, Urteilsvermögen und kritische Reflexion zu erlangen« (Schäfer & Bartosch 2016, S. 14).

Hinsichtlich des Qualifizierungsbereichs »Organisation, Durchführung und Evaluation in der Sozialen Arbeit« wird für Absolvent*innen Sozialer Arbeit die Notwendigkeit formuliert, »ihr Wissen und Können in der hochschulbegleiteten Praxis erprobt, reflektiert und evaluiert [zu haben]« (ebd., S. 45). Für die staatliche Anerkennung ist diesbezüglich der Nachweis praktischer Kompetenz in Form »einer durch die eigene Profession/staatlich anerkannte*r Sozialarbeiter*in angeleiteten kontinuierlichen berufspraktischen Tätigkeit in einem Feld der Sozialen Arbeit […] in einem Umfang von mindestens einhundert Tagen« (ebd., S. 57) definiert. Realisiert werden diese studienbegleitenden Praxisphasen in den meisten grundständigen Studiengängen Sozialer Arbeit in Form eines Praxissemesters.

Die Verschränkung der »beiden Referenzsysteme ›Praxis‹ und ›Wissenschaft‹ Sozialer Arbeit« (Polutta 2020, S. 266) innerhalb des Studiums wird durch den Qualifikationsrahmen also klar vorgegeben. Die konkreten Formen dieser Verschränkung sind allerdings nicht eindeutig bestimmt und deren Möglichkeiten und Grenzen werden aktuell besonders intensiv und kontrovers in den Debatten um praxisintegrierte Studienmodelle bzw. duale Studiengänge thematisiert (vgl. Otto 2018; Polutta 2020; Rauschenbach 2020). Einige der in diesem Kontext besonders zugespitzten und polarisiert diskutierten Fragen erscheinen uns auch für die Einbindung von Praxisphasen in regulären Studiengängen und das Erfahren von Beratungshandeln in diesen relevant:

> »Gelingt es, dass Studierende eine kritische Fachlichkeit erlangen oder ist der sozialpädagogische Alltag mit seinem zunehmendem Handlungsdruck, heiklen Entscheidungssituationen und spannungsvollen Alltagsroutinen dazu gar hinderlich? ›Kippt‹ ein Studium in Richtung einer bloßen Übernahme der vorgefundenen Praxis?« (Polutta 2020, S. 266).

In diesem Kontext sind für uns die curriculare Einbindung und reflexive Begleitung von Praxisphasen im Studium von zentraler Bedeutung.

> »Studierende begegnen in begleiteten Praxisphasen der Berufskultur und sind mit Rationalitäten der jeweiligen Organisation (ihrer Praxisstelle), mit Konzepten, Routinen und feldspezifischen Wissensbeständen und Erwartungen konfrontiert und stehen nicht in erster Linie der Fachkultur gegenüber. Damit stoßen sie zwangsläufig auf Divergenzen zwischen Hochschule und Praxisstelle, zwischen Disziplin und Profession, zwischen Fach- und Berufskultur« (Roth, Kriener & Burkard 2021, S. 25).

Damit aus diesen Erfahrungen eine kritische Fachlichkeit erwachsen, eine »bloße Übernahme der vorgefundenen Praxis« vermieden und eine Verknüpfung verschiedener Wissensbestände ermöglicht werden kann, ist eine kontinuierliche Begleitung innerhalb des Studiums notwendig.

Mit Blick auf Praxisphasen im Studium allgemein sowie im Besonderen den Erwerb von Beratungskompetenzen in diesen Phasen scheint uns (wie auch vielen anderen Autor*innen, u. a. Bauer & Weinhardt 2014a; Moch 2006; Roth, Kriener & Burkard 2021; Widulle 2016) daher zunächst die auf den ersten Blick eher banal wirkend anmutende Feststellung besonders zentral, dass eine rein quantitativ lange, mit hohem Zeitanteil ausgestattete Praxisphase nicht zwingend einen Gewinn für Professionalisierungsprozesse und den Erwerb von Beratungskompetenzen darstellt, sondern dass es hierfür unbedingt einer Reflexion der Erfahrungen bedarf. Bauer und Weinhardt (2014a, S. 89) verweisen bezüglich der Entwicklung und systematischen Verbesserung von professionellem Beratungshandeln darauf, dass diese nicht »durch eine rein quantitative Aufschichtung von Beratungspraxis […] erreicht [werden kann], sondern nur durch die systematische Reflexion von relevanten Beratungssituationen«. Widulle (2016, S. 32) spricht bezogen auf die Beratungslehre in Regelstudiengängen auch von der Notwendigkeit so genannter »Learning-Loops vom Praktikum zurück ins Beratungslernen«.

Diese »Learning Loops« können unseres Erachtens in verschiedener Weise hergestellt werden. Die Reflexion von Praxiserfahrungen kann u. a. über eine begleitende (Ausbildungs-)Supervision realisiert werden (u. a. Harter & Lauinger 2016; Kleve 2005; Middendorf 2019, 2021; Witte 2009). Den besonderen Wert von Supervision betont Wolfgang Witte (2009, S. 175 f.) wie folgt:

> »In einem geschützten, der Vertraulichkeit unterliegenden und wenig hierarchischen Rahmen können persönliche Erlebnisse, insbesondere aus dem Praktikum, bearbeitet werden, ohne dass die Fall- oder Themeneinbringenden persönliche Nachteile befürchten müssen. Sensibles Hinhören und die Wahrnehmung auch nichtsprachlicher Botschaften, was für die Wahrnehmung der künftigen Berufsrolle grundlegend ist, können hier erprobt und erfahren werden. Gerade die Erfahrung eines offenen, ergebnisorientierten, kollegialen Austauschs ist unverzichtbar, wenn für das künftige Berufsleben ein kommunikativer Habitus gebildet werden soll«.

Hinsichtlich der Realisierung skizziert Witte (2009) selbst bereits einige zentrale Ambivalenzen und Herausforderungen, die in einer aktuellen Studie von Tim Middendorf (2021) ebenfalls sehr offenkundig werden. Middendorf (2021) verweist einführend bereits darauf, dass im deutschsprachigen Raum kein Konsens über eine einheitliche Definition von »Supervision« (und »Ausbildungssupervision«) sowie die Ausgestaltung der supervisorischen Praxis besteht. Er führt weiter aus, dass im Qualifikationsrahmen der Sozialen Arbeit eine »verpflichtende Ausbildungssupervision als Lernort und Lernsetting den verkürzten Studienzeiten zum Opfer [gefallen sei]« (ebd., S. 54) und entsprechend aktuell Hochschulen autonom entscheiden, ob und in welchem Umfang Ausbildungssupervision in den Curricula der Studiengänge Sozialer Arbeit verankert werden.

Middendorf (2021) präsentiert u. a. die Ergebnisse einer teilstandardisierten Onlineumfrage zum Angebot von curricular verankerter Supervision im Studium Sozialer Arbeit (Durchführung gemeinsam mit Frank Thorausch, Vorstandsmitglied der BAG zwischen Januar und März 2020). An 26 von 51 beteiligten Studienstandorten wird eine Ausbildungssupervision (ganz überwiegend mit verpflichtender Teilnahme) angeboten. Die Supervisionsangebote variieren dabei sehr deutlich hinsichtlich des Umfangs, der Größen der Supervisionsgruppen und der Supervidierenden (externe vs. interne Supervisor*innen). Inhaltliche Schwerpunkte liegen überschneidend vor allem in der Reflexion des beruflichen Handelns, der (beruflichen) Identitäts- und Persönlichkeitsentwicklung und der Unterstützung der fachlichen und persönlichen Professionalisierung.

Im Vergleich mit einer früheren Studie von Herbert Effinger (2002) zeigt sich, »dass mit der Verkürzung der Studiendauer im Rahmen der Umstellung auf Bachelor-Studiengänge vielerorts eine Reduzierung bzw. Streichung des Lehr- und Lernangebots Ausbildungssupervision bei zeitgleicher Erhöhung der Gruppengröße einhergegangen ist« (Middendorf 2021, S. 56). Konzipiert wird die Supervision dabei (nach wie vor) primär als Pflichtangebot und zunehmend von externen Supervisor*innen durchgeführt.

> »Damit wird der äußere Rahmen des Interaktionsgeschehens in Ausbildungssupervisionen maßgeblich geprägt: Studierende werden einerseits verpflichtet, aktiv am Interaktionsgeschehen teilzuhaben und andererseits dazu ermuntert, durch die Konstruktion eines notenfreien Raums persönliche, fachliche und strukturelle Themen zu bearbeiten und zu klären, ohne im Studienverlauf (negative) Folgen befürchten zu müssen« (ebd., S. 56f.).

In einer anschließenden qualitativen Studie zeigt Middendorf u. a. auf, dass Studierende wenig konkrete Vorstellungen von der Ausbildungssupervision haben und meist nur sehr eingeschränkte Wahlmöglichkeiten von Supervisor*in und Gruppe bestehen. Auch die zunehmende Einbindung externer, teilweise mit dem Studium Sozialer Arbeit wenig vertrauter Supervisor*innen kann zu Situations- und Rollenunsicherheiten bei den Beteiligten beitragen.

Auch wenn es hinsichtlich der Realisierung die beschriebenen Ambivalenzen und Barrieren gibt, erscheinen uns Supervisionsformate an Hochschulen insbesondere auch mit Blick auf den Erwerb beraterischer Professionalität besonders bedeutsam. Wie in Kapitel 1.3 beschrieben, stellen die Überschneidungen der Rollen als Lehrende*r und Prüfende*r eine wesentliche Herausforderung hinsichtlich des Beratungslehrens und -lernens innerhalb von Hochschulstudiengängen dar. Hier kann die (externe) supervisorische Begleitung der ersten Erfahrungen im Beratungshandeln in der Praxisphase eine wertvolle Ergänzung zu den Beratungsmodulen bieten. Insbesondere in den Praxisphasen erfahren sich Studierende selbst in der Interaktion mit Klient*innen und werden hierbei unmittelbar mit Fragen von Nähe und Distanz, Abgrenzung und Selbstsorge konfrontiert, sie lernen Lebensentwürfe und Bewältigungsmuster kennen, die sich von den eigenen deutlich unterscheiden, sie arbeiten innerhalb eines Teams sowie in interdisziplinären Netzwerken, erproben die bislang im Studium erworbenen Handlungsmethoden, spiegeln Wissensbestände und Kompetenzen an den Realitäten der Praxis, bewegen sich zwischen den verschiedenen Mandaten Sozialer Arbeit und müssen nicht selten mit den Dilemmata der Nichtvereinbarkeit aller Ansprüche umgehen. Damit wird gerade in den Praxisphasen auch das Erleben von Irritationen, Widersprüchen, Verunsicherungen bis hin zu persönlichen Krisen sehr wahrscheinlich. Die von Graßhoff und Schweppe (2012) skizzierte »Gefahr biographischer Zumutungen« (ebd., S. 248) ist unseres Erachtens insbesondere in der Praxisphase besonders hoch und zugleich für Beratungslernen hoch relevant. Die Irritationen und Herausforderungen, die Studierende in den Praxisphasen erleben, sind häufig unmittelbar mit biographisch geformten Deutungs- und Handlungsmustern verknüpft. Es braucht hier die Möglichkeit zur Auseinandersetzung innerhalb eines sicheren Rahmens, denn »[e]rst ein (Selbst-)Wahrnehmen und Aufgreifen von Irritationen und das Anerkennen dieser als relevante Hinweise auf Lern- und Bildungsprozesse ermöglicht es, Irritationen für Lernanlässe nutzbar zu machen« (Roth 2021, S. 44). Ausbildungssupervision (insbesondere durch externe Supervisor*innen aus Sozialer Arbeit) bietet hier unseres Erachtens eine wichtige Möglichkeit zur Reflexion des in den Praxisphasen Erlebten und der Verknüpfung der Erfahrungen als Berater*in mit der eigenen Person. Zugleich scheint dieser Lernort uns in spezifischer Weise geeignet, die von Graßhoff und Schweppe (2012) skizzierte Gefahr der »unzulässige[n] Zu- und Übergriffe auf das ›Private‹ der Studierenden« (ebd., S. 247) innerhalb der Hochschullehre zu vermeiden, indem ein besonderer von den üblichen Bewertungszwängen freigesetzter und vom üblichen Hochschulsetting getrennter Raum zur Reflexion und Bewältigung krisenhafter Erfahrungen eröffnet wird. Im Sinne der »Learning Loops« von Widulle (2016) scheint eine Verknüpfung und wechselseitige Bezugnahme zwischen Praxisphasen, Ausbildungssupervision und in den Modulen verankerter Beratungslehre sinnvoll. So könnten etwa zentrale beratungsrelevante Themen, mit denen wahrscheinlich viele Studierende in den Praxisphasen konfrontiert werden und die damit auch in der Ausbildungssupervision eine Rolle spielen – etwa Fragen zu Abgrenzung und Selbstsorge, Umgang mit (Nicht-)Freiwilligkeit in Beratungssettings etc. –, auf einer allgemeineren und stärker von der persönlichen Erfahrung abgehobenen Ebene in den Beratungsmodulen bearbeitet werden. Je nach Verankerung der Beratungslehre im Studienverlauf könnten etwa Reflexionsmöglichkeiten für die noch bevorstehende Praxisphase angeboten und erarbeitet werden (Selbstreflexionsbögen, strukturierte Lerntagebücher etc.) oder (nach der Praxisphase) beratungsbezogene Themen aus Praxis und Ausbildungssupervision in der Beratungslehre aufgegriffen und vertieft werden.

## 7.2 Erfahrungen aus Praxisphasen im Studium als Quellen für Beratungslernen

Vor dem Hintergrund, dass die grundlegende Möglichkeit zur Inanspruchnahme von Ausbildungssupervision sowie deren Ausgestaltung wie beschrieben zwischen den verschiedenen Hochschulstandorten deutlich variiert, möchten wir an dieser Stelle verschiedene Ansatzpunkte der Reflexion von Praxiserfahrungen sowie in den folgenden Kapiteln abschließend zwei konkrete Methoden vorstellen, die sich unseres Erachtens auch außerhalb von Supervisionsformaten in die Beratungslehre an Hochschulen (innerhalb von Modulen explizit zu Beratung, aber auch allgemeiner zu Handlungsmethoden, Professionalität oder Praxisbegleitung) integrieren lassen.

Psychosoziale Beratung ist im Wesentlichen personale »Begegnung« (Buber 1983, ▶ Kap. 2.1) bzw. innerhalb einer vertrauensvollen Beziehung zwischen Berater*in und Klient*in realisiertes professionelles Handeln. Dieses professionelle Handeln erfordert »eine reflektierte, theoretisch begründbare und nur tendenziell lehrbare Beziehungsgestaltung mit KlientInnen entlang eines klaren Rollenverständnisses« (Gahleitner 2017, S. 36). Wenngleich die Beziehungsgestaltung nur begrenzt lehrbar scheint (▶ Kap. 5.2), so können doch zentrale Momente der Kontaktaufnahme, Beziehungsgestaltung und des Rollenhandelns erschlossen und reflektiert werden.

### »Ein Mensch kommt zu mir in die Beratung«

Für die bewusste Auseinandersetzung mit den Zugangsmomenten in Beratungsprozessen empfehlen wir eine Reflexionsübung in Anlehnung an Silke B. Gahleitner und René Reichel (2013, S. 164 f.). Anhand der Analyse der Ausgangssituation – »Ein Mensch ... kommt ... zu mir ... in die Beratung« – werden verschiedene Aspekte verdeutlicht: »Ein Mensch ... was ist das? Aus traditionell therapeutischer Sicht ist er ein ›Fall‹, der behandelt werden muss. Aus neoliberaler Sicht ist sie eine ›Kundin‹, aus sozialarbeiterischer Sicht ein ›Adressat‹ oder eine ›Klientin‹ [...]« (Gahleitner & Reichel 2013, S. 164) (siehe Übung 7.1 und 7.2). Gahleitner und Reichel (2013, S. 164) beschreiben weiterhin verschiedene Aspekte der konkreten individuellen Begegnung zwischen einem bestimmten Menschen und eine*r bestimmten Berater*in: »Vieles ›weht mich an‹, wenn er oder sie forsch oder schüchtern hereinkommt, mich kurz oder lange anschaut, mir die Hand entgegenstreckt oder nur wartet – bevor noch eine Frage gestellt ist oder gesagt wird, ›worum es geht‹, ist schon viel passiert«. Und weiter: »Auch wenn ich nur diesen einen Menschen vor mir sehe. Er ist nicht alleine da. Er bringt alle Menschen mit, die zu ihm bzw. seinem Problem eine Meinung haben« (ebd., S. 165). Die Ebene »er kommt ...« adressiert insbesondere die Kontexte, die zum Kommen und Da-Sein motiviert haben, und die häufig nicht von Freiwilligkeit bestimmt sind. In vielen Kontexten (Klinischer) Sozialer Arbeit

> »hat man es [...] mit Menschen zu tun, in deren Sozialisation Freiwilligkeit eine geringere Rolle gespielt hat. Das Leben vieler dieser Menschen besteht vorwiegend aus dem, ›was zu tun ist‹, evtl. noch aus dem konsequenten Widerstand dagegen. Zusätzlich gibt es krank-

heitsbedingte Einschränkungen etwa bei Sucht (Hüther 2008). Da gibt es wenig Spielraum für die Frage ›Will ich das wirklich?‹« (ebd.).

»Ein Mensch kommt ... zu mir« – Gahleitner und Reichel verweisen hier u. a. darauf, dass Menschen, die Beratung in Anspruch nehmen, zunächst v. a. eine bestimmte Institution oder Organisation aufsuchen und mithin die Berater*in zuallererst als Repräsentant*in dieser Institution/Organisation und einer Profession gesehen wird. »Wie aber sieht mich der Mensch vor mir? Als Dienstleisterin, die seine Wünsche erfüllen soll? Als strenge Behörde, vor der er seine Probleme verbergen oder rechtfertigen muss?« Zugleich sind die Berater*innen in Beratungsprozessen von Beginn an auch als Personen mit eigenen Erwartungen und Vorerfahrungen involviert. »In die Beratung« verweist als letzter Aspekt auf die professionelle Handlungsform und das Setting, innerhalb dessen sich diese vollzieht.

Für Studierende kann es eine gewinnbringende Möglichkeit sein, die Ebenen »Ein Mensch ... kommt ... zu mir ... in die Beratung« vor dem Hintergrund ihrer eigenen Praxiserfahrungen zu reflektieren. Also beispielsweise zu hypothetisieren, welche Bilder von Beratung oder Sozialer Arbeit die Klient*innen im eigenen Praxisfeld mitbringen, welche Gründe zum »Kommen« motivieren oder welche weiteren Personen des Systems mit dabei sind. Es erscheint zentral bedeutsam, insbesondere die Eingangsmomente in Beratungsprozesse sensibel wahrzunehmen und zu reflektieren, da sie eine wichtige Basis für die Entwicklung einer professionellen Arbeitsbeziehung legen.

## Reflexion des Rollenhandelns in Beratungsbeziehungen

Werner Pfab (2020) weist berechtigt darauf hin, dass die Beziehung in psychosozialer Beratung nicht verkürzt »nur« mit den Basisvariablen der Gesprächspsychotherapie nach Rogers – Empathie, Wertschätzung, Kongruenz – gleichgesetzt werden kann. Beratungssituationen sind hingegen deutlich komplexer:

> »Die Beratungssituationen, um die es hier geht, sind eingebunden in einen institutionellen Kontext, finden in kulturell bestimmten Rahmenverhältnissen statt, sind unmittelbare Begegnungssituationen zwischen individuellen Personen, sie sind Arbeitssituation, sie können überlagert werden von ›Spiel‹-Bedürfnissen der Beteiligten und ihren Bedürfnissen nach emotionaler Bindung und sie sind Kooperationsbeziehungen – und dies alles gleichzeitig« (ebd., S. 13).

Auch nach Bauer und Weinhardt (2016a, S. 209) charakterisiert sich die »Begegnung« in Beratung durch ein

> »widersprüchliches Verhältnis von rollenförmigen und diffusen Beziehungsanteilen, das nicht einseitig auflösbar ist, sondern in spezifischer Weise vermittelt werden muss. Dabei ist mit diesen professionstheoretischen Bestimmungen nur sehr grob gefasst, was sich in der konkreten Situation und Fallarbeit als komplexe Anforderung darstellt: Einerseits rollenbezogene Anforderungen und Aufgabenstellungen vor dem Hintergrund institutioneller Zuständigkeit zu thematisieren und gegenüber den AdressatInnen in angemessener Weise transparent zu machen (Bauer 2014), andererseits sich auf eine zwischenmenschliche Begegnung einzulassen, in der auch der/die Professionelle als ganze Person sichtbar und angesprochen wird und damit auch vielfältige Persönlichkeitsanteile wirksam werden«.

»Die Beziehung« in psychosozialer Beratung ergibt sich demnach aus einem Wechselspiel und einer Überlagerung verschiedener personaler Rollen, Beziehungsqualitäten und Beteiligungsweisen. Hieraus ergeben sich unterschiedliche Anforderungen wie auch Paradoxien und Widersprüche (Pfab 2020). Nach Pfab (2020) ist es für eine gelingende Beziehungsgestaltung von Seiten der Professionellen erforderlich, die verschiedenen Beziehungsdimensionen in ihrer jeweiligen Eigenlogik zu kennen und Folgerungen für das konkrete Beratungshandeln abzuleiten. In seinem Buch »Kompetent beraten in der Sozialen Arbeit. Bausteine für eine gute Beratungsbeziehung« charakterisiert Pfab verschiedene Formen von Beratungsbeziehungen (und inhärenten Rollenzuweisungen) und verweist praxisnah und anschaulich auf die Anforderungen, die sich für beratende Personen ergeben. Er unterscheidet hierbei u. a. zwischen

- einer professionellen Arbeitsbeziehung (zwischen dem*der Vertreter*in einer Institution und einem Menschen, der eine Beratungsstelle aufsucht)
- einer (asymmetrischen) Beziehung zwischen Expert*in und Lai*in
- einer emotionalen Beziehung von Menschen mit unterschiedlichen Affektprofilen und Bindungserfahrungen
- ggf. einer medialen Beziehung (in Online-Beratungen)
- einer »Spiel«-Beziehung bzw. einer Variation von Beziehungsspielen
- einer Beziehung zwischen Menschen mit unterschiedlichen kulturellen Orientierungen.

Es fehlt hierbei bewusst ein explizites Kapitel über Beratung als »Machtbeziehung«. »Dass Macht in Beratungssituationen eine Rolle spielt, steht außer Frage. ›Macht‹ spielt sogar in jeder der Beziehungen eine Rolle:

- in der professionellen Beziehung in Gestalt von Kontrolle und Vollstreckung,
- in der Experten-Laien-Beziehung in Gestalt von Deutungsmacht und Wissensvorsprung,
- in der medialen Beziehung in Gestalt von Kontakt-Kontrolle,
- in der Bindungsbeziehung in Gestalt von Verstrickungen
- und in der Spiel-Beziehung in Gestalt von Machtspielen« (Pfab 2020, S. 15).

Vor diesem Hintergrund betrachtet Pfab (2020) Macht in Bezug auf alle jeweiligen Beziehungsqualitäten und stets mit Blick auf Macht von Berater*in als auch Klient*in.

In der Reflexion von Praxiserfahrungen kann eine explizite Betrachtung der verschiedenen Beziehungsebenen und die Diskussion der inhärenten Eigenlogiken, Rollenmuster und Aufträge (▶ Kap. 6.3) zum Beispiel anhand von durch Studierende eingebrachten Fallberichten hilfreich sein, um sowohl für den*die falleinbringende Studierende als auch für die anderen Mitglieder der Seminargruppe neue Handlungsorientierungen und -optionen für ähnliche Beratungssituationen zu eröffnen. Hier bietet sich als Vertiefung auch die Methode des Auftragskarussells an (Schlippe, 2016; Schlippe & Kriz 1996; Schlippe & Molter 2012).

Einen ersten Zugang zur Beschäftigung mit den verschiedenen Rollen- und Beziehungsmustern in Beratungsprozessen kann nach unserer Erfahrung auch die allgemeine Diskussionsfrage eröffnen, wie die Personen bezeichnet werden, die Beratung in Anspruch nehmen (siehe Übungen 7.1 und 7.2). Diese Übungen bieten sich auch gut als Einführung an, bevor etwa die Schematisierung der Rollen von Klient*innen in Beratungsbeziehungen nach de Shazer (2022) vorgestellt wird (▶ Kap. 6.3).

> **Übung 7.1: Einzelreflexion (mit anschließender Diskussion in der Seminargruppe)**
>
>
>
> Welche Begriffe kennen Sie, die für die Benennung der Personen, die Beratung in Anspruch nehmen, verwendet werden? Wie unterscheiden sich die Begriffe in verschiedenen Feldern, zu unterschiedlichen Anlässen, in der Außendarstellung vs. im Team etc.? Stellen Sie sich vor, Sie suchen für ein bestimmtes Problem, welches Sie aktuell beschäftigt, Beratungsstelle XY auf. Welchen Begriff würden Sie aus dieser Sicht bevorzugen?

> **Übung 7.2: Kund*in, Klient*in, Hilfebedürftige*r ... – Diskussion von Begriffen**
>
>
>
> Auf einem Flipchart werden die untenstehenden Begriffe präsentiert. Die Seminarteilnehmenden werden gebeten, frei ihre Assoziationen zu den Begriffen auf Moderationskarten zu schreiben und neben den Begriffen zu befestigen. Anschließend können in der Runde bisherige Erfahrungen mit den Begriffen im Praxissemester, in studienbegleitenden Praxistätigkeiten oder in eigenen Unterstützungsprozessen geteilt werden. Abschließend kann die Gruppe Hypothesen bilden, in welchen Kontexten diese Begriffe aus welchen (guten) Gründen von Professionellen verwendet werden:
>
> - Ratsuchende*r
> - Kund*in
> - Lai*in
> - Klient*in
> - Hilfebedürftige*r
> - Adressat*in
> - Expert*in des eigenen Lebens
> - Coachee
> - Auftraggeber*in
> - Mandant*in
> - Leistungsempfänger*in
> - Index-Klient*in
> - Besucher*in
> - etc.

## Reflexion von inneren Resonanzen

John McLeod und Julia McLeod (2011) beschreiben als Schlüsselkompetenz von Berater*innen die Fähigkeit, sich während der Beratungsinteraktion selbst zu beobachten: »A good counsellor listens to their client, and at the same time listens to themself listening to the client« (ebd., S. 61). Diese Selbstbeobachtungsprozesse können Studierende einerseits in den Beratungsübungen und Rollenspielen in Seminaren erproben, andererseits eignen sich Erfahrungen in den Praxisphasen hierfür bestens.

McLeod und McLeod nennen beispielhaft verschiedene Gefühle, körperliche Reaktionen, Gedanken, innere Bilder und Verhaltensimpulse von Berater*innen, die sie im Beratungshandeln bei sich selbst beobachten können:

- Gefühle: unbestimmtes Gefühl, dass etwas ungesagt bleibt; ein Gefühl von Hoffnungslosigkeit oder Verzweiflung.
- spezifische Emotionen: Wut, Traurigkeit, sexuelle Erregung, Langeweile, Angst.
- körperliche Reaktionen: Bauchgrummeln, Juckreiz, Gähnen, Schmerzen.
- Handlungsimpulse: weglaufen, sich annähern, verharren.
- innere Bilder: der*die Klient*in als Kind in der Schule, der*die Berater*in als Verhörende*r.
- Phantasien: Wir befinden uns in einer Schachpartie, es ist wie eine Szene aus Rotkäppchen (ebd.).

Die Autor*innen unterscheiden drei Quellen für die benannten Reaktionsformen.

1. Die Reaktion kann durch etwas hervorgerufen sein, das im Leben der beratenden Person geschieht. So kann ein*e Berater*in vor dem Hintergrund eigener Lebenskrisen (z. B. Verlust einer nahestehenden Person) bereits vor der Beratung traurig sein und spürt in der Beratung weiterhin dieses Gefühl (sowie etwa auch damit einhergehende körperliche Reaktionen, z. B. Engegefühl im Hals, Frösteln, Handlungsimpulse, z. B. auf der Couch »einigeln« etc.). Es ist wichtig, dass Berater*innen sich ihrer selbst ausreichend bewusst sind, um unterscheiden zu können, zwischen Reaktionen in einer Beratungssituation und auf Klient*innen, die aus ihrem »own personal ›stuff‹« entstehen und den Reaktionen »that represent some kind of capacity to ›resonate‹ to the reality of the client« (ebd.).
2. Innere Resonanzen, die eine beratende Person in Beratung bei sich selbst beobachtet, können auch dadurch erklärt werden, dass sich ihnen Aspekte dessen widerspiegeln, was der*die Klient*in gerade erlebt. In diesem Sinne ist der*die Berater*in im konkreten Moment sensibel auf den*die Klient*in »eingestimmt« und nimmt unausgesprochene Facetten dessen wahr, was der*die Klient*in fühlt und denkt. Ein*e Klient*in spricht etwa über positive Hoffnungen für die Zukunft, wobei die beratende Person bei sich selbst Traurigkeit und Schwere wahrnimmt. Dies kann als Hinweis interpretiert werden, dass der*die Klient*in ein gewisses Gefühl des Verlustes angesichts der Entscheidung empfindet, in seinem Leben in eine neue Richtung weiterzugehen.

3. Eine dritte Interpretationsmöglichkeit sehen McLeod und McLeod darin, dass der\*die Berater\*in auf die ratsuchende Person in ähnlicher Weise reagiert, wie es andere Menschen tun. Das Leben der Person kann zum Beispiel voller Widersprüche und nicht eingehaltener Versprechen sein, weshalb Freund\*innen und Familienangehörige frustriert, enttäuscht und wütend auf sie sind. Möglicherweise fühlt der\*die Berater\*in sich ebenfalls enttäuscht und wütend und verspürt den Handlungsimpuls, die Beratung schnellstmöglich zu beenden, da sowieso keine Erfolgsaussichten bestehen (ebd.).

Ein achtsames Gewahr-Werden der eigenen Reaktionen und die Reflexion der Entstehung kann helfen, diese inneren Erfahrungen produktiv in Beratungsprozessen zu nutzen.

Die Reflexion der inneren Resonanzen von Berater\*innen und deren Kontextualisierung in der Beziehung zwischen Berater\*in und Klient\*in wird in analytisch orientierten Ansätzen mit den Phänomenen von Übertragung und Gegenübertragung gerahmt und spielt insbesondere in pädagogisch-psychoanalytischer Beratung eine zentrale Rolle (vgl. u. a. Dörr 2016).

> »Bei der Reflexion dieser von der psychoanalytischen Theorie her kommenden als emotional wirksam betrachteten interpersonalen Mechanismen geht es einerseits um eine selbstreflexiv angelegte Verortung der eigenen Anteile an dem, was sich in der Interaktion mit AdressatInnen formt und herausbildet. Es geht andererseits aber ebenso um das Reflektieren von ausgelösten und wahrnehmbaren Gefühlen vor dem Hintergrund der von den AdressatInnen reinszenierten Beziehungsmuster« (Bauer & Weinhardt 2016a, S. 210).

## Reflexion subjektiver Theorien

Neben der Reflexion innerer Resonanzen insbesondere in Form von Gefühlen erscheint auch eine Bewusstmachung handlungsleitender Deutungsmuster und internalisierter, oft nicht unmittelbar greifbarer Überzeugungen als zentrale Etappe der »Reise von Berater\*innen«. Der Zugang zu verinnerlichten Denk- und Reaktionsmustern und das »Bewusstmachen mitgebrachter, handlungsleitender Subjektiver Theorien« (Wahl 2002, S. 238) kann über die Reflexion konkreter Praxiserfahrungen gefördert werden – ein erster Schritt zur notwendigen reflexiven Bearbeitung (ebd.).

Subjektive Theorien können dabei nach ihrer Reichweite klassifiziert werden (vgl. Groeben et al. 1988; Wahl 2002, 2013), die sich in Abhängigkeit des Wirkumfangs der darin abgebildeten Konzepte unterscheidet. Subjektive Theorien geringer oder kurzer Reichweite werden auf einer konkreten Handlungsebene wirksam (z. B. Umgang mit eine\*r nicht-kooperativen Klient\*in im Beratungserstgespräch), während subjektive Theorien mittlerer und hoher Reichweite diese konkrete Handlungsebene verlassen, an abstrakten Konzepten ansetzen und nach Wahl (2010, S. 1) »komplexe Kognitionen der Selbst- und Weltsicht« sind. »Sie zeichnen sich durch theoretische Konstrukte, Hypothesen und eine Argumentationsstruktur aus« (Kindermann & Riegel 2016).

Relevant für Beratungslernen sind dabei insbesondere subjektive Theorien geringer Reichweite. Diese sind in Form von so genannten Situationsprototypen und Reaktionsprototypen organisiert, die es ermöglichen in einer konkreten Situation schnell und effizient zu reagieren. »Rasches Handeln in dynamischen Umfeldern ist also nur möglich, wenn die Handlungsmöglichkeiten nicht völlig neu erfunden werden müssen, sondern wenn sie rasch abgerufen werden können« (ebd.). Das Handeln in sozialen Interaktionen, etwa in Beratungsgesprächen, kann nach Wahl (2002, S. 238) als »Handeln unter Druck« verstanden werden. »In wenigen Sekunden müssen Situationen analysiert und beantwortet werden. Ein Zurückgreifen auf Situations- und Reaktionsprototypen und damit auf nicht mehr voll bewusste und auch nicht mehr voll zugängliche Strukturen ist unausweichlich« (ebd.).

Die prototypischen Prozesse und Strukturen, die in der konkreten Situation handlungserklärend und -steuernd sind, sind den Handelnden dabei also selbst nicht unmittelbar bewusst. Die Strukturen sind zudem biographisch entstanden und vielfältig innerhalb anderer subjektiver Theorien (unterschiedlicher Reichweite) vernetzt. Eine Veränderung dieser internalisierten und biographisch geformten subjektiven Theorien ist nicht ohne weiteres möglich, denn »ihre Veränderung bedeutet zumindest vorübergehend den Verlust von Verhaltenssicherheit« (ebd., S. 232). Wahl (2002, S. 232) empfiehlt einen mehrschrittigen Prozess, um subjektive Theorien zu modifizieren: »In einem ersten Schritt müssen sie ins Bewusstsein gerufen werden. In einem zweiten Schritt müssen sie reflexiv bearbeitet werden und in einem dritten Schritt müssen neue handlungsleitende Prototypenstrukturen entstehen«. Ein besonderer Fokus liegt dabei auf dem Bewusstmachen der handlungsleitenden, biographisch geformten subjektiven Theorien geringer Reichweite.

Sandra Jent und Ninenta Scura (2022) nennen in einem Vortrag auf der 2. Berner Tagung »Beratung lehren – Erfahrungen und Reflexionen aus Wissenschaft und Praxis« beispielhaft folgende subjektive Theorien geringer Reichweite (formuliert als Appelle an sich selbst), die in ersten Beratungserfahrungen bei Studierenden – z. B. im Handeln als Berater*innen in Rollenspielen, das erfahrungsgemäß von allen unmittelbar als das von Wahl (2002, S. 238) beschriebene »Handeln unter Druck« erlebt wird – handlungssteuernd sein könnten:

- Hilf der Person, indem du die beste Lösung findest!
- Werde nicht zu persönlich, sonst überschreitest du eine Grenze, die du nicht überschreiten darfst!
- Bring eine*n Klient*in nie dazu, dass er*sie weinen muss!
- Wichtig ist, dass ich alles gesagt habe!
- Es liegt an dir!
- Mach die »Büchse der Pandora« nicht auf, vor so viel Elend kannst du dich nicht mehr retten!

Ansatzpunkte zum Bewusstmachen subjektiver Theorien, die im Beratungshandeln wirksam werden, bieten dabei Praxiserfahrungen ebenso wie die Erfahrungen in Rollenspielen (▶ Kap. 5.2). Eine erste Beschäftigung mit subjektiven Theorien und internalisierten, oft nicht unmittelbar greifbaren Überzeugungen ist unseres Erachtens auch und gerade über die Reflexion der Rolle als Klient*in oder aus der

Beobachter*innen-Position möglich, u. a. da diese Rollen mit keinem oder mindestens einem subjektiv deutlich geringeren Erwartungsdruck an eine gute »Performance« und die korrekte Anwendung von bestimmten Gesprächstechniken, Beratungsmethoden etc. verknüpft ist. Hier fällt entsprechend auch die Fokussierung auf eigene Handlungsimpulse und die Reflexion und Analyse der zugrunde liegenden prototypischen Denk- und Reaktionsmuster (z. B. »Ich möchte es der*dem Berater*in recht machen!«) möglicherweise leichter. Eine gezielte Selbstbeobachtung und auch die Wahrnehmung von überraschenden oder auf den ersten Blick als nicht zum eigenen Selbstbild passenden subjektiven Theorien kann hier im Rollenhandeln jenseits der »Profi-Rolle« eingeübt werden. Ebenso kann aus der Beobachter*innen-Rolle ein grundlegender Zugang zum Konzept subjektiver Theorien über einen Perspektivwechsel erarbeitet werden, indem die Beobachtenden etwa Hypothesen zu möglichen subjektiven Theorien, die dem Interaktionshandeln der Berater*in, aber auch der Klient*in zugrunde liegen, bilden. In einem späteren Schritt sollte dann die Selbstbeobachtung insbesondere in der Berater*innen-Rolle erfolgen, sodass die handlungsleitenden subjektiven Theorien im Beratungshandeln erschlossen werden. Hilfreich können hierbei Rollenspiele mit der »Szene-Stopp-Reaktion«-Methode (Wahl 2013) sein. Bei dieser Methode wird im Rollenspiel z. B. eine bestimmte herausfordernde Situation eines Beratungsgesprächs dargestellt (Szene) und dann an einer bestimmten Schlüsselszene abrupt beendet (Stopp). Die beratende Person schreibt nun unmittelbar ihren Handlungsimpuls und die damit verbundenen Gedanken und Gefühle auf (Reaktion). Aktiviert werden hier also mutmaßlich subjektive Theorien geringer Reichweite, die die Handlungsimpulse begründen. Anschließend werden diese diskutiert und mögliche Handlungsalternativen erarbeitet. Sehr fruchtbar kann es hierbei sein, mit Videosequenzen zu arbeiten (▶ Kap. 5.3). In der Szene wird den Seminarteilnehmer*innen eine unbekannte herausfordernde Situation (z. B. eine zu beratende Person kommt wiederholt viel zu spät zum vereinbarten Termin; Familienberatung mit Eltern und Kind: ein Elternteil beantwortet direkt von der beratenden Person an das Kind gerichtete Fragen stellvertretend und ohne überhaupt eine Reaktion des Kindes abzuwarten) veranschaulicht und das Video an einer vorgegebenen Stelle abrupt gestoppt. Nun notieren alle Teilnehmer*innen spontan, wie sie mit der Situation umgehen würden, und es erfolgt eine gemeinsame Diskussion. Alternativ kann die Szene unmittelbar nach der Vorführung (ohne zwischenzeitlichen Austausch) auch im Partner*innen-Rollenspiel durchgeführt werden, in dem die beratenden Personen möglichst spontan reagieren und die Reaktionen direkt im Anschluss notieren. Auch hier werden die gespielten Handlungen sowie die damit verknüpften Gedanken und Gefühle anschließend gemeinsam ausgewertet und diskutiert. In der »Szene-Stopp-Reaktion«-Methode werden die Teilnehmenden durch den Stopp zu einer unmittelbaren Reaktion veranlasst und das simulierte Handeln kommt dem »Handeln unter Druck« des Alltags nahe (Mays et al. 2013).

Anhand der Reflexion der konkreten praktischen Erfahrungen (im Praxissemester, in Rollenspielen, Beratungsübungen etc.) können subjektive Theorien geringer Reichweite bewusst gemacht werden, die konkretes Handeln im Beratungsprozess beeinflussen. Wie beschrieben sind diese Theorien häufig biographisch tief verankert und eng mit anderen subjektiven Theorien verknüpft. Hilfreich zur reflexiven Bearbeitung können hier weiterführende Zugänge zu den biographischen Erfahrungen und Lernerfahrungen sein, die zur Ausbildung der Theorien geführt haben. In diesem Sinn können individuell relevante Themen, die sich in den subjektiven Theorien abbilden, über die Beschäftigung mit konkreten Praxiserfahrungen erschlossen und weiterführend beispielsweise in Form von vertiefenden Selbstreflexionsformaten bearbeitet werden (▶ Kap. 8.3). Weiterhin erscheinen für die reflexive Bearbeitung eine gute Feedback-Kultur (in Peer-Formaten, Kleingruppen und Gesamtseminargruppe) und Formate zur Erarbeitung von Handlungsstrategien (z. B. Szene-Stopp-Reaktion, s. o.) sowie zur Verknüpfung der Praxiserfahrungen mit theoretischen Kenntnissen und empirischen Befunden (und damit auch die Vernetzung der subjektiven Theorien geringer, mittlerer und höherer Reichweite) hilfreich.

## Reflexion von Ressourcen

Insbesondere die Reflexion subjektiver Theorien, aber auch von inneren Resonanzen kann für Studierende eher mit einem Defiziterleben verknüpft sein. So zielt die Bewusstmachung handlungsleitender, biographisch geformter subjektiver Theorien u. a. darauf ab, diese im Folgenden reflexiv zu bearbeiten und neue Prototypenstrukturen zu bilden; in diesem Sinne also vor allem Denk- und Handlungsmuster aufzuzeigen, die möglicherweise die eigenen Perspektiven in Beratungsprozessen in einer hinderlichen Weise begrenzen. Entsprechend lädt die Reflexionsebene der subjektiven Theorien eher zur Fokussierung auf eigene Imperfektionen, tote Winkel und Verbesserungspotentiale ein.

Unserer Erfahrung nach gehen viele Studierende sehr selbstkritisch mit ersten Erfahrungen von Beratungshandeln um. Entsprechend unseres systemischen Zugangs zu Hochschullehre scheint es uns besonders wichtig, unbedingt eine ressourcenorientierte Haltung einzunehmen und in der Reflexion von Praxiserfahrungen explizit auch zur Reflexion von Ressourcen einzuladen.

Der Ressourcenterminus ist dabei in der Literatur durch eine Uneindeutigkeit bestimmt (Schubert & Knecht 2015; Willutzki 2013). Anschließend an Nestmann (1996) fassen wir Ressourcen in einem weiten Verständnis: »Letztlich alles, was von einer bestimmten Person in einer bestimmten Situation wertgeschätzt und/oder als hilfreich erlebt wird, kann als eine Ressource betrachtet werden« (Nestmann 1996, S. 362). Ressourcenorientierung als *Haltung*, die mit dem grundlegenden *Einnehmen einer Perspektive* auf Ressourcen einhergeht, bezieht sich eben nicht nur auf das Wahrnehmen von Kraftquellen, Fähigkeiten, Fertigkeiten, Kompetenzen und Potentialen intersubjektiver Hilfeformate, sondern impliziert auch das intrasubjektive Selbstverhältnis (Paulick 2019).

Als Methode zur Erschließung von Ressourcen eignet sich etwa die »Ressourcen-Dusche« in abgewandelter Form. Anschließend an die Reflexion einer Praxiserfahrung, die z. B. in Form einer Erzählung, Fallbeschreibung, eines ethnographischen Praxisprotokolls oder eines Rollenspiels von eine*r Seminarteilnehmer*in in die Gruppe eingebracht wurde, erfolgt abschließend eine »Ressourcen-Dusche«. Es werden alle Teilnehmenden gebeten, Ressourcen zu benennen, die sie bei der betreffenden Person wahrgenommen haben, und die Person mit diesen Ressourcen zu »duschen« bzw. zu »überschütten«. Hilfreich kann es hierfür sein, wenn einige zentrale ressourcen-fokussierende Fragen durch den*die Seminarleitung auf einem Flipchart notiert sind (z. B. »Welche Dinge kann XY besonders gut?«, »Was hat Sie positiv beeindruckt?«, »Was ist XY gut gelungen?«, »Welche besondere Stärke hat XY in der Situation geholfen?« etc.). Die Person, die die »Ressourcen-Dusche« erhält, wird dabei gebeten, das Gehörte nicht zu kommentieren und die Dusche zu genießen (auch wenn dies einigen Teilnehmenden sicherlich schwerfällt). Die Ressourcen-Dusche kann auch als Selbstreflexionsübung eingesetzt werden (▶ Kap. 8.3). Als weitere Übung, die ebenfalls mit einer Metapher arbeitet, kann der »Ressourcen-Strauß« angeboten werden. Hier erhalten die betreffenden Personen die Ressourcen in Form gemalter und mit den Ressourcen beschrifteter Blumen und können selbst entscheiden, welche Blumen sie für ihren Strauß auswählen.

## Formate zur Schilderung von Praxiserfahrungen

Erfahrungen aus Praxisphasen können in unterschiedlicher Form in Seminarkontexte eingebracht werden: Die Möglichkeiten reichen von spontanen mündlichen Berichten (anlassbezogen oder zu bestimmten Themenstellungen) über strukturierte Formate zum Einbringen und Diskutieren (z. B. in Form kollegialer Fallberatung, ▶ Kap. 7.4, oder des Reflecting Teams, ▶ Kap. 7.5) bis zu schriftlichen Formaten der Erfahrungsdarstellung, in Form von kasuistischen Fallberichten, Beobachtungsprotokollen oder ethnographischen Fallprotokollen (▶ Kap. 7.3).

Sabine Ader (2021, S. 162) beschreibt das besondere Potential, dass die Einbringung von Erfahrungen aus der Praxisphase in Lehrveranstaltungen bietet:

> »Werden Fälle bzw. konkrete Situationen aus der Berufspraxis in praxisbegleitende Lehrveranstaltungen der Hochschule mitgebracht, so entsteht zwangsläufig eine Distanzierung von der real erlebten Begebenheit. Mit zeitlichem Abstand können ›Draufsicht‹ und Nach-Denken über das Erfahrene erfolgen. Gleichzeitig bleiben die in Seminare eingebrachten Fälle immer verknüpft mit dem Erleben, den Emotionen und den inneren Bildern derjenigen, die diese mitbringen. Ohne eigene Praxiserfahrung redet es sich weitaus theoretischer, sachlicher und einfacher über Nähe und Distanz, als wenn ein Kind in einer Wohngruppe einer Studierenden in großer Wut ins Gesicht gespuckt hat. Denn erst mit dieser Erfahrung kann die Wut, vielleicht auch die Verzweiflung oder die Angst des Kindes gespürt werden. Oder auch das eigene Erschrecken darüber, das Empfinden von Entwürdigung oder Ekel bei der Studierenden selbst. Die Kraft des kasuistischen Raums liegt genau in dieser Spannung von kognitiver/analytischer Distanzierung (zur realen Situation) und emotionaler Teilhabe, weil es – anders als vor der begleiteten Praxisphase – Anschauungen, Affekte und ein inneres Erleben zu den eingebrachten Praxissituationen gibt.«

Die Arbeit mit Praxiserfahrungen ermöglicht damit vor allem die Einsicht darin, dass Handlungssituationen mehrdeutig sind und es für ein und dieselbe Situation verschiedene Interpretationen geben kann. Ader (2021, S. 162) fasst die strukturierte Arbeit mit Fällen bzw. das Berichten von Handlungspraxis dabei als

> »professionelle Suchbewegung, die die individuell-fachliche Perspektive der falleinbringenden Fachkraft weitet und die Komplexität einer sozialen Situation breiter entfaltet, so dass der Gegenstand der Analyse und des Verstehens zunächst noch komplexer und un-

eindeutiger wird, als er ohnehin i.d.R. schon ist. Es geht um die bewusste Irritation eingeübter Wahrnehmungs- und Deutungsmuster«.

Bezugnehmend auf Reinhard Hörster (2018) benennt sie drei zentrale Strukturmerkmale, die für die Rahmung dieser »Verstehensarbeit« bedeutsam sind:

1. Vorliegen eines konkreten Fallberichts (in Form einer mündlichen Erzählung, eines schriftlichen Fallprotokolls, einer Ton-/Videoaufzeichnung)
2. Möglichkeit zur Reflexion in einem Lern- und Bildungsraum als handlungsentlasteten Ort
3. Verlagerung, d.h. »eine zeit- und räumliche Entkoppelung von der konkreten Situation, die die Alltäglichkeit des Verstehens unterbricht und es ermöglicht, weitere Lesarten eines Falls zu generieren und neue Sinnhorizonte darin zu erkennen« (Ader 2021, S. 162).

Anschließend an die »Verstehensarbeit« schließt sich nach Ader der wichtige Schritt der fachlichen Hypothesenbildung an. Bedeutsam ist es also, aufbauend auf dem Verstehensprozess zentrale Schlussfolgerungen zu ziehen, die das weitere Handeln im konkreten Fall wie auch das professionelle Handeln in ähnlichen Situationen betreffen.

Als geeignete Formate kasuistischen Lernens in praxisbegleitenden Lehrveranstaltungen nennt Ader zum Beispiel kollegiale Beratung (▶ Kap. 7.4) oder die Arbeit mit Beobachtungsprotokollen. Die Erstellung schriftlicher Dokumente, in denen eigene Erfahrungen aus Praxisphasen festgehalten werden, stellt dabei nach Ader (2021, S. 172) an sich ein zentrales Lernmoment dar, denn es ist »ein wichtiger Lernprozess für angehende Fachkräfte, ihre Wahrnehmungen zu dokumentieren, da dies ein bedeutsamer und mitunter für Adressat*innen folgenreicher Akt des professionellen Handelns ist: durch das Dokumentieren werden Wirklichkeiten erzeugt«. In der Reflexion kann es ein wichtiger Lernprozess sein, zu erkennen, dass die Beschreibung immer an die (eigene) Person gebunden bleibt, und zu erkennen, welche impliziten Vorannahmen und subjektiven Theorien (s.o.) sich in der Darstellung abbilden (vgl. Ader 2021; Aghamiri 2021; Völter 2008).

Graßhoff und Schweppe (2012, S. 248) verweisen in ähnlicher Weise auf die besonderen Potentiale in der Fallarbeit und der Befremdung der eigenen Praxis, die eine unmittelbare Konfrontation mit sich selbst impliziert:

»Befremdungsprozesse durch das Richten anderer Aufmerksamkeitsperspektiven auf den Fall, durch Fragen wie zum Beispiel ›Wie hätte der Fall auch anders gedacht und behandelt werden können?‹ [und] ›Welche Aspekte sind zu kurz dargestellt oder ausgeblendet worden?‹ können eigene normative Erwartungen, Einstellungen und Haltungen gegenüber Adressatinnen und Adressaten, Milieus, Verhaltensweisen, Altersgruppen, alltagsweltlichen Denk- und Handlungsmustern, Stereotypen, Klischees offen gelegt und vor allem durch das Suchen nach neuen Deutungs- und Handlungsmustern irritiert werden. Die Befremdung der eigenen Praxis geht notwendigerweise mit Irritationsprozessen einher; gerade hierin liegt das Lern- und Bildungspotenzial. Aber genau hierin liegt auch die Gefahr biographischer Zumutungen«.

Um die Gefahr, dass persönliche Belastungen ausgelöst werden, die im Rahmen von Hochschullehre nicht bearbeitbar sind, zu minimieren, empfehlen die Autor*innen verschiedene strukturelle Rahmungen, wie etwa die Freiwilligkeit der Teilnahme, die Anonymisierung der Fallberichte oder das Setzen deutlicher Grenzen für die Thematisierung von »Persönlichem« (wobei uns die Realisierung einer solchen Grenzziehung schwierig erscheint, da der Bezug zur eigenen Person und dem »Persönlichen« insbesondere in herausfordernden und verunsichernden Formen häufig von Studierenden vorher nicht antizipiert wird und etwa über die Arbeit zu inneren Resonanzen oder subjektiven Theorien geringer Reichweite, die für den Erwerb von Beratungskompetenz zentral ist, der sicheren Rahmen des Bekannten und Gewissen notwendigerweise in Frage gestellt wird).

## 7.3 Ethnographische Praxisprotokolle

Ethnographische Praxisprotokolle können eine wertvolle Grundlage der gemeinsamen Reflexion beruflicher Praxis in Lehrveranstaltungen sein (vgl. Aghamiri 2021; Völter 2008, 2013, 2015). Ein ethnographisches Praxisprotokoll ist ein geschriebener Text zu einer selbst erlebten oder selbst beobachteten Situation der beruflichen Praxis. Von den Studierenden werden also in schriftlicher Form selbst erlebte Handlungen, insbesondere Interaktionen, detailreich und in der konkreten Abfolge ihres Geschehens nacherzählt (Völter 2015). Hierbei geht es zunächst um eine möglichst dichte und genaue Beschreibung des Wahrgenommenen und Erlebten. Kommentierende Äußerungen wie nachträgliche Interpretationen oder erste Reflexionen sollen deutlich vom Erzähltext abgesetzt werden und werden zum Beispiel über Kursivsetzung kenntlich gemacht (ebd.).

Die Arbeit mit ethnographischen Praxisprotokollen und die Rekonstruktion einer spezifischen Situation kann einerseits zum Verstehen der inneren Logik und der Folgen von Handeln in konkreten Situationen verhelfen. Nach Bettina Völter (2015, S. 64) kann es dabei »[b]esonders wertvoll [sein,] bei der Rekonstruktion sozusagen ›auf dem Trockenen‹ situationsadäquate Handlungsalternativen zu entwerfen. Das Repertoire der professionell Handelnden wird somit erweitert«.

Vor der Entwicklung von Hypothesen zu Handlungsalternativen (► Kap. 7.2, Ader 2021) und einer Erweiterung des Handlungsrepertoires steht dabei der Prozess der Beobachtung, der Verschriftlichung in Form des Protokolls und der Rekonstruktion und Analyse des Geschehens in der Gruppe. Alle Schritte bieten dabei wertvolle Lernimpulse, wie Kathrin Aghamiri (2021) verdeutlicht: So werden Studierende etwa mit ersten Erfahrungen mit der teilnehmenden Beobachtung sowie des Forschungsstils ethnographischer Forschung bekannt gemacht, erleben im Akt des Schreibens einen »Rückzug aus der Praxis« also eine erste Distanzierung von dem Erlebten und erfahren, dass sie in der Auswahl dessen, was sie dokumentieren, bereits eine bestimmte Perspektive einnehmen, in die biographisches und wissenschaftliches Wissen einfließen. In der gemeinsamen Rekonstruktion und dem Zusammentragen verschiedener Lesarten in der Seminargruppe liegt ein besonderes Potential, in Distanz zu der eigenen Perspektive zu gehen.

»Zentral ist das Erleben des Distanzierens von der eigenen Praxis in der Auseinandersetzung mit anderen und die Rekonstruktion unterschiedlicher, mehrperspektivischer Bedeutungsperspektiven und Deutungszusammenhänge, die in der Sozialen Arbeit vorkommen und möglicherweise auch konstitutiv sind« (ebd., S. 188).

Zu solchen Deutungszusammenhängen oder Reflexionsfolien können in Lehrveranstaltungen, die dem Erwerb von Beratungskompetenzen in Sozialer Arbeit dienen, neben grundlegenden Theorien, Konzepten und Professionsverständnissen Sozialer Arbeit – wie etwa Lebensweltorientierung (Hans Thiersch) oder Lebensbewältigung (Lothar Böhnisch), das Tripelmandat (Silvia Staub-Bernasconi), Professionsverständnisse (Überblick bei Völter et al. 2020) – insbesondere auch beratungstheoretische Konzepte und Paradigmen herangezogen werden, mit denen die Studierenden bereits vertraut sind (z. B. systemische Paradigmen, ▶ Kap. 2.2, ▶ Kap. 2.6, ▶ Kap. 6).

Völter (2013) gibt eine ausführliche Anleitung zum Schreiben und Auswerten von ethnographischen Praxisprotokollen, die in Tabelle 2 zusammengefasst ist (▶ Tab. 2).

**Tab. 2:** Schreiben und Auswerten von Praxisprotokollen

| Anleitung zum Schreiben von Praxisprotokollen | Anleitung zum Auswerten von Praxisprotokollen in der Lehre |
|---|---|
| Grundlegend: Jedes Protokoll ist willkommen. | Grundlegend: Die Auswertung in der Gruppe erfordert hohe Sensibilität in der Anleitung (da die betreffenden Personen anwesend sind). |
| 1. Das Protokoll wird für eine fremde Leser*innenschaft geschrieben, die das Feld und die konkrete Praxis in diesem nicht kennt, die aber interessiert und wohlwollend ist. Die schreibende Person sollte genau erzählen, was geschieht und keine vorschnellen Interpretationen vornehmen (anstatt »Paul kommt sehr genervt in das Beratungsgespräch mit mir« z. B. eher »Paul kommt in Begleitung seiner Mutter in die Beratungsstelle, als er mich sieht, verdreht er die Augen und sagt zu seiner Mutter: ›Der Quatsch hier bringt doch eh nichts.‹ Seine Mutter, die zunächst zu mir geschaut hat, wendet sich Paul zu und antwortet in scharfem Ton: ›Das kannst du doch jetzt noch gar nicht wissen.‹«). | 1. Es werden Regeln eingeführt, um einen geschützten Raum zu schaffen. Ein*e kompetente*r Moderator*in (z. B. Seminarleiter*in) sichert die Einhaltung der Regeln im Verlauf.<br>• Gespräch über beteiligte Personen in anonymisierter Form<br>• der*die Autor*in des Textes wird nicht aktiv eingebunden, sondern lässt Ideen auf sich wirken und dokumentiert Erkenntnisse<br>• wertschätzende Formulierung von Hypothesen und Kommentaren<br>• sequenzielles Vorgehen, s. u.<br>• Ausgangsfrage (in Anlehnung an eine der Grundfragen der Chicago School): »What the hell is going on here?« |

**Tab. 2:** Schreiben und Auswerten von Praxisprotokollen – Fortsetzung

| Anleitung zum Schreiben von Praxisprotokollen | Anleitung zum Auswerten von Praxisprotokollen in der Lehre |
|---|---|
| 2. Praxisprotokolle werden in der ersten Person Singular (»ich«) und in einer veröffentlichbaren Form verfasst, das heißt insbesondere, dass die Namen von beteiligten Akteur*innen und von Einrichtungen anonymisiert werden. »Es empfiehlt sich das Präsens, um die Detailliertheit des Erinnerungsprozesses und der Nacherzählung von Handlungen anzuregen« (Völter 2013, S. 24). | 2. Der Text wird sequenziell diskutiert. Das heißt, der Text wird in sinnlogische Einheiten aufgeteilt (z. B. orientiert an Themen- oder Situationswechseln), die nacheinander (folgende Sequenz abgedeckt) und zunächst dekontextualisiert diskutiert werden. Leitfragen zur Bildung von Lesarten und Hypothesen könnten etwa sein: »Was geht hier vor?«, »Was könnte das bedeuten?«, »Welche Folgen hätte dies für die weitere Handlung?« etc. |
| 3. Das Protokoll sollte mit einigen grundlegenden Angaben zu Ort, anwesenden Personen, Zeitablauf etc. gerahmt werden (und zugleich die Anonymität achten, siehe 2.). Zudem kann als Rahmung eine grobe Skizzierung des Gesamtablaufs der Situation vorangestellt werden. | 3. Der*Die Moderatorin stellt unterstützend verschiedene Fragen, die die Aufmerksamkeit der Teilnehmenden auf verschiedene Phänomene der Textgestaltung (Textstilwechsel etc.) oder des beschriebenen Interaktionsgeschehens richtet. Nach je ein oder zwei Fragen bilden die Teilnehmenden Hypothesen. Dies wiederholt sich bis die Interpretation der Szene ausgeschöpft ist. |
| 4. Als Kern des Protokolls erfolgt eine detaillierte Nacherzählung von einer oder zwei erlebten Situationen in der zeitlichen Abfolge des Geschehens. Wichtig ist es dabei, die Schilderung der Situation so weit wie möglich von den eigenen Gedanken, Gefühlen, inneren Bildern, Interpretationen etc. zu trennen. Diese emotionalen oder gedanklichen Assoziationen werden vom Erzähltext deutlich abgesetzt, z. B. in Klammern und durch Kursivsetzung (ergänzend zu oben, siehe 1., erzählten Sequenz etwa »*(Paul hat mich äußerlich und im Auftreten stark an Max erinnert, einen Jugendlichen, der vor Kurzem die Erstberatung nach 10 Minuten kommentarlos verlassen hat; ich war aufgeregt und nervös)*«) | 4. Nachdem einige Lesarten für einen spezifischen Textabschnitt gebildet wurden, »werden diese mit den bereits in den vorherigen Sequenzen gebildeten Lesarten und den Folgehypothesen abgeglichen. Leitfragen sind: ›Ergeben sich aus einer kreativen Verbindung unterschiedlicher Lesarten vielleicht neue Lesarten?‹, […] ›Welche Folgehypothesen treffen nicht zu […]?‹, ›Welche Lesarten scheinen weiterhin plausibel zu sein?‹« (Völter 2013, S. 25). Insgesamt findet die Interpretation mit dem Ziel der Hypothesenbildung statt. Die im Verlauf gebildeten Hypothesen (und Gegenhypothesen) werden an den folgenden Textpassagen überprüft, ggf. modifiziert oder verworfen. |
| 5. »Es ist besonders erkenntnisreich, die Interaktionen zwischen den beteiligten Menschen wahrzunehmen, zu erinnern und aufzuschreiben« (Völter 2013, S. 24). Hierbei kann insbesondere auch die erinnerte direkte Rede aufgeführt werden (siehe 1.) | 5. »Wenn sich im Interpretationsprozess Handlungs- und Deutungsstrukturen abzeichnen, ist es sinnvoll, nach möglichen anderen Varianten des Handelns zu fragen« (Völter 2013, S. 31). So erarbeiten sich die Teilnehmenden gemeinsam ein mögliches Handlungsrepertoire für die Praxis. |

Völter (2013, S. 26) formuliert verschiedene Fragen, die die Bildung von Lesarten und Hypothesen anregen können (und im Auswertungsprozess von dem*der Moderator*in eingebracht werden):

- »Wie wird in der Szene interagiert? Was sagt uns das über die Rollen der Beteiligten, über die unterschiedlichen Perspektiven der Beteiligten?
- Was erfahren wir über die Routinen, Regeln, Themen, Vorgehensweisen, Kernprobleme, Dilemmata oder Paradoxien professionellen Handelns (in dieser Organisation/Einrichtung)? Wie gehen die ProtagonistInnen mit den Handlungsproblemen um? [...]
- Was erfahren wir über die Praxis im beobachteten Handlungsfeld? Welche Handlungs- und Deutungsmuster gibt es? Und was haben sie mit der Einrichtung, professionellen/gesellschaftlichen Diskursen und/oder mit der Rolle der Handelnden im Feld zu tun?
- Wo liegt der Schwerpunkt der Wahrnehmung. Welche Kategorien, Beschreibungen nutzt der/die ProtokollantIn zur Wiedergabe der erlebten Szene(n)? Welche Deutungen/ Wertungen nimmt er/sie vor? Was erfahren wir nicht? [...]
- Werden die Erlebnisse und Wahrnehmungen beschrieben, erzählt, argumentiert [...]? Wo findet ggf. ein Textsortenwechsel statt? Welche Bedeutung könnte das haben?«

## 7.4 Kollegiale Fallberatung

»Kollegiale Beratung bezeichnet die methodisch gestützte und systematische (Selbst-)Reflexion von konkreten Praxisfällen im Rahmen einer Gruppe, in der im Wechsel jedes Mitglied nach Bedarf beraten werden kann. [...] Der Fokus von kollegialer Beratung liegt in der Praxisfallberatung mit dem Ziel, Ratsuchende dabei zu unterstützen, in schwierigen beruflichen Situationen reflektiert, zielgerichtet und sinnhaft zu handeln. Der Reflexionsprozess dient einer mehr-perspektivischen kognitiv-emotionalen Klärung der Beratenen sowie der Entwicklung von Handlungsansätzen für ihre konkrete [...] Praxis« (Tietze 2021, S. 960).

Im Rahmen eines Praxisbegleitseminars stellt die Kollegiale Fallberatung ein sehr geeignetes Format dar, um Aspekte der Herausbildung beraterischer Professionalität anzuregen. Vorschläge und Leitfäden zur Kollegialen Fallberatung finden sich in unterschiedlichen Ausgestaltungen und Varianten, gemeinsam ist ihnen die Niederschwelligkeit, die Lösungsorientierung, klare Rollenzuweisungen sowie ein eng strukturierter Ablauf (Schindler 2020). Wir arbeiten gern mit dem von Kim-Oliver Tietze formulierten Ablaufschema, nicht zuletzt, da es sich durch die vergleichsweise schlanke Phasierung zeitökonomisch gut in die modularisierten Seminarkontexte der Praxisreflexion einbetten lässt und den Studierenden zudem kreative Wahlmöglichkeiten bei der Methodenauswahl lässt. Von daher lässt sich diese Peer-to-Peer-Beratung, welche zugleich eine Verschränkung mit Peer-to-Peer-Learning darstellt (Preuß, Cordes-Finkenstein & Löw 2020), sehr gut mit unserer Grundidee des magischen Professionalitätsdreiecks denken.

Die Nützlichkeit der Kollegialen Fallberatung (KFB) als besondere Form der Klärungshilfe besteht insbesondere in folgenden Aspekten:

- Das klar strukturierte Vorgehen und der konkrete Ablauf ermöglicht den Student*innen, schnell Handlungssicherheit zu entwickeln.
- Das Praktizieren übt die Student*innen im Umgang mit Vertrauen und Vertraulichkeit.
- Im Format der Peer-Beratung erleben sich die Student*innen als selbstwirksam.
- Durch die Arbeit an eigenen Fällen wird die Nützlichkeit von Beratung unmittelbar erfahrbar.
- Durch die formale Struktur wird Rollensensibilität für Beratungsprozesse/Hilfeprozesse geschaffen.
- Durch einzelne Methoden (beispielsweise Actstorming, Kopfstandbrainstorming …) wird Kreativität geschult.
- Als Peer-to-Peer-Beratung fördert es Solidarität und Kooperationsfähigkeit.
- Im Vergleich zu Supervision ist kollegiale Fallberatung aus Sicht der Hochschule kostenattraktiv.
- Die Gruppengröße von fünf bis zehn Personen ermöglicht, das Seminar zu teilen und dergestalt zwei bis drei Gruppen parallel arbeiten zu lassen.
- Der zeitliche Rahmen von 35 bis 45 Minuten ermöglicht mehrere Durchgänge pro Reflexionstermin.

Kollegiale Fallberatung eignet sich im Rahmen der Praxisreflexion ideal, um aktuelle Fälle aus dem Praxissemester zu besprechen.

Nicht geeignet sind hingegen:

- private Themen
- sensible persönliche Themen
- Konflikte innerhalb der Gruppe.

In diesen Fällen wäre stattdessen die Hinzuziehung einer externen Person (Supervisor*in, Mediator*in) bzw. auch ein anderes Format z. B. Einzelsupervision, Gruppensupervision sinnvoll (Rohr, den Ouden & Rottlaender 2016, S. 191).

Im Vergleich zu anderen Beratungsformaten charakterisiert sich die Kollegiale Fallberatung dadurch, dass es keine feste Rollenverteilung innerhalb des kollegialen Beratungsteams gibt und die Rollenverteilung alternierend erfolgt. Dergestalt lassen sich vier Hauptrollen, (1) Fallerzähler*in, (2) Moderator*in, (3) Berater*innen(-gruppe) und (4) Protokollant*in, unterscheiden (Tietze 2020, S. 52–59). Mit der Seminargruppe werden vor Beginn die Rollen (siehe Information 7.1) und der Ablauf (▶ Tab. 3, Tietze 2020, S. 114) geklärt. Innerhalb des Hochschulkontextes, der auch für die praxisbegleitenden Lehrveranstaltungen grundlegend einen (häufig unbenoteten) Leistungsnachweis vorsieht, kann dies etwa bedeuten, dass jede*r Seminarteilnehmer*in jeweils (mindestens) eine Moderation und eine Fallschilderung für die Creditvergabe erbringen muss.

Tab. 3: Phasen der Kollegialen Fallberatung

| Phase | Dauer (Min) (Gesamt: 35–45 Min) | Was passiert? | Was ist das Ergebnis? | Wer trägt was dazu bei? |
|---|---|---|---|---|
| Casting | 5 | Die Rollen werden besetzt: Moderator*in (M), Fallerzähler*in (F), Protokollant*in (P), Berater*innen (B). | Ein Fall ist ausgewählt, F, M, B und P nehmen ihre Rollen ein. | Moderator*in wird gesucht, Teilnehmer*innen benennen ihr Thema kurz, ein*e Fallerzähler*in wird ausgewählt. Protokollant*in findet sich. |
| Spontanerzählung | 10 (5–7 Min Fallschilderung, 3–5 Min Nachfragen) | Fallgeber*in schildert den Fall und was ihn*sie beschäftigt. | F berichtet verdichtend den Fall. Alle Teilnehmer*innen haben den Fall weitestgehend verstanden. | F berichtet und wird dabei von M begleitet, B stellen Verständnisfragen (max. 2–3 Fragen). |
| Schlüsselfrage | 5 | Eine Schlüsselfrage wird gesucht. | Alle Teilnehmer*innen haben die Schlüsselfrage Fs verstanden. | F formuliert eine Schlüsselfrage und wird dabei von M unterstützt. P notiert die Schlüsselfrage für alle sichtbar. |
| Methodenwahl | 5 | Eine Methode wird aus dem Methodenpool gewählt. | Die passende Methode zur Bearbeitung der Schlüsselfrage steht fest. | M leitet die Auswahl einer Methode an, F und die übrigen Teilnehmer*innen machen Vorschläge. F hat Vorschlags- und Vetorecht. |
| Beratung | 10 | Die Berater*innen geben ihre Ideen und Vorschläge im Stil des ausgewählten Beratungsmoduls. | F hat Ideen und Anregungen gemäß der Methode erhalten. | Die Berater*innen formulieren ihre Beiträge gemäß gewählter Methode. M achtet auf die Zeit und die Einhaltung der Methode. P notiert die Beiträge sichtbar mit. |

Tab. 3: Phasen der Kollegialen Fallberatung – Fortsetzung

| Phase | Dauer (Min) (Gesamt: 35–45 Min) | Was passiert? | Was ist das Ergebnis? | Wer trägt was dazu bei? |
|---|---|---|---|---|
| Abschluss | 5 | Der*Die Fallerzähler*in resümiert die Beiträge der Berater*innen und äußert prägnant aktuelles Empfinden bzw. Idee, wie es konkret damit weitergeht. | Die kollegiale Beratung ist bilanziert und abgeschlossen. | F berichtet, welche Anregungen wertvoll waren, und bedankt sich abschließend. B hören zu. P überreicht F die Notizen als Ergebnissicherung. M bedankt sich bei allen Teilnehmer*innen für den produktiven Prozess. |

## Information 7.1: Rollen in der Kollegialen Fallberatung

### Fallerzähler*in (F)

- bringt Fall ein, der ihn*sie aktuell im Praktikum beschäftigt.
- formuliert Klärungswunsch/eine Schlüsselfrage, die beantwortet werden soll.
- beteiligt sich an der Methodenauswahl (hat Vorschlags- und Vetorecht).
- hört den Beratungsinformationen aktiv zu und lässt sich auf Ideenreichtum der Berater*innen ein.
- nimmt erst am Ende Stellung zu Beratungs- und Lösungsideen, ohne sich zu rechtfertigen.
- zieht vorläufiges Resümee in Bezug auf zukünftige Verhaltens- und Handlungsweisen.

### Moderator*in (M)

- eröffnet und leitet die Gruppe durch den Beratungsprozess.
- verkündet Beginn, Ende sowie Zweck jeder Phase.
- achtet auf die Rolleneinhaltung und Rollendisziplin.
- unterstützt F in der Spontanerzählung durch klärende Fragen, aktives Zuhören und Empathie.
- achtet auf die Autonomie Fs und die Wertschätzung der Gruppe.
- achtet darauf, alle Beteiligten einladend einzubinden.
- unterstützt F bei der Konkretisierung der Schlüsselfrage.
- unterstützt bei der Auswahl der Beratungsmethode.
- achtet auf die Zeit und Beratungsstruktur.

### Berater*innen (B)

- alle anderen nehmen die Rolle kollegialer Berater*innen ein.
- lassen sich durch M für die Dauer der kollegialen Beratung anleiten.
- hören der Spontanerzählung Fs zu und lassen sich auf Fs Perspektive ein.
- stellen ggf. Verständnisfragen (maximal 2–3 Fragen).
- machen Vorschläge bei der Auswahl der Beratungsmethode.
- formulieren in der Beratungsphase ihre Ideen, Erfahrungen und Perspektiven unter Berücksichtigung der ausgewählten Beratungsmethode.
- achten darauf, Vielfalt und Kreativität anzubieten.
- vermeiden Konkurrenz um die vermeintlich beste Idee oder die wahre Wirklichkeitssicht.
- nehmen eine respektvolle Haltung gegenüber F ein und sprechen auch wertschätzend über thematisierte Abwesende.

> **Protokollant*in (P)**
>
> - findet sich zu Beginn der Kollegialen Fallberatung (F kann jemanden wünschen).
> - notiert die Schlüsselfrage als Arbeitsauftrag für alle gut sichtbar (Flipchart/Tafel).
> - dokumentiert Gedanken, Ideen und Erfahrungen wortgetreu (z.B. Flipchart) der Berater*innen in der Beratungsphase.
> - beteiligt sich selbst an der Ideensammlung.

So sehr sich die Kollegiale Fallberatung von einer strukturellen Strenge bezüglich des Ablaufs, der Zeitvorgaben und der Rollendisziplin charakterisiert, so kreativ und variantenreich sind die möglichen Methoden in der fünften Phase, der sogenannten Beratung. Nach unserer Erfahrung haben sich die in Tabelle 4 (▶ Tab. 4) aufge-

Tab. 4: Methoden in der Kollegialen Fallberatung

| Methode | Leitfrage | Ziele |
|---|---|---|
| Actstorming | Wie könnte der*die Fallerzähler*in (F) etwas konkret formulieren/sich verhalten? | Sammeln wörtlicher Aussagen für ein bevorstehendes Gespräch, Teilnehmer*innen schlüpfen in die Rolle und formulieren etwas stellvertretend/spielen eine kurze Verhaltenssequenz. |
| Kopfstand-Brainstorming | Wie genau könnte F die Situation verschlimmern? | Als paradoxe Intervention wird das Ziel verfolgt, die Schlüsselfrage in das Gegenteil zu verfolgen. |
| Gute Ratschläge | Welche Ratschläge habe ich für F? Gemäß dem Credo, dass jeder Ratschlag auch ein Schlag ist, werden Formulierungen gewählt, die F vorgeben, was er*sie tun sollte. | Konkrete Empfehlungen aussprechen: »Du solltest …«, »An deiner Stelle würde ich …«, »Ich gebe dir den Rat, dass …« |
| Resonanzrunde | Was löst das Geschilderte bei mir aus? | Berater*innen (B) schildern ihre emotionalen Resonanzen zum gehörten Fall, Äußern von Betroffenheit und persönlichen Empfindungen. |
| Identifikation | Was würden andere Beteiligte aus der Fallschilderung denken? | Zirkulärer Perspektivwechsel, B schlüpfen in Rollen anderer Beteiligter der Fallschilderung und schildern aus deren Perspektiven, wie es ihnen geht bzw. wie sie auf die Situation blicken. |
| Ein erster kleiner Schritt | Was könnte ein erster kleiner Schritt für F sein? | Sammeln von vielfältigen und kreativen Ideen für lösungsorientierten ersten Schritt |

führten sechs Methoden bewährt, wenn es darum geht, die Student*innen mit dem Format der Kollegialen Fallberatung vertraut zu machen (nach Schmid, Veith & Weidner 2013, S. 63; Tietze 2020, S. 117). Bereits nach wenigen Terminen kann das Methodenrepertoire stetig erweitert werden. Sehr schöne Vertiefungen finden sich in folgenden Werken:

> **Vertiefende Literatur zu Kollegialer Fallberatung**
>
> Patrzek, Andreas & Scholer, Stefan (2018). *Systemisches Fragen in der kollegialen Beratung.* Weinheim: Beltz.
> Schmid, Bernd; Veith, Thorsten & Weidner, Ingeborg (2013). *Einführung in die kollegiale Beratung.* Heidelberg: Carl-Auer.
> Tietze, Kim-Oliver (2020). *Kollegiale Beratung: Problemlösungen gemeinsam entwickeln.* 4. Auflage. Reinbek bei Hamburg: Rowohlt.
> Tietze, Kim-Oliver (o. J.). Methodik und Ablauf. Online verfügbar: https://kollegiale-beratung.de/methodik-und-ablauf-von-kollegiale-beratung-in-sechs-phasen.html

## 7.5 Reflektierendes Team

Für erfahrene Gruppen bzw. Studierende, die aus anderen Lehrkontexten mit dem systemischen Ansatz bereits sehr gut vertraut sind, bietet sich als kreative Methode zur Reflexion von Praxiserfahrungen die Möglichkeit eines Reflektierenden Teams an. Ein Reflektierendes Team ist in Gesprächen, z. B. zur Reflexion von Praxiserfahrungen, als Berater*innen-Team unmittelbar im Raum präsent, bringt sich im Gespräch aber nicht aktiv ein, sondern verbleibt in einer passiv-zuhörenden Rolle und reflektiert nach Beendigung des Gesprächs die eigenen Wahrnehmungen im Team, also nicht mit dem*der handelnden Berater*in und den Klient*innen (siehe Information 7.2). Hier sollte die Gruppengröße der agierenden Berater*innen jedoch nicht mehr als vier Personen überschreiten, da ansonsten die Gedankenentwicklung und das kooperationsbedachte Dialogisieren zu wenig Entfaltungsraum bekämen. Tatsächlich ist das Reflektierende Team durchaus anspruchsvoll, zugleich besticht es auch mit großem Nachhaltigkeitswert. Von den hier vorgestellten Methoden wird das Reflektierende Team von den Falleinbringer*innen in Evaluationen am Semesterende regelmäßig als »nachhaltig sehr hilfreich« beschrieben.

### Kleiner Exkurs zum Reflektierenden Team

Als zentraler Vertreter der Kybernetik zweiter Ordnung darf der Norweger Tom Andersen (1936–2007) gelten. Eine der entscheidenden Leistungen Andersens besteht darin, das Zweikammermodell der Mailänder Schule aufzulösen und die bis dahin hinter dem Einwegspiegel verborgenen Therapeut*innen als Reflektierendes Team in den Raum systemischen Arbeitens zu holen. Die wertschätzenden, neutralen sowie im Konjunktiv formulierten Gedanken des Reflektierenden Teams in unmittelbarer Anwesenheit der Klient*innen haben einerseits Einfluss auf die Zirkularität des Beratungsgeschehens. Andererseits kann das Reflektierende Team mit der Grundidee von »Kooperation statt Intervention« (von Schlippe & Schweitzer 2016, S. 63) als Demokratisierung von Beratung und Therapie verstanden werden (Anderson 1990; Caby 2016; Schlippe 2012).

**Information 7.2: Regeln im Reflecting Team (RT)**

(im Anschluss an Tom Andersen 2018, S. 72–78)

- Zuhörende Position: Solange das Reflektierende Team zuhört, unterbricht es den*die Interviewer*in nicht.
- Während des Zuhörens sammelt jedes Teammitglied seine Gedanken und Ideen zunächst für sich.
- Während der Reflexion tauscht das RT seine Gedanken ausschließlich untereinander aus. Es nimmt keinen Kontakt zum Interviewsystem auf, auch keinen Blickkontakt.
- Bei der Reflexion der Gedanken geht es um die Vielfalt möglicher Sichtweisen, nicht um die beste Idee: »Sowohl ... als auch« statt »entweder ... oder«.
- Wertschätzende Formulierungen und Perspektivenvielfalt stehen im Vordergrund. Wertschätzung betrifft die Ratsuchenden, aber auch thematisierte Abwesende.
- Fragen sollten vorsichtig und im Konjunktiv formuliert werden, z. B.: »Könnte es sein, dass ...?«, »Wäre es vielleicht denkbar ...?«, »Ließe sich das möglicherweise auch ...?«
- Die geäußerten Ideen sollten zum Nachdenken anregen, müssen aber noch nachvollziehbar und anwendbar für den*die Klienten*in sein, also »angemessen ungewöhnlich«.
- Auftragskonformität: Es werden keine Themen angesprochen, die eine*r der Ratsuchenden nicht angesprochen haben möchte.
- Es wird nur über das gesprochen, was im direkten Zusammenhang mit dem Gehörten steht.
- Es werden keine instruierenden Ratschläge gegeben.

**Hinweise für die Diskussion des RT**

1. Beginnen Sie mit einem Kompliment an das System. »Mich hat beeindruckt ...«, »Mir hat imponiert ...«
2. Formulieren Sie vielfältig (Multiversum) und stets im Konjunktiv.
3. Formulieren Sie beobachtungsbezogen. »Ich habe wahrgenommen ...«, »Ich habe gehört ...«, »Mir fiel auf, dass ...«
4. Verwenden Sie gern tragfähige und kraftvolle Metaphern.
5. Nutzen Sie das Machtvolle am Umdeuten (Reframing).
6. Versuchen Sie Perspektiverweiterungen anzubieten.

7. Wertschätzung meint Ressourcen benennen, aber auch die eigene Betroffenheit zu versprachlichen (Leidwürdigung).
8. Benennen Sie noch weitere Ressourcen.
9. Verstehen Sie das RT als dialogisch. Nehmen Sie Bezug aufeinander, stellen Sie Anschlüsse her und bieten Sie derart Lebendigkeit an.
10. Seien Sie angemessen ungewöhnlich und erlauben Sie sich kreativ und vielfältig zu agieren.

# 8 Zugänge zu Biographie, Haltung und Überzeugungen eröffnen

»Wir kennen uns nie ganz aus, und über Nacht sind wir andere geworden, schlechter oder besser.«
Theodor Fontane (2013 [Orig. 1884]): Graf Petöfy, S. 131.

## 8.1 Vorüberlegung: Selbstreflexionen als »Blind Date mit sich selbst« und ihre Bedeutung für die Entwicklung beraterischer Professionalität

In unserem Modell beraterischer Professionalität (▶ Kap. 3) spielen jene Faktoren, die in der Person der\*des Professionellen selbst zu verorten sind, eine zentrale Rolle. Berater\*innen sind in der professionellen Beziehung zu Klient\*innen, die zugleich immer eine zwischenmenschliche Begegnung (▶ Kap. 2.1) ist, als individuelle Personen involviert. Nach Thiersch (2004, S. 706) ist »die Person das Werkzeug des Pädagogen und Beraters«. Anschließend an Silke B. Gahleitner und Kolleg\*innen (2014a, S. 7) kann entsprechend geschlussfolgert werden, dass Berater\*innen »also (auch) Kraft ihrer Person wirken und sich und ihre Stärken und Schwächen sowie ihre eigenen Bedürfnisse und Grenzen gut kennen müssen«. Selbstreflexion – etwa in Form des Bewusstwerdens subjektiver Theorien (▶ Kap. 7.2), der Reflexion primär biographisch geformter Handlungsmuster und innerer Orientierung – sowie die damit verknüpfte Förderung von größerer »Selbstbewusstheit« (»self-awareness«; also des Wissens und Verständnisses von sich selbst im Hinblick auf Werte, Überzeugungen, Lebenserfahrungen und Weltanschauung) gelten daher als zentrale Elemente der Entwicklung von Professionalität. John McLeod und Julia McLeod (2011, S. 16) beschreiben die »capacity for self-awareness« als

> »a crucial element of any counselling role, and [...] central to a counsellor's ability to relate to the experiences of the person who is seeking help. The person may be struggling with personal difficulties around such themes as loss, being out of control, hopelessness, despair, powerlessness and confusion. A counsellor is better able to provide a rounded, human response if they have previously explored their own experiences of these issues, and are familiar with the contours of the territory that the person is entering. Self-awareness also gives the counsellor an appreciation of their own areas of vulnerability. [...] Finally, self-awareness helps the counsellor to know that the person seeking help is similar to them in some ways, and different in others. It is only by consciously knowing one's own reactions

and patterns in sufficient detail that a counsellor is able to avoid falling into the trap of assuming that everyone else must think and feel the same as they do.«

Sabine Schneider (2012) fasst mit Blick auf die Profession Soziale Arbeit ebenfalls verschiedene Studien zusammen, die zeigen, dass gerade biographische Erfahrungen und persönliche Haltungen das professionelle Handeln entscheidend beeinflussen. Sie hält aber ebenso fest, dass Studierende im Studium kaum Gelegenheit erhalten, diese Einflüsse auf ihr professionelles Selbstverständnis zu hinterfragen.

»Wenn das Studium Sozialer Arbeit [allerdings] auf die Grundlegung professionellen Handelns zielt […], dann müssen die zukünftigen Professionellen nicht nur darauf eingeschworen werden, dass Professionalität einen Habitus erfordert, der (Selbst-)Reflexivität zur Voraussetzung hat, sie müssen auch zu solchen (Selbst-)Reflexionsprozessen angeleitet werden« (ebd., S. 274).

Im Gegensatz zum grundständigen Studium kommt Selbstreflexionsprozessen und der Entwicklung von (Selbst-)Reflexivität hingegen in psychotherapeutischer Weiterbildung wie auch Beratungsweiterbildungen eine zentrale Bedeutung zu und wird von vielen Autor*innen schulenübergreifend als essentieller Bestandteil der Professionalisierung beschrieben (vgl. u. a. zum Überblick Brüderl, Riessen & Zens 2021; Frühmann & Petzold 1994; Kämmerer, Kapp & Rehahn-Sommer 2011; Lieb 1997; Sulz 2019a). In der Selbstreflexion etwa in Form von strukturierten Selbsterfahrungsprozessen erleben die Ausbildungskandidat*innen anhand ihres eigenen »Falls« die beraterisch-therapeutischen Methoden und deren Wirkungen an sich selbst. »Die Selbsterfahrung ist der Ort, in dem die Persönlichkeit der angehenden Psychotherapeutinnen und -therapeuten im Zentrum der Reflexion steht«, so Annette Kämmerer, Friedrich Kapp und Sabine Rehahn-Sommer (2011, S. 148). Die Funktion von Selbsterfahrung, wie sie Matthias Berking und Winfried Rief (2012, Glossar) für die Psychotherapieausbildung beschreiben, gilt äquivalent auch für die Beratungsweiterbildung: »Selbsterfahrung im Zuge von Ausbildung dient dem Sichkennenlernen und Positivverändern im Hinblick auf professionelle Rollen […]. Zweck ist Professionalisierung und nicht Selbstverwirklichung.«

Wenngleich Selbsterfahrung als zentraler Ausbildungsbestandteil für angehende Psychotherapeut*innen rechtlich verbindlich vorgesehen ist und auch in den meisten Beratungsweiterbildungen (etwa der Weiterbildung »Systemische Beratung«, zertifiziert nach DGSF-Standards 2016 oder der Weiterbildung mit dem Abschluss »Personzentrierte Berater*in« nach GwG-Standards 2020) zum festen Standard gehört, ist die Ausgestaltung hinsichtlich von Inhalten, Form und Umfang heterogen und es scheint kaum möglich, einen »Überblick über das höchst vielfältige Terrain« (Sulz 2019b, S. 7) zu bekommen. Fakt ist dennoch, dass die Selbsterfahrungsprozesse (etwa in Form von Blocktagen oder -wochen in den Weiterbildungsgruppen, Einzelanteilen im Einzelsetting bis hin zu mehrjährigen Lehranalysen) innerhalb von Beratungs- und Therapieweiterbildungen in Deutschland einen sehr hohen Stellenwert einnehmen, der innerhalb der Beratungslehre im Studium, insbesondere in begrenzten Modulen in grundständigen Studiengängen Sozialer Arbeit, nur in zarten Ansätzen eine Entsprechung finden kann (wobei uns die Realisierung dieser Ansätze umso bedeutsamer erscheint).

Im angloamerikanischen Sprachraum erfolgt keine strikte Trennung zwischen Therapeut*innen resp. Psychotherapie und Berater*innen resp. Beratung – in der Literatur werden die Begriffe »Counseling« und »Therapy« entsprechend häufig nahezu synonym verwendet (vgl. etwa Feltham & Hanley 2017) – und auch die Aus- und Weiterbildungswege sind vielfältiger und weniger eindeutig geregelt (wie etwa die Regelungen zur Psychotherapieausbildung in Deutschland). Dabei können hohe Selbstreflexions- und -erfahrungsanteile bereits in einzelnen (Master-)Studiengängen als fester Bestandteil vorgesehen sein. In einer Studie von Andrew Grimmer und Rachel Tribe (2001) zu den Wirkungen von Selbsterfahrung und Selbstreflexion – von den Autor*innen selbst als »personal therapy for therapists« (ebd., S. 287) gerahmt – für Studierende eines Masterstudiengangs zu Beratungspsychologie (mit Selbsterfahrung im Umfang von 40 Stunden als obligatorischem Bestandteil des Studiums) an einer Londoner Hochschule wird die Selbsterfahrung von den Studienteilnehmer*innen als wichtige Unterstützung in Zeiten persönlicher Schwierigkeiten beschrieben und habe zudem die Fähigkeit verbessert, zwischen persönlichen Problemen und denen des*der Klient*in zu unterscheiden:

> »I think it was all about becoming more acutely aware of yourself and of your issues and how your stuff can impact on your relationship with the client and how the client can impact on you as a professional ... you've really got to start questioning, ›Oh what is my stuff and what is ... theirs?‹ And then you have to start teasing out the boundaries and I think until you're actually in touch you yourself and you're confident with yourself those things can't be seen.«

Für Teilnehmer*innen, die biographisch noch keine umfänglichen Erfahrungen mit Therapie oder formalisierter Beratung gemacht hatten, schien zudem die Erfahrung zentral, dass die Selbsterfahrung als subjektiv hilfreich erlebt wurde und darüber eine Validierung der Therapie als effektive psychosoziale Intervention erfolgte. Das Erleben in der Klient*innen-Rolle kann zu einem tieferen Verständnis des Unterstützungsprozesses und der Perspektive von Klient*innen verhelfen: »As far as ... being empathic, I think it makes a lot of difference because you seem to remember how you felt and it sort of reminds you (what) being a client meant and I think that's the most valuable thing« (ebd., S. 293). Dies schließt auch eigene Erfahrungen als Klient*in ein, die aus Perspektive der professionellen Helfer*innen als herausfordernd oder problematisch für die Arbeitsbeziehung erlebt werden, z. B. »fantasizing about becoming friends with the therapist« (ebd., S. 291). Ebenso können subjektiv als wenig hilfreich erlebte Methoden oder auch Unstimmigkeiten mit der*dem Therapeut*in wertvolle Impulse für die eigene professionelle Entwicklung geben. Im Sinne des Modelllernens kann die*der Selbsterfahrungsleiter*in als positives Rollenmodell fungieren, aber auch eine bewusste Abgrenzung hinsichtlich bestimmter Aspekte initiiert werden.

Neben den beschriebenen zahlreichen positiven Entwicklungsimpulsen benennen Grimmer und Tribe sowohl bezugnehmend auf die Ergebnisse ihrer eigenen Studie als auch hinsichtlich des Forschungsstandes auch potentiell belastende und negative Wirkungen. So wird etwa von verschiedenen Autor*innen vermutet, dass die Selbsterfahrung insbesondere in frühen Ausbildungsphasen einen negativen Einfluss auf Verlauf und Ergebnis der professionellen Unterstützung von Klient*innen (innerhalb der Berufsausübung der Ausbildungskandidat*innen, die parallel zur Therapie-/Beratungsausbildung erfolgt) haben kann, da sich Kandidat*innen intensiv mit dem eigenen Gewordensein und individuellen Krisen beschäftigen – ein häufig emotional herausfordernder und verunsichernder Prozess.

Auch vor dem Hintergrund solcher Befunde wird der Sinn und Nutzen von Selbsterfahrungsanteilen und deren Einbindung in Psychotherapie- und Beratungsweiterbildungen von einigen Autor*innen kritisch hinterfragt. Demgegenüber wird wie beschrieben in vielen einschlägigen Quellen der besondere Stellenwert von Selbsterfahrung und strukturierter Selbstreflexion betont (u. a. Frühmann & Petzold 1994; Gahleitner et al. 2014b) und auch wir betrachten Selbstreflexion als immanenten Bestandteil der Ausbildung von beraterischer Professionalität.

Selbsterfahrung im klassischen Sinne, also das Erfahren der beraterisch-therapeutischen Methoden als »Klient*in«, der*die eigene und möglicherweise auch teilweise sehr persönliche belastende und herausfordernde Themen einbringt und die Wirkweisen von Beratung unmittelbar erfährt, ist wie beschrieben im Rahmen von Beratungslernen in grundständigen Studiengängen Sozialer Arbeit wenn überhaupt nur in Ansätzen möglich. Die Erfahrung als Klient*in kann allerdings vielfältige Lernprozesse auslösen, wie u. a. die Studie von Grimmer und Tribe (2001) verdeutlicht. Eine Annäherung an diese wichtige Perspektive kann aus unserer Erfahrung auch in Rollenspielen und dem empathischen »Einfühlen« in die Klient*innen-Rolle erfolgen oder über das Einbringen begrenzter, persönlicher Alltagsprobleme, wobei der Komplexitätsgrad reduziert sowie die subjektive Belastung durch die Probleme möglichst gering sein sollte (wenngleich das Risiko der unerwarteten Zuspitzung persönlicher Krisen in Beratungsübungen, ebenso wie in Hochschulkontexten allgemein sowie allen anderen Lebensbereichen nie ganz ausgeschlossen werden kann). Unabhängig von der Erfahrung als Klient*in ermöglicht die Selbsterfahrung in Beratungs- und Psychotherapieweiterbildungen v. a. eine intensive Beschäftigung mit der Entwicklungsgeschichte und dem eigenen Gewordensein.

## 8.2 Biographische Wege von Sozialarbeiter*innen und Berater*innen

Für die Professionalisierung als Berater*in wie auch als Sozialarbeiter*in ist es bedeutsam, sich mit der biographischen Gewordenheit in Verbindung mit den subjektiven Motivationsstrukturen und der Entscheidung, eine helfende Profession zu ergreifen, auseinanderzusetzen. Der Weg zum Helfen ist selten – so unsere Beobachtung – durch Zufallsentscheidungen zustande gekommen, vielmehr reichen die Wurzeln der Idee Menschen zu unterstützen und zu begleiten bis in das Kindes- und Jugendalter der Helfer*innenpersönlichkeit zurück. Nicht selten sind es hierbei auch eigene biographische Verletzungen, die vor der Aufnahme eines helfenden Berufes stehen. Die biographische Verwurzelung ist dabei aber natürlich nicht deterministisch angelegt. Das heißt, nicht jedes Mangelerleben, nicht jede Verlusterfahrung oder Verletzungserfahrung oder die eigene Erfahrung professioneller Hilfe führt – im Sinne einer linearen Kausallogik – auf den Weg ins Helfen. Und umgekehrt sind nicht alle biographischen Geschichten von Berater*innen durchzogen von tiefen Verletzungen oder krisenhaften Lebensereignissen, wenngleich sich viele theoretische Konzepte auf die »verletzten Helfer*innen« beziehen.

Die Frage nach dem »Warum?« jemand sich ins Helfen bewegt hat, ist letztlich irrelevant, viel entscheidender für Fragen von Professionalisierung und Professionalität ist, wie diesbezügliche biographische Reflexionen und Integrationen ins professionelle Handeln stattfinden. Tatsächlich werden in der diesbezüglichen Literatur verschiedene Aspekte diskutiert. Die Spannbreite reicht von einzelnen Schlüsselerfahrungen bis hin zu familialen Mustern, welche die gesamte Kindheit nahezu überformten. Zu prägenden Kindheitserfahrungen können etwa Einsamkeit, Krankheit, das Erleben von Trauer, die Erfahrung von Außenseitertum, aber auch familiale Konflikte gehören (Henry 1977; McLeod 2004). Theoretisierungen der verletzten Helfer*innen akzentuieren die eigenen Leidenserfahrungen von Helfer*innen als Möglichkeit besonderer Empathie gegenüber den seelischen Wunden von Klient*innen. In der »wounded healer theory« wird dies einerseits als besondere Ressource des Heilens gedacht, andererseits aber auch auf die Gefahren verwiesen, dass sich die eigenen Verletzungen bei den Helfenden im Kontext von Hilfeprozessen intensivieren können (McLeod 2014, S. 452).

Wolfgang Schmidbauer beschäftigte sich in den 1970er und 80er Jahren intensiv mit der Faszination professionellen Helfens und den unbewussten Hintergründen bezahlter Hilfsbereitschaft. In seinen Werken »Die hilflosen Helfer« (1977) und »Helfen als Beruf« (1983) fragte er nach Motiven narzisstischer Befriedigung durch Unterstützungsleistungen und offeriert Überlegungen zur eigenen Hilflosigkeit von Helfer*innen, welche er anhand des von ihm so benannten »Helfersyndroms« expliziert. Schmidbauers psychoanalytische Lesart situiert in der Kindheit vieler Helfer*innen ein Grundmodell für spätere Helfer*innen-Klient*innen-Konstellationen. Eine seiner zentralen Beobachtungen besteht darin, dass bei vielen Helfer*innen ein Mangelerleben an emotionaler Zuwendung und Anerkennung in der Kindheit bestand und die eigene Bedürftigkeit nunmehr in Hilfekonstellation zu befriedigen versucht werde. Helfen basiere demgemäß weniger auf Selbstlosigkeitsmotiven, vielmehr seien es unbewusste Kompensationshandlungen. Das Gefühl, gebraucht zu werden, avanciert nach Schmidbauer gewissermaßen zu einer Art Droge, da die Bestätigung nur kurzzeitig anhält, jedoch zugleich hinderlich in das Arbeitsbündnis hineinwirkt. Explizit kritisiert Schmidbauer die Nichtthematisierung biographischer Wege zum Helfen, den Umgang mit inneren Wünschen und Bedürfnissen, emotionaler Unsicherheit oder Gefühlen zu Klient*innen und verweist auf die Notwendigkeit der psychohygienischen Vorbereitung, Erprobung in Rollenspielen, emotionsbezogener Ausbildungseinheiten und einer das gesamte Studium durchziehenden Selbsterfahrungsgruppe (Schmidbauer 1977, S. 205 ff.).

Rekurrierend auf Schmidbauer betont auch Michael Galuske die Bedeutsamkeit biographischer Reflexionsprozesse, denn:

> »Die HelferIn ist, genau wie die Klienten, im konkreten Hilfeakt immer auch mit ihren Bedürfnissen, ihren Emotionen, ihren Ängsten und Wünschen, kurz: mit ihrer Biographie beteiligt und es ist legitim, dass die HelferIn auf ihre Bedürfnisse achtet. Da einige dieser Wünsche, Ängste und Bedürfnisse dem Helfer aus biographischen Gründen nicht bewusst sind, nicht bewusst sein können, besteht die Gefahr, dass diese sich ungewollt in die Interaktion mit den Hilfesuchenden einmischen« (Galuske 2013, S. 56).

Ebenso wie Schmidbauer betont Galuske die Bedeutsamkeit, eben diese Fragen in Erstausbildungskontexten gezielt zu reflektieren und dergestalt – insbesondere im Studium Sozialer Arbeit – Erfahrungsräume zu schaffen:

> »Wenn die Beobachtungen Schmidbauers einen realen empirischen Sachverhalt treffen, wenn, allgemeiner gesprochen, die Bedürfnisstruktur des Helfers eine wesentliche Variable nicht nur für Erfolg und Misserfolg helfender Beziehungen, sondern auch für das Wohlbefinden des Helfers im Berufsalltag ist, dann folgen daraus für die (Erst-)Ausbildung sozialer Berufe, dass sie gezielter und angeleiteter biographischer Selbsterfahrung und Selbstreflexion breiteren Platz einräumen muss als bislang. Wenn man es zugespitzt formulieren will: Das beste Wissen um rechtliche, materielle, sozialpädagogische und therapeutische Hilfsmöglichkeiten läuft in die Gefahr, sich im Spinnennetz der eigenen Erwartungen, Vorstellungen und Bedürfnisse[] zu verfangen, solange diese nicht als wichtig wahrgenommen und reflektiert werden« (ebd.).

In Selbstreflexionsprozessen, die zentraler Bestandteil des Dreiecks der Professionalität sind, gilt es entsprechend, auch ein reflexives Verhältnis zu den eigenen Impulsen zum Helfen, Beraten etc. und deren biographischer Verankerung zu entwickeln. Es geht also auch darum, zu erkennen,

> »dass man nicht zufällig zur Beraterin oder zum Berater wird. Beraterinnen und Berater haben biografische Anliegen. Will ich anderen Menschen helfen, Rat geben oder sie sogar führen, dann sollte ich mir der Grundeinspurungen dieser Intention innerhalb meiner eigenen Biografie bewusst werden. Weshalb bin ich Beraterin oder Berater? Welches individuelle Problem löse ich damit für mich, wenn ich anderen Personen zur Seite stehe, sie unterstütze oder gar führe? Stellt man sich diese Frage nicht, verpasst man die Chance auf einen wirklichen Zugang zu den Fragen und Problemen, aber auch den Interpretationen des Gegenübers« (Arnold & Schön 2017, S. 248)

Die Fähigkeit als auch die Bereitschaft zur Auseinandersetzung mit der eigenen Biographie und der Arbeit an eigenen Themen ist für die Entwicklung beraterischer Professionalität von Beginn an, also auch in frühen Ausbildungsphasen, notwendig (wie schon an verschiedenen anderen Stellen ausgeführt, ▶ Kap. 1.1, ▶ Kap. 3.4) und eine entsprechende Selbstreflexion kann (und sollte) auch im Rahmen von Beratungsmodulen im Studium Sozialer Arbeit angeregt werden.

> »Um den KlientInnen offen zu begegnen und je neue Lösungen für die Problemlagen zu suchen, gilt es für Beratende bewusste wie unbewusste innere Orientierungen, an denen sich das eigene Handeln ausrichtet, wahrzunehmen und reflektiert in den Beratungsprozess einzubringen. […] Dieser Blickwinkel impliziert, dass der Professionalisierungsprozess mit einer gewissen Distanznahme von über die Lebensspanne erworbenem Erfahrungswissen und inneren Orientierungs-, Deutungs- wie Relevanzsystemen einhergeht. Er setzt voraus, Distanz zu sich und dem eigenen Leben immer wieder während des Lernweges einnehmen zu können und zu wollen, um so die ›Bildung von Neuem‹ zu initiieren« (Harter & Lauinger 2016, S. 92 f.).

Wenngleich Selbstreflexion im Rahmen von Beratungslernen auch im Studium unerlässlich ist, so ist insbesondere im Hochschulkontext bei biographischen Reflexionen ein besonderer Intimitätsrahmen notwendig. Im Unterschied etwa zu vielen Beratungsausbildungen erfolgen Selbstreflexionen biographischer Prozesse und lebensgeschichtlich geprägter innerer Überzeugungen in unseren Lehrveranstaltungen ausschließlich in den Formaten Einzelreflexion oder in einer dyadischen Konstellation. Ausgangspunkte für die vertiefte Beschäftigung zu bestimmten Aspekten können dabei etwa die Erfahrungen in der Rolle von beratenden Personen darstellen, über die ein erstes Gewahr-Werden persönlich relevanter Themen (z. B. über die Reflexion innerer Resonanzen oder subjektiver Theorien, ▶ Kap. 7.2) eröffnet wird, die dann in selbstreflexiven Formaten weiter bearbeitet werden. Die Auswahl der Themen und Reflexionsformate erfolgt sensibel abgestimmt auf den jeweiligen Kontext (Umfang und Dauer der Lehrveranstaltung, Studiensemester und Vorerfahrungen, Seminargröße, Vertiefungsthema etc.), wie im Weiteren verdeutlicht wird.

## 8.3 Selbstreflexionsprozesse in hochschulischen Lerngruppen anregen

Selbstreflexion und Reflexivität stellen für uns einen unhintergehbaren Bestandteil von Professionalität dar und die Befähigung hierzu ist auch in hochschulischen Lehrformaten zentrales Anliegen (vgl. weiterführend auch Albers 2019; Engel-Unterbrecher & Haselbacher 2019). Wie verdeutlicht sind selbstreflexive Auseinandersetzungen mit dem eigenen Gewordensein oder den Ambivalenzen zwischen eigenen Überzeugungen und professionellen Handlungsmustern anforderungsreich und mit Unsicherheiten verknüpft.

> »Es benötigt daher u. a. auch einigen Mut, Überzeugung von der Sache und Krisenerfahrung, um ein solches Risiko einzugehen und jenen (berufslebens)langen Lernweg zu beschreiten. Bei der Ablösung vorstudentischer Deutungsmuster gilt es beispielsweise zu erkennen (und zu verarbeiten), dass die eigene Erziehung, Sozialisation und evtl. auch vorausgegangene Beratungserfahrungen biographisch erlebte Einzelfälle sind, von denen aus nicht unhinterfragt auf Situationen von KlientInnen im beruflichen Kontext geschlossen werden kann (vgl. Weinhardt, 2013, S. 62)« (Harter & Lauinger 2016, S. 101).

Insbesondere da intensive Selbsterfahrungsprozesse wie in Beratungs- oder Psychotherapieweiterbildungen im Rahmen von hochschulischer Lehre in grundständigen Studiengängen Sozialer Arbeit (u. a. vor dem Hintergrund der Besonderheiten des Settings Hochschule, der begrenzten zeitlichen Dauer und des Umfang von Beratungsmodulen, der Rollen von Seminarleitung etc., ▶ Kap. 1, ▶ Kap. 2) nicht erfolgen können, gewinnen bestimmte selbstreflexive Formate und ein (erstes) Einüben der beständig notwendigen (Weiter-)Entwicklung von Reflexivität an besonderer Bedeutung. Alex Pieterse und Kolleg*innen (2013) beschreiben, dass in vielen Seminaren und Kursen zu Beratungslernen die Vermittlung von (Beratungs-)Techniken und Methoden im Vordergrund steht und Selbstreflexionen zwar ein immanenter Bestandteil sind, aber die Entwicklung von Selbstbewusstheit (»self-awareness«) kein explizites Ziel ist. Sie sehen hier eine besondere Gefahr, dass Selbstreflexionsprozesse mit Ende des Seminars bzw. Kurses enden. Hieran anschließend sehen wir eine besondere Notwendigkeit, bereits in frühen Lernphasen die hohe Bedeutung von Selbstreflexion hinsichtlich der Ausbildung von beraterischer Professionalität zu verdeutlichen und ein Bewusstsein dafür zu schaffen, »das Hauptinstrument der Hilfe oder Therapie [...] die Person des Helfers, der Berater selbst [ist]« (McLeod 2011, S. 16). Ebenso wichtig ist, zu vermitteln, dass »ein achtsames Gewahrwerden eigener Impulse und Interpretationen und die Bereitschaft, sich lebenslänglich herausfordern und korrigieren zu lassen durch das Gegenüber« (Zwack & Zwack 2016, S. 59), als zentrale Anforderungen über das gesamte Berufsleben hinweg bestehen bleiben und Selbstreflexion ein zentrales Element beraterischer Professionalität bleibt. Hier kommt der*dem Seminarleiter*in als Modell eine wichtige Rolle zu.

Die Bereitschaft und Fähigkeit zu selbstreflexiven Formaten ist dabei in Seminaren aus unserer Erfahrung nicht per se gegeben. Selbstreflexionen bedeuten eine Art »Blind Date mit sich selbst« (Paulick & Wesenberg 2020), sie sind herausfordernd, erfordern Mut und »die Bereitschaft hierzu basiert nicht zuletzt auf der Fähigkeit wie der Befähigung zu einem gekonnten Umgang mit Ungewissheit. Und dies verlangt die beständige innere Anstrengung, die Komplexität des Lebens nicht vorschnell in die eigene Einstellung zur Lebenswelt einzufangen« (Dörr 2016, S. 72). Entsprechend führen wir Studierende behutsam an eine reflexive Grundhaltung heran und steigern die Tiefenqualität der Auseinandersetzung taktvoll.

> »Selbstreflexionen sind immer etwas hoch Intimes und Biografisches. Sie sind nützlich, um eigene Gewissheiten sichtbar zu machen, aber auch um Vertrautes zu hinterfragen. Sie spielen mit Perspektiven und laden ein, Neues zu denken. Selbstreflexionen sind vor allem eine Begegnung mit sich selbst, ein Beschauen von Ungedachtem und ein Navigieren durch die eigene Biografie« (Paulick 2021, S. 165).

Ein erster Zugang zu reflexiven Prozessen kann auch über die Auseinandersetzung mit belletristischen Quellen erfolgen. Wie Dirk Koob (2020, S. 11) verdeutlicht, werden

> »[i]n ambitionierten literarischen Werken [...] Grundprobleme des Menschen verdichtet und dabei häufig mittelbar reflektiert. Mittelbar, weil die Lesenden nicht gleich mit der Nase auf diese Grundprobleme – und schon gar nicht auf deren Lösung – gestoßen werden. Vielmehr wird ihnen reichlich Platz für die eigene Auseinandersetzung eingeräumt. [...] Die Sache des Lesers ist es, sich seinen eigenen Kopf über den literarisch beforschten Gegenstand zu machen. In aller Regel tun Lesende dies, indem sie sich mit den in Romanen, Novellen, Erzählungen oder Kurzgeschichten auftauchenden Protagonist*innen (zumindest partiell) identifizieren«.

Wie Koob (2020) in dem von ihm herausgegebenen Band »Belletristische Literatur im Studium der Sozialen Arbeit« weiter ausführt, kann das Lesen von und die Auseinandersetzung mit bestimmten belletristischen Texten in Lerngruppen (ebenso wie das eigene Schreiben etwa von literarischen Erzählungen) u. a. einen »Beitrag zur Ausbildung reflexiver Professionalität« (ebd., S. 13) für Studierende der Sozialen Arbeit leisten. Wir folgen diesen Gedanken und schlagen im Anhang (Anhang A) zehn literarische Quellen vor, die unseres Erachtens wertvolle Ausgangspunkte der Auseinandersetzung mit zentralen Aspekten beraterischer Professionalität bieten können.

Zudem bietet es sich in den Lehrveranstaltungen zum Erwerb beraterischer Kompetenzen an, dass Studierende zunächst die eigenen Erfahrungen von Beratungen systematisch reflektieren. »Wie ließe sich besser ein Grundverständnis für theoretische Ausführungen legen, als die persönlichen Erfahrungsreichtümer einzuholen und Dos und Don'ts einer guten Beraterin, eines guten Beraters darüber aus dem Abstrakten zu holen?« (Paulick 2021, S. 170). John McLeod (2011) stellt in seinem Buch »Beraten lernen. Das Übungsbuch zur Entwicklung eines persönlichen Beratungskonzepts« zahlreiche Lern- und Reflexionsaufgaben vor, die zur Entwicklung eines individuellen Beratungskonzepts verhelfen sollen. Einige Übungen fokussieren u. a. die eigenen Vorerfahrungen mit psychosozialer Unterstützung und Beratung (sowohl als »beratende Person«, z. B. in Freundschaften, als auch als Person, die ihrerseits Beratung von anderen erfahren hat). Dabei arbeitet das Workbook mit vielen Bezügen auf das (Lehr-)Buch »Counselling – eine Einführung in die Beratung« (McLeod 2004) und bietet über die Verschränkungen eine sehr gute Möglichkeit der Verknüpfung von theoretischem Wissen und praktischen Erfahrungen sowie subjektiven Überzeugungen. Die Arbeit mit dem »Beraten lernen«-Buch von McLeod ist unseres Erachtens sehr lohnend und unbedingt empfehlenswert, zugleich erfordert es aber auch umfassende Schreib- und Reflexionsprozesse und einen hohen Aufwand an Zeit und Motivation. Wir teilen die Einschätzung von Wolfgang Widulle (2012), dass »[f]raglich bleibt, ob das selbstgesteuerte Lernen mit dem Arbeitsbuch ohne sozialen Support durch eine Gruppe durchgehalten wird«, und empfehlen entsprechend die strukturierte Einbindung innerhalb von Lehrveranstaltungen. Viele der Übungen lassen sich aus unserer Erfahrung sehr gut auch in Beratungsmodulen im grundständigen Studiengang Sozialer Arbeit integrieren. Das Arbeitsbuch bietet gewinnbringende Zugänge zu grundlegenden Themen von Beratung und der eigenen Haltung in Beratung, kann (und soll) allerdings keine vertieften spezifischen Bezüge zu Beratung in Sozialer Arbeit bieten. Entsprechend können die angebotenen Reflexionen von McLeod in Lehrveranstaltungen in Studiengängen Sozialer Arbeit ergänzt werden um Reflexionsaufgaben zu besonderen Herausforderungen, die sich paradigmatisch der Profession Sozialer Arbeit zuschreiben lassen (z. B. der Umgang mit Ambivalenzen zwischen den verschiedenen Mandaten) oder die innerhalb bestimmter Arbeitsfelder Sozialer Arbeit auftreten (z. B. Umgang mit den Anforderungen an professionelles Tun in Zwangskontexten von Beratung, etwa Suchtberatung oder Schwangerschaftskonfliktberatung).

Wir arbeiten in unseren Seminaren ausführlich mit Einzelreflexionen oder Reflexionsaufgaben in dyadischen Konstellationen (z. B. in Form eines Peer-Interviews). Grundlegend können Studierende meist zwischen den Formaten wählen, bei sensiblen Themen (z. B. »Das Leben nehmen«, »Verliebtsein in Klient*innen«, vgl. Anhang B.1) wird allerdings die klare Empfehlung eines Einzelreflexionsformats ausgesprochen. Wichtig ist uns weiterhin, die (systemischen) Reflexionsfragen offen zu formulieren und die Tiefe der Reflexion vor dem Hintergrund von Selbstwahrnehmung, Selbstverantwortung und Selbstsorge selbst bestimmen zu lassen. Studierende können also darüber entscheiden, ob und wie tief sie eine Introspektion verfolgen wollen (vgl. Paulick 2021; Paulick & Wesenberg 2020). Parallel zum

Einüben von reflexiven Prozessen wird so auch für eine selbstsorgerische Eigenverantwortung sensibilisiert. Hierzu kann es beispielsweise auch günstig sein, auf die – je nach Campus möglichen – räumlichen Ressourcen zu verweisen und die Studierenden selbstständig wählen zu lassen, wo sie die reflexiven Prozesse durchführen: »im Trubel des Campus-Cafés, meditativ im Raum der Stille, im Seminarraum verbleibend, spazierend oder auf einer eventuell nahegelegenen Wiese« (Paulick 2021, S. 171).

Nach jeder Reflexionseinheit schließt sich dabei eine Zusammenführung im Plenum (im Seminarraum) an, die mit der offenen Fragestellung »Wie ging es euch/Ihnen mit der Reflexion?« anmoderiert wird.

»Essentiell ist hierbei die Vermeidung eines panoptischen Settings zugunsten einer Freiwilligkeits-Maxime: ob jemand etwas sagt, was jemand veröffentlichen möchte, ist selbstbestimmt. Wichtig hierbei ist es, keinen Rahmen eines narrativen Müssens zu schaffen, wozu auch gehört keine Personen im Plenum gezielt anzusprechen. Stattdessen offeriert das Plenum Möglichkeiten, Selbstbeobachtungen zu teilen, voneinander zu hören oder auch Kritik (z. B. an den Fragen) zu üben« (Paulick & Wesenberg 2020, S. 13).

Folgende Tabelle (▶ Tab. 5) gibt einen Überblick zu den strukturierten Selbstreflexionen zu zentralen Aspekten beraterischer Professionalität in Sozialer Arbeit, die wir ergänzend zu den erwähnten Lern- und Reflexionsaufgaben von McLeod (2011) in unseren Lehrformaten nutzen und von denen einige im Anhang (Anhang B.1 und B.2) zu finden sind.

**Tab. 5:** Beispiele für strukturierte Selbstreflexionen (mit * gekennzeichnete sind in Anhang B.1 und B.2 zu finden)

| Einzelreflexion | Dyadische Konstellation |
|---|---|
| • Nähe und Distanz – Helfen als Beruf(ung)*<br>• Glaubenssätze<br>• »Verherztheiten« – Affinität (Hingezogensein zu Klient*innen)*<br>• Eigene Resilienzfaktoren – »Es ist nie zu spät, eine glückliche Kindheit zu haben«*<br>• Professionalität – Professionalitätsideal<br>• »Das Leben nehmen«*<br>• Soundtrack meines Lebens*<br>• … | • Lebensflussmodell (ressourcenorientierte Biographiearbeit zum Thema Professionalität)<br>• »Schattenklient*in« – Aversion (Ablehnung von Klient*innen)*<br>• Professionelle Beziehung(en)*<br>• Meine Ressourcen<br>• Selbstsorge*<br>• … |

In folgender Übersicht (siehe Information 8.1) sind zudem einige grundlegende Überlegungen zu Selbstreflexionen (im Einzelformat) aufgeführt, die wir Studierenden in Form eines Arbeitsblattes mitgeben und insbesondere in der ersten Einführung der genannten Selbstreflexionsbögen für Einzelformate (▶ Tab. 5) ausführlich besprechen (neben einer Erläuterung zu Hintergrund und Sinn von Selbstreflexionen).

> **Information 8.1.: Gedanken zu Selbstreflexionen**
>
>
>
> Selbstreflexionen sind ein elementarer Bestandteil von Professionalität! Sie sind eine Momentaufnahme und eine Variante von Autobiographie. Selbstreflexionen sind immer etwas hoch Intimes und Biographisches. Sie sind nützlich, um eigene Gewissheiten sichtbar zu machen, aber auch um Vertrautes zu hinterfragen. Sie spielen mit Perspektiven und laden ein, Neues zu denken. Selbstreflexionen sind vor allem eine Begegnung mit uns selbst, ein Beschauen von Ungedachtem und ein Navigieren durch die eigene Biographie. Sie basieren auf der Lust, sich selbst zu erforschen.
>
> Die Fragen sind bewusst offen formuliert. Also nehmen Sie sich gern ausreichend Zeit und schreiben Sie Ihre Gedanken wirklich auf. Sie werden überrascht sein, wie zeitintensiv es sein kann, implizite Gedanken präzise zu formulieren, und wie aufwendig und zugleich lohnend es ist, Genauigkeiten herzustellen.
>
> **Hinweis 1**
>
> Sie entscheiden, wohin genau Sie schauen wollen! Sie entscheiden, wie tief Sie was genau reflektieren möchten! Sie entscheiden über die Tiefe der Reflexion!
>
> Oberste Priorität hat dabei immer, gut für sich zu sorgen. Das heißt, auch zu schauen, inwieweit es ein günstiger Moment für eine Reflexion ist. Das heißt, auch zu schauen, inwieweit es ein günstiges Setting für eine Reflexion ist. Ist es ein guter Ort? Haben Sie ausreichend Zeit? Pointiert gesagt: Spüren Sie in sich hinein und schauen Sie, ob die an Sie herangetragene Selbstreflexion gerade für Sie dran ist.
>
> **Hinweis 2**
>
> Selbstreflexionen sind etwas sehr Intimes. Vielleicht sind sie auch eine Sonderform eines Professionalitätstagebuches. Wenn es Ihnen möglich ist, Ihre Selbstreflexionen datenschutzsensibel aufzubewahren (wie es sich für Tagebücher gehört), ist es lohnend, damit zu beginnen, die eigenen Selbstreflexionen zu archivieren.
>
> Sie werden überrascht sein, wie sich Ihr Denken und Ihre Haltungen im Lauf der Zeit differenzieren, modifizieren oder zementieren werden. Sukzessive erarbeiten Sie alsdann für sich selbst einen Erfahrungsschatz, der durchaus dazu beitragen kann, eine Haltung des Milde-zu-sich-selbst-Seins zu kultivieren.
> (In gekürzter Version bereits in Paulick 2021, S. 170 f., publiziert.)

Das Format der dyadischen Konstellation (d. h., eine Person arbeitet zunächst als Nutzer*in der Methode, die zweite Person agiert als Berater*in, dann Wechsel von Nutzer*in-Berater*in-Rolle) eignet sich insbesondere für Reflexionen, die durch ressourcenorientiertes Nachfragen an Qualität gewinnen können, etwa die Arbeit mit dem Lebensflussmodell. Über das sensible Nachfragen und die implizite »Peer-

Beratung« eröffnen sich nach Rückmeldung der Teilnehmer*innen zusätzliche, wertvolle Selbsterfahrungen für die Arbeitsdyade (Paulick 2021).

»Eine intensivere Auseinandersetzung mit der eigenen Biographie findet in der Regel erst statt, wenn zusätzliche kreative Medien genutzt werden (beispielsweise wird das eigene Leben in Form eines Flusses dargestellt)«, resümiert Jürgen Beushausen (2016, S. 336). Auch nach unserer Erfahrung ermöglicht das Lebensflussmodell über die Visualisierung von Zeitabläufen und relevanten Lebensetappen einen eindrücklichen Zugang zur eigenen Entwicklungsgeschichte. Das Lebensflussmodell ist zugleich aber auch eine arbeits-, zeit- und erfahrungsintensive Methode, die durchaus einen halben Tag in Anspruch nehmen kann und entsprechend einen entsprechenden Rahmen des Seminars, etwa im Blockformat, voraussetzt. Gerade in diesen intensiven Arbeitsphasen ist es nach unserer Erfahrung wichtig, als Seminarleiter*in ansprechbar und sichtbar zu bleiben und für die Arbeitsdyaden eine »glühwürmchengleiche« Präsenz zu zeigen und zugleich nicht die Arbeitstrance zu stören oder in die jeweiligen Intimitätsrahmen einzudringen (Paulick 2021). Nach unserer Erfahrung intensiviert sich der Gewinn des Arbeitens mit dem Lebensflussmodell beim wiederholten Anwenden während des Studiums. Während ein erstes Kennenlernen und Erproben dieser biographischen Methode in Beratungs- und Handlungsmethodenseminaren im zweiten und dritten Semester, also der ersten Hälfte des Bachelor-Studiums möglich ist, bietet sich ebenso eine vertiefende Anwendung am Ende des Praxissemesters (hier mit besonderer Perspektive auf diese Professionalisierungsphase) sowie in einer Lehrveranstaltung im letzten Semester an, um diesbezüglich das gesamte Studium unter Professionalisierungsaspekten ressourcenorientiert zu reflektieren.

Über die kontinuierliche Arbeit mit selbstreflexiven Formaten – die den Mut erfordern, sich darauf einzulassen, »die Vergangenheit neu zu entdecken« (Dufourmantelle 2018, S. 35) und mit dem Verständnis einhergehen, Selbstreflexionen als »ein schöpferisches Labor« zu verstehen (S. 36) – versuchen wir einen kontinuierlichen Prozess anzuregen, der die »Reise« von Berater*innen fortwährend begleiten wird, denn »[z]u wissen, ›wie ich ticke‹, das ›Stimmen‹ des eigenen Instruments, ist ein nie abgeschlossener Prozess« (Zwack & Zwack 2016, S. 59).

# 9 Selbstsorge kultivieren

»Der Sozialarbeiter muß sich selbst ein erfülltes Leben schaffen, [...] sich entwickeln, reicher werden, wenn er dauernd Kraft auf andere übertragen soll. Er muß mit seiner Kraft haushalten, nicht mehr unternehmen, als er bewältigen kann. Das ist nicht nur um seiner selbst willen notwendig, sondern ist Teil seiner Berufspflicht gegenüber der Gesamtheit, gerade, weil er es dauernd mit Menschen zu tun hat, deren Kraft versagt.«
Alice Salomon (1928 [Orig. 1921]): Leitfaden der Wohlfahrtspflege, S. 183.

## 9.1 Vorüberlegung: Die Sorge um sich – Ein Blick auf die Historie der Selbstsorge

Wie Michel Foucault herausgearbeitet hat, ist Selbstsorge keineswegs ein neues Phänomen in der abendländischen Ideengeschichte. Insbesondere in seinen Studien zur Historie der Sexualität (1986a, 1986b) und zur Hermeneutik des Subjekts (2004) rekonstruiert Foucault die Komplexitäten von Selbstsorge und die diskursiven Kämpfe darum. Während die Beziehungen von Selbstsorge (*epimeleia heautou*) und Selbsterkenntnis (*gnothi seauton*) in der mediterranen Antike als Fragen philosophischer Lebenskunst und referentiell zur Idee einer »Ästhetik der Existenz« behandelt wurden, sind im Laufe der Geschichte der Hermeneutik des Subjekts Verschränkungen, Ausdifferenzierungen, und Modifikationen mit Kunst- und Kulturformen, Religionen und Humanwissenschaften zu konstatieren (Paulick 2021, S. 164f.). Damit einher geht auch eine – so Foucault – Umgewichtung und Bedeutsamkeitsgebung von Selbstsorge. Foucault zeigt in seinen Studien auf, dass Selbstsorge in der mediterranen Antike nicht auf die Frage von Anwendungstechniken reduziert wurde, sondern – als bedeutsames Thema für eine kleine Elite – hochkomplexe Einbettungen in andere ethische und politische Zusammenhänge erfuhr. Der Gestaltungsraum und die Auswahl der großen Streumenge diverser Übungsformen wurde dem Subjekt »nicht im Rahmen einer Lebensregel, sondern einer techne tou biou (einer Lebenskunst)« (Foucault 2004, S. 515) als freie Handhabung angeboten.

Selbstsorge wurde – stets im Zusammenspiel mit Selbsterkenntnis – diesbezüglich in Kontexten von Lebensführung, Selbstveredlung, Fragen von Seinsweisen, Wahrheitszugängen, Körper, Psyche, Asketik, Spielarten von Selbst- und Fremdregierung, Selbstkultur und Lebenskunst gedacht. Verstanden als Lebensweise zielte sie »auf eine Stilisierung der Haltung und eine Ästhetik der Existenz« (Foucault 1986a, S. 122).

Während Selbstsorge als Subjektivierungsweise vom fünften vorchristlichen bis zum fünften nachchristlichen Jahrhundert einen intensiven Beschäftigungshorizont in der Philosophie darstellte, ist im abendländischen Denken seitdem ein Disqualifikationsprozess der epimeleia heautou (die Sorge um sich) zugunsten von gnothi seauton (Erkenne dich selbst!) zu beobachten. Selbstsorge – in ihrer ursprünglichen Komplexität als ethische Frage – erfährt einen Bedeutungsverlust zugunsten der Maxime von Selbsterkenntnis. Das sorgende Subjekt wurde sukzessive vom erkennenden Subjekt abgelöst.

> »Infolge des Credos der Erkenntnis als alleinige Wahrheitsvoraussetzung verlieren – so Foucault – im abendländischen Denken nicht nur selbstschöpferische Identitätszugänge des Subjekts an Relevanz, tatsächlich lässt sich an diesem Verknüpfungspunkt von Wahrheit und Erkenntnis der Entstehungs- und Zugriffsmoment disziplinarischer und normalitätsgenerierender Machtpraktiken der Wissenschaften vom Menschen situieren« (Paulick 2018a, S. 476).

Wohlgemerkt, Foucault intendiert keineswegs Übertragungslogiken antiker Selbstsorgeideen auf die Gegenwartsgesellschaft und betont, wie wenig sinnvoll es ist, einen Beispielscharakter in vergangenen Epochen zu finden, der sich als Folie auf das Hier und Jetzt übertragen ließe. Gleichzeitig stellt er heraus, dass sich in der Idee, das eigene Leben als Kunstwerk zu verstehen und die eigene Biographie zu einem »schönen und guten Werk« (Foucault 2004, S. 515) zu arrangieren, ethische Möglichkeitsräume finden lassen, zumal Foucault Ethik als »die Praxis der Freiheit, die reflektierte Praxis der Freiheit« (Foucault 2005d, S. 879) versteht. Selbstsorge ist für Foucault eine Form von Identitätsarbeit, die das Subjekt ausschließlich selbst an sich vornehmen kann und dergestalt (unter anderem indem es normative Identitätsanforderungen zurückweist) selbstschöpferisch agiert. Diese Idee von Selbstsorge impliziert kein Jenseits von Wissens-Macht-Konstellationen, in welchem sich das Subjekt bewegt oder das Proklamieren eines »heillose[n] Subjektivismus« (Habermas 1988, S. 324). Vielmehr unterstreicht die foucaultsche Perspektive auf Selbstsorge Möglichkeitsformen und Freiheitsräume inmitten von Wahrheitsspielen, Normierungspraktiken und Regierungstechnologien. Kein Jenseits von Macht, sondern ein Eintreten in Machtspiele der Gegenwartsgesellschaft. Anstatt also präskriptive Programmatiken zu befolgen, findet sich bei Foucault ein vorsichtiges Plädoyer für kontingente Freiheitsspielräume für eine selbstsorgebedachte, schöpferische Identitätsarbeit als leeres Programm. Denn:

> »Programme werden zu Gesetzen, die das Erfinden verbieten. [...] Das Programm muss leer sein. Es muss in der Vergangenheit graben und aufzeigen, dass die Dinge aus bestimmten intelligiblen Gründen historisch kontingent, aber nicht notwendig waren. Wir müssen das Intelligible vor dem Hintergrund einer Leere aufscheinen lassen, jede Notwendigkeit bestreiten und zugleich denken, dass die Dinge, die existieren, keineswegs alle möglichen Räume füllen. Wir müssen die Frage, welches Spiel wir spielen und wie wir ein Spiel erfinden können, zu einer echten und unabweisbaren Herausforderung machen« (Foucault 2005b, S. 206).

Gleichwohl es zahlreiche Wandlungen des Selbstsorgeverständnisses gab, destilliert Foucault drei essentielle Bedeutungsebenen der sich ab dem fünften vorchristlichen Jahrhundert thematisierten epimeleia heautou (die Sorge um sich).

Erstens bezeichnet epimeleia heautou (die Sorge um sich) eine allgemeine Haltung, sowohl sich selbst gegenüber (selbstverhaltend), als auch anderen gegenüber (in Beziehungen treten, Beziehungspflege) sowie hinsichtlich der Weltbetrachtung. Zweitens umfasst epimeleia heautou das Aufmerksamkeitsausrichten des Subjekts auf sich selbst und eigene Denkvorgänge. Drittens impliziert epimeleia heautou auf sich selbst ausgerichtete Übungen, Techniken und Praktiken. Diese Handlungsbündel sind einerseits konkret, andererseits vielfältig und reichen über Meditationstechniken, Formen von Erinnerungsarbeiten, Gewissensprüfungstechniken und Praktiken, welche auf Reinigen, Verwandeln, Verändern oder Läutern des Subjekts ausgerichtet sind (Foucault 2004, S. 26f.; Paulick 2018, S. 348)

Wie in Kapitel 3.5 ausgeführt, stellt Selbstsorge für uns die »Grundierungsfläche« des magischen Professionalitätsdreiecks dar. Selbstsorge ist kein Aggregatzustand und nicht statisch, sondern eine ständige Herausforderung und eingebettet in Kontinuität. Ein Kurs, Workshop oder Seminar kann zweifelsohne wichtige Impulse geben, sollte aber nicht als qualifizierender Kompetenzerwerb verstanden werden (▶ Kap. 9.2). Es handelt sich bei Selbstsorge um keinen klar abgrenzbaren Professionalitätsbereich, vielmehr verstehen wir hierunter das Fundament eines wertschätzenden Selbstverhältnisses, das wohlwollend eine aufmerksame und liebevolle Beziehung zu sich selbst pflegt. Die Grundlage für belastbare Arbeitsbeziehungen und die Gestaltung von verantwortungsvollen Beratungskontexten wächst auf einem selbstsorgebedachten Selbstverhältnis der Berater*innen. Gleichwohl gehören gute Arbeitsbedingungen und Qualitätsrahmen zwingend dazu. Wie bereits ausgeführt stellen regelmäßige Kollegiale Fallberatungen sowie regelmäßige Supervisionen einen wichtigen Bestandteil von Selbstsorge sowie Professionalität dar.

Während der »Psychohygiene«-Terminus körperliche Aspekte außer Acht lässt und »Selbstfürsorge« unmittelbare Assoziationen zur Fürsorge als sozialstaatlich und für andere stellvertretend Angelegenheiten besorgend (Schmid 2022) mit sich bringt, verwenden wir bewusst rekurrierend auf Foucault den Begriff Selbstsorge bzw. Sorge um sich. Einerseits lassen sich damit Fragen und Denktraditionen von Selbstverhältnissen und Lebenskunst aufgreifen und weiterdenken, andererseits impliziert dieser Begriff gerade durch die Wandlungsprozesse und diskursiven Wahrheitskämpfe auch die Komplexitäten, die mit Fragen von Selbstsorge verbunden sind und eine kritische Inhärenz mit sich führen.

Unter Selbstsorge verstehen wir im Kern das Kultivieren eines wertschätzenden und wohlwollenden Selbstverhältnisses und einer ressourcenorientierten und sensiblen Haltung sich selbst gegenüber. Dieses Verständnis entfaltet weitere Komplexitätsebenen und Inhärenzen, beispielsweise:

- Selbstmitgefühl
- Selbstwahrnehmung: Überlastungen, Empfindungen, Stress, Selbstwirksamkeit, Emotionen, körperliche Signale …
- Ausstiegspunkte
- Reflexion biographischer Erfahrungen (eigene Wunden, Themen etc.)

- Fremdwahrnehmung
- Selbstakzeptanz
- Bedürfnisse (wahrnehmen)
- Selbstbeobachtung
- Selbstreflexion
- Selbstberuhigung
- Ressourcenorientierung/Ressourcenhabitus
- Glaubenssätze-Affirmationen
- gelingende Balance von Nähe und Distanz in der Gestaltung von professionellen Beziehungen
- Sinnfragen
- Hineinwirken von Wertschätzung (z. B. auch finanziell), unbezahltes Praktikum
- Kollegiale Fallberatung, Supervision
- …

Selbstsorge meint weder Burnoutprävention im Sinne von Arbeitskrafterhaltung, weder eine Art Hochleistungssport an Achtsamkeitspraktiken, weder auf Leistungsoptimierung angelegte Selbstmanagementstrategien noch das Aufzeigen eines Sammelsuriums von sogenannten Psychohygienetools.

Selbstsorge ist eine unmittelbare Form der Begegnung mit sich selbst und stellt einen elementaren Bestandteil von Professionalität dar. Als Selbstverhältnis ist sie ein kontinuitätsbedachtes Zusammenspiel von Haltung im Sinne einer inneren Einstellung, Wahrnehmen und konkretem reflexionsbasiertem Handeln.

Luise Reddemann stellt Anfang der Nullerjahre fest, dass innerhalb der helfenden Zunft »das Bewusstsein für die Notwendigkeit bewusster und gezielter Psychohygiene eher gering« (Reddemann 2001, S. 22) ist. Ebenso die Nachfrage in den von ihr zu selbstsorgerischen Thematiken angebotenen Kursen (Reddemann 2001, 2003, 2005). Seither ist einerseits – so unsere Beobachtung – durchaus eine Intensivierung der Aufmerksamkeiten rund um »Selbstfürsorge-Psychohygiene« auszumachen, andererseits gehen damit auch problematische Konstellationen einher.

## 9.2 Selbstsorge zwischen unabdingbarer Voraussetzung professionellen Handelns und Zwang zur Selbstoptimierung

Wie im dritten Kapitel ausgeführt, bildet Selbstsorge die Grundierungsfläche unseres Modells des magischen Professionalitätsdreiecks. Nach unserer Idee impliziert Selbstsorge, seinen Ressourcenhabitus zu kultivieren, die Fähigkeit und Bereitschaft, den Blick auf sich selbst zu richten, sowie die innere Haltung, permanent gut für sich zu sorgen und sich gut um sich zu kümmern. Nach diesem Verständnis stellt die Sorge um sich eine unabdingbare Voraussetzung professionellen Handelns dar.

Ähnlich den Konzepten von Ressourcenorientierung, Resilienz oder Empowerment sind mit der Idee von »Psychohygiene« bzw. »Selbstfürsorge« durchaus Schwierigkeiten verbunden (Bröckling 2004, 2007; Freyberg 2011; Paulick 2019).

Neben selbstfürsorgethematisierenden Fachpublikationen (Gödde & Zirfas 2021; Gussone & Schiepek 2000; Hoffmann & Hoffmann 2012; Zito & Martin 2021) wuchern im Markt der Selbsthilfe und Ratgeberliteratur, in nicht standardisierten Fortbildungsangeboten oder in Form von Selbstfürsorge-Coaching (Böttger 2022) unzählige Hilfeversprechen. Hinzu kommt – als Teil des Selbstfürsorgediskurses – eine Fülle an Achtsamkeitsangeboten, die von qualitativen, zeitintensiven Kursen (MBSR) über vergleichsweise kurze (20 Stunden) und zugleich eine deutliche Stärkung der Selbstfürsorge versprechende Kurse (Dahl & Dlugosch 2020), gut gemeinte Stressabbau- und Entspannungskurse (z. B. an Hochschulen), massenhafte Social Media Angebotsvarianten bis hin zu Meditationscoachings für Eilige (Arp 2014), Versprechen von Unverwundbarkeit durch Resilienz (Reed 2022), Achtsamkeit für Berufstätige (Bock 2022) oder Selbstfürsorge für Dummies (Kalbheim 2022) reicht. Durch die von einer Begriffsunschärfe getragene Allgegenwart von »Selbstfürsorge/Psychohygiene« wird das Subjekt in eine Arena von Zugzwängen und Appellen im »Sog der Optimierungslogiken« (Mayer 2019, S. 304) manövriert, wodurch es sich nicht *nicht* zu »Selbstfürsorge« verhalten kann. »Selbstfürsorge« in neoliberalen Gesellschaftsformen ist nicht frei von Aktivitätsapellen und verschleierten Aufforderungslogiken in den eigenen *Non*-Burnout – oder zumindest in die »Krisenabfederung durch gute Wartung« (Bröckling 2007) – zu investieren. In Varianten gouvernementaler Praktiken bietet »Selbstfürsorge/Psychohygiene« sowohl hinsichtlich Prävention als auch Intervention multioptionale Wege für »das unternehmerische Selbst« (Bröckling 2007). Gleichwohl wird im Subtext der Nichtinanspruchnahme von »Selbstfürsorge«-Möglichkeiten – im Sinne von Deinvestment – die Selbstverantwortung für etwaiges Überlastungserleben, Burnout oder (unsolidarisches) Kranksein formuliert.

Die unreflektierte Maxime von »Psychohygiene« bietet in neoliberalen Gesellschaftsformen eingebetteten Hilfeformen ein Einfallstor für gouvernementale Praktiken, zumal dergestalt Selbstoptimierungsimperative, Aktivierungslogiken und Verantwortlichkeiten verschleiert an Helfer*innen delegiert werden (können). Ähnlich wie Beratung kann Psychohygiene/Selbstsorge nicht nur ein subjektives Nützlichkeitserleben anbieten, zugleich aber eben auch »ein Trainingslager für Fitness im Netzwerkkapitalismus liefern« (Keupp 2013, S. 1723; Keupp 2014, S. 27). Wer unter Überlastungen, Burnout, Depression leidet oder sich Dinge zu sehr zu Herzen nimmt, darf gern einen defizitären Verdacht gegen sich selbst hegen, immerhin hätte er*sie »Psychohygiene/Selbstfürsorge« betreiben können. Individuelles Belastungserleben wird dergestalt nicht wie noch in der Nachkriegsgeneration als vermeintlich verachtenswerte Schwäche einverleibt (Reddemann 2005, S. 563), sondern lässt sich so als mangelnde Selbstverantwortlichkeit deklarieren. »Psychohygiene« als unreflektierter Normalitätsstandard und als leerer Begriffscontainer erhöht den individuellen Druck auf Helfer*innensubjekte mit jedwedem beruflichen Belastungserleben – und so vielleicht auch der Subtext von »Selbstfürsorge«-Mantras, als professionelle*r Helfer*in sollte jemand eigentlich auch in der Lage sein, mit jedweden privaten Belastungen umzugehen und diese keineswegs in berufliche Sphären hineinwirken zu lassen – umgehen zu müssen. Die Zugzwänge von »psychohygienischen« Selbstoptimierungsimperativen legitimieren zugleich das Aufweichen oder gar den Rückbau von Qualitätsstandards wie Supervision, Weiterbildung oder Kollegialer Fallberatung.

Arbeitsverdichtungen, befristete Anstellungen und schwierige Arbeitsbedingungen lassen sich nicht nur kosmetisch durch Verweise auf Selbstsorge oder einen zweitägigen Teamworkshop zum Thema Psychohygiene kaschieren, mittel- und längerfristig droht auch der Rückbau von Unterstützungsparametern und Qualitätsstrukturen wie Einzel- *und* Teamsupervision in adäquater Frequenz. Da Zeit ein zentraler Parameter qualitativen Helfens ist, lassen sich über den Umweg der Delegierung von Selbstsorge in die helfenden Subjekte Ökonomisierungsprozesse und Arbeitsbedingungen legitimieren.

In der beobachtbaren Ökonomisierung von Sozialer Arbeit und Beratung (Seithe 2012; Wendt 2021, S. 385–389) bietet sich der Containerbegriff »Selbstfürsorge« ideal an, die Verantwortung von Burnoutprävention uneingeschränkt auf das Helfer*innensubjekt zu delegieren und dergestalt den Rückbau von Qualitätsstandards oder Professionalisierungsprozessen zu legitimieren. Burnout ist allerdings häufig eher eine »gesunde« Reaktion auf inadäquate und abschöpfungsbedachte, ausbeutende Arbeitsstrukturen.

## 9.3 Kultivieren eines Selbstsorge-Habitus

Vor dem Hintergrund unserer Idee von Professionalität ist es für uns wichtig, Student*innen von Beginn an für die Bedeutsamkeit und Ambivalenzen von Selbstsorge zu sensibilisieren. Sensibilisieren für Arbeitsbedingungen und Selbstsorgekulturen im Praktikum: Wie wird darüber im Team, in der Trägerorganisation, mit der Mentor*in gesprochen? Welche Praktiken, Rituale, Strukturen, individuellen Umgänge lassen sich beobachten? Hier ist es wertvoll, im Kontext der Praktikumsbegleitung und in Seminaren vertrauensvolle Räume zu schaffen, die Austauschprozesse darüber ermöglichen und dergestalt vielfältige Einblicke zu erhalten.

Hierüber lässt sich ein kritischer Blick kultivieren, um Strukturen und Qualitative Standards einzufordern (wo sie denn fehlen oder fragilitätsbedroht sind) sowie ein vermeintlicher Alibicharakter von burnoutpräventiven Maßnahmen diskutieren.

In Form einer Brainstorming-Phase können etwa in Seminargruppen erste freie Ideen und Assoziationen zu »Selbstsorge« gesammelt werden (siehe Übung 9.1).

> **Übung 9.1: Brainstorming »Selbstsorge« (in Kleingruppen mit vier bis acht Personen)**
>
> Notieren Sie auf dem Flipchart, was alles konkret Selbstsorge für Berater*innen sein kann. Erlauben Sie sich konkret und vielfältig zu denken. Hier geht Quan-

> tität vor Qualität. Vielleicht helfen Ihnen das Erinnern von Texten und Studien, Erfahrungen im Studium oder Ihre Beobachtungen im Praktikum dabei.
> Nach der Arbeitsphase in den Kleingruppen laden wir zu einer Präsentation und einem Austausch im Plenum ein.

Beispielhaft sind hier einige mögliche relevante Aspekte aufgeführt, die in einem Praxisreflexionsseminar von den Studierenden zum Begriff »Selbstsorge« assoziiert wurden:

- Ausstattung (Teilen sich mehrere Personen einen PC? Gibt es einen Pausenraum? ...)
- Fallzahlen
- konkrete Arbeitsverdichtung
- Vertretungsregelungen (Urlaub, krank, offene Stellen)
- bezahlte Rufbereitschaft, bezahlte Überstunden
- Gibt es ein gestelltes Arbeitshandy?
- Teamkultur (Geburtstage)
- Pausenkultur (Sprechen über Arbeit? Jeder für sich? Genügend Zeit?)
- Räumlichkeiten (z. B. Blumen, Bilder ...)
- Zeit, Raum und Anlässe für Lachen
- Rollenbewusstsein
- Nähe-Distanz-Themen
- Sinnfragen
- Ressourcen
- privater Ausgleich
- Balance
- konkrete Techniken, Übungen, Methoden der Distanzierung und des Um- und Abschaltens
- Erholungszeiten
- Schweres leicht machen
- Meditationspraxis
- Selbstberuhigung
- Ressourcenorientierung
- Achtsamkeit
- Yoga
- Austausch (Supervision, Fallberatungen)
- körperorientierte Verfahren, Embodiment
- liebevolle Beziehungen (Familien, Freund*innen, zu sich selbst ...)
- kreative Sinnesarbeit
- Kultur
- Dankbarkeit
- Spazierengehen
- gutes Team
- angemessene Bezahlung
- ...

Hieran anschließend kann in den gleichen Kleingruppen in einer zweiten Arbeitsphase eine mögliche Systematisierung der Begriffe erarbeitet werden (siehe Übung 9.2).

> **Übung 9.2: Kleingruppenarbeit zu Selbstsorgeebenen**
>
> Nachdem Sie nunmehr eine Vielzahl von konkreten Elementen und Varianten von Selbstsorge gesammelt haben, möchten wir Sie bitten, eine Systematisierung bzw. Kategorisierung von Selbstsorge vorzuschlagen. Die Entscheidung zur Anzahl der Felder und den konkreten Rubriken bzw. wie genau sich Selbstsorge in Teilrubriken ordnen lässt, ist Ihnen überlassen.
> Oder: Selbstsorge ist ein Begriff, der in zahlreiche Arbeitsfelder, Tätigkeitsebenen und persönliche Bereiche hineinwirken kann. Visualisieren Sie auf dem Flipchart, welche konkreten Felder sich differenzieren lassen.

Folgende Beispiele für Selbstsorgeebenen sind in der angesprochenen Seminargruppe erarbeitet worden:

- biographische Spuren ins Helfen, Hineinwirken eigener Themen in Arbeits- und Klient*innenthemen
- Reflexion biographischer Gewordenheiten
- Reflexionsformate mit anderen Profis
- Übungen und Techniken
- Glaubenssätze/Affirmationen
- körperorientierte Verfahren
- Reflexionsstrukturen (Qualität und Frequenz), Einzel-/Teamsupervision, Fortbildung, Kollegiale Fallberatungen, Intervision
- Arbeitsbelastungen/Arbeitsbedingungen (Fallanzahl, Vertretungsregelungen, Rufbereitschaft, Diensthandy ...).

Eine Arbeit zur definitorischen Eingrenzung kann über die Beschäftigung mit Textauszügen von Luise Reddemann erfolgen (siehe Übung 9.3).

Über eine andere Übung kann ein erster, humoristischer Einstieg zum Thema »Selbstsorge« ermöglicht werden: »Selbstsorge, ex negativo – 10 goldene Regeln zum sicheren Burnout« (siehe Übung 9.4). Einen weiteren Zugang, der insbesondere auch einen Fokus auf die Schwierigkeiten und Ambivalenzen der Thematik einfängt, eröffnet die Selbstsorge-Soziometrie (siehe Übung 9.5). Eine Kleingruppenübung für Studierende im letzten Studienjahr stellt der »Ratgeber für Erstsemester« dar (siehe Übung 9.6). Hier ermöglicht sich, würdigend auf den Lernweg als Lebensphase Studium am konkreten Hochschulort zu schauen und zugleich – in Austauschprozessen – in die (herausforderungsreiche) Rolle von Ratgeber*innen zu schlüpfen.

## Übung 9.3: Arbeit am Begriff »Selbstsorge« (Diskussion in der Kleingruppe und anschließend im Plenum, gesamt 45 bis 60 Minuten)

Luise Reddemann zählt zu den Pionier*innen der Selbstsorge und hat vor zwei Jahrzehnten die Bedeutsamkeit für professionelle Helfer*innen herausgestellt, sich gut um sich zu kümmern.

Diskutieren Sie folgende Zitate in der Kleingruppe. Inwiefern können Sie einzelnen Gedanken (Begriffen) zustimmen? Welche Ideen lassen sich konstruktiv weiterentwickeln und auf das Studium (Praktikum, Handlungsfeld) übertragen? Welche Elemente aus den Zitaten sind aktuell? Welche vielleicht inzwischen veraltet?

»Ich verstehe darunter einen liebevollen, wertschätzenden, achtsamen und mitfühlenden Umgang mit mir selbst und Ernstnehmen der eigenen Bedürfnisse. Psychohygiene und damit Selbstfürsorge bedürfen entweder einer frühen Erfahrung mit ausreichender Fürsorge oder, wenn sie nicht erfahren werden konnte, eines Trauerprozesses mit anschließender Veränderung im Umgang mit sich selbst. Wenn man sich das oben Ausgeführte ins Bewusstsein ruft, kann man dann sicher sein, dass diese Trauerprozesse auf allen Ebenen von Psychotherapeuten geleistet werden konnten? Wenn nicht, schleichen sich die Dämonen der Vergangenheit auf die eine oder andere Weise wieder an und ein. Aber selbst wenn sie geleistet worden sind, braucht es anschließend neues Handeln, Einsicht allein genügt nicht« (Reddemann 2003, S. 82).

»Selbstfürsorge bedeutet für mich heute auch, den Körper wichtiger zu nehmen. Einerseits durch viel genaueres Wahrnehmen, insbesondere durch meditative Übungen und – daraus abgeleitet – auch im Alltag, aber zudem durch alle Arten der Bewegung. Ich habe die Ergänzung der psychotherapeutischen Arbeit durch körperorientierte Verfahren schätzen gelernt und scheue mich auch nicht mehr, Patienten gelegentlich zu berühren, wenn sie dies wünschen. Ich habe erfahren, dass manchmal ein Spaziergang mit einer Patientin hilfreich und wichtig ist, – insbesondere bei dissoziativen Störungen –, und sehe auch ein solches Vorgehen als einen Akt der Selbstfürsorge an.

Schließlich ist es wichtig für mich, liebevolle Beziehungen in der Familie und im Freundeskreis zu pflegen.

Zur Selbstfürsorge rechne ich ferner, das Kreative in mir zu entdecken und dessen Entdeckung ebenso bei den Patienten zu fördern. [...]

Ich beschäftige mich außerhalb der Therapien nur sehr dosiert mit Problematischem. Dafür liebe ich Freude und meine Inspiration fördernde Bücher und Filme. Darüber spreche ich dann auch mit meinen Patienten, frage Sie nach ihren Erfahrungen, und rege sie an, ohne zu erwarten, dass sie die Anregung aufgreifen müssen.« (Reddemann 2005, S. 567).

## 9 Selbstsorge kultivieren

### Übung 9.4: Kleingruppenarbeit: Selbstsorge, ex negativo – 10 goldene Regeln zum sicheren Burnout

Was genau könnten Sie tun, um spätestens nach den ersten drei Jahren Berufspraxis ganz sicher Ihren ersten Burnout zu haben? Formulieren Sie hierfür 10 goldene Regeln.

### Übung 9.5: Selbstsorge-Soziometrie

Auf jeweils einem großen Blatt wird jeweils ein – zugegebenermaßen zugespitztes – Statement zum Thema Selbstsorge geschrieben.
Pol 1: »Selbstsorge ist etwas Wundervolles. Achtsamkeit, Meditation oder Yoga. Momente, in denen ich gut zu mir bin, gut für mich sorgen kann und ganz bei mir sein darf.«
Pol 2: »Selbstsorge alias Psychohygiene ist eine verschleierte neoliberale Abschöpfungsstrategie für Menschen auf dem ›Hilfestrich‹. Via Selbstoptimierungsimperativen werden durch Psychohygienetools miserable Arbeitsbedingungen und Dauerüberlastungen übertüncht, um bei Helfer*innen einen strukturell angelegten Burnout weiter nach hinten zu schieben und sie länger auszubeuten, bevor sie in ein teures Langzeitkrank gehen.«
Je nach Gruppen- und Raumgröße werden die beiden Karten als Polaritäten ausgelegt und die Teilnehmer*innen gebeten, sich zu positionieren. Je größer die Zustimmung zu einem der beiden Pole ist, desto näher erfolgt die Positionierung. Mittels dieser Soziometrie lassen sich erste Stimmen der Teilnehmer*innen und Austauschprozesse sammeln.

### Übung 9.6: Kleingruppenarbeit: Ratgeber für Erstsemester

Sie befinden sich nunmehr auf der Zieletappe Ihres Studiums. Sie haben den Großteil des Weges erfolgreich zurückgelegt, viele Herausforderungen gemeistert und sind absolute*r Experte*in, was den Studienort und den Studiengang Soziale Arbeit betrifft. Dieses Wissen ist etwas sehr Wertvolles, ein besonderer Erfahrungsschatz. Denn Sie wissen, ein Studium ist weit mehr als das Sammeln von Credits und das Abarbeiten von Modulen.
Ein Studium ist auch eine Lebensphase der persönlichen Entwicklung und Erfahrungen.
Angenommen Sie hätten nun die Möglichkeit, eine Art kleinen Ratgeber – in Form von 10 Geboten oder 10 Tipps oder 10 Empfehlungen – zu formulieren …
Welche 10 ganz persönlichen Empfehlungen würden Sie *Ersties* des Studiengangs Sozialer Arbeit mit auf den Weg geben, um ein möglichst gelingendes Studium zu haben?

Für uns hat es sich bewährt, aus unterschiedlichen Perspektiven auf die Idee von Selbstsorge zu blicken. Wichtig ist uns dabei:

- die Bedeutsamkeit von Selbstsorge für die Professionalität von Berater*innen herauszustellen
- ein Bewusstsein für die Vielfältigkeit von Selbstsorge zu entwickeln
- die politischen Dimensionen von Selbstsorge zu unterstreichen
- die ethischen Dimensionen von Selbstsorge herauszustellen
- konkrete Impulse für den individuellen Selbstsorgehabitus zu geben
- kritische Perspektiven auf Selbstsorge vorzunehmen.

Für dyadische Arbeitseinheiten und die wichtige Erfahrung einer selbstsorgebedachten Akzentuierung einer Ressourcenbiographie haben wir sehr gute Erfahrungen mit dem Lebensflussmodell gemacht (▶ Kap. 8.3) – also eine biographische Beschau des eigenen Lebens unter einer Ressourcenperspektive (Erzählen von Ressourcengeschichten und hilfreichen Erfahrungen, Sammeln von erworbenen Ressourcen auf Karteikarten oder anhand von Symbolen).

Als Einzelreflexion bietet sich das Führen eines Ressourcentagebuchs (Dokumentieren und Sammeln von selbstbeobachteten oder rückgemeldeten Ressourcen in einem selbstgeführten Journal/Tagebuch) oder die Arbeit mit dem Selbstreflexionsbogen zum Thema Selbstsorge an (als Einzelreflexion oder in der Dyade als Interview, ▶ Kap. 8.3 und Anhang B.2). Für die Erarbeitung eigener Selbstsorgestrategien bzw. eines Selbstsorgehabitus bietet es sich an, in Einzelarbeit, im dyadischen Interview oder in der Kleingruppe, vorhandene Selbstsorgestrategien in der Konkretheit sichtbar zu machen und (gangbare) Ideen für weitere Möglichkeitsformen zu sammeln. Hierfür haben sich zwei Leitfragen bewährt:

1. Welche Selbstsorgestrategien nutze ich, um mir Gutes zu tun?
2. Was würde ich gern mal ausprobieren?

# Schlussbetrachtungen

>»Ich bin eine angefangene Sache, die nicht fertig wird, nie.«
>Hedwig Dohm (2013 [Orig. 1894]): Werde, die du bist, S. 31.

Ziel dieses Buches war es, unsere Überlegungen zur Gestaltung von Beratungslehrveranstaltungen nachvollziehbar zu machen und zu plausibilisieren, inwieweit Konzepte, Theorien und Modelle mit handlungspraktischem Wissen, Erfahrungen und selbstreflexiven Auseinandersetzungen interagieren. Zugleich war es uns ein Anliegen, zu verdeutlichen, dass Selbstsorge (und das Kultivieren einer Selbstbeziehung gemäß der Maxime, gut für sich zu sorgen) eine elementare Grundierung für die Professionalität von Berater*innen darstellt.

Beraten-Lehren und Beratung-Lernen gehen Hand in Hand. Und so ist beides eher ein ständiges Weiterreisen, ein lustvoll getragenes Neuentdecken und Erfahren-Wollen. Niemandem kann das Gehen des eigenen Weges abgenommen werden, vielleicht ist es auch so, dass Abkürzungen auf der Reise der*des Berater*in nicht wirklich möglich sind, wohl aber vielfältige Wege und Reisearten.

Gerade in Zeiten neoliberaler Vergesellschaftungen und vor dem Hintergrund von allgegenwärtigen aufmerksamkeiterhaschenden Anrufungslogiken und Optimierungsimperativen stellt Zeit eine große Kostbarkeit dar. Die Aussicht der relativ gut gesicherten 10 Jahre beziehungsweise 10.000 Stunden, die es braucht, um »Meister*innenschaft« als professionelle*r Berater*in herauszubilden, wirkt auf den ersten Blick diesbezüglich nahezu grotesk. In diesem Zeithorizont – so ließe sich einwenden – könnte jemand fast zweimal ein vollständiges Bachelor- und Masterstudium absolvieren. Hier schließt sich die kritische Frage an (die auch Ausgangspunkt dieses Buches war), ob und inwieweit innerhalb der eng begrenzten Zeithorizonte im Rahmen einzelner Module eines Bachelorstudiums überhaupt relevante Beratungskompetenzen vermittelt werden können. Wir hoffen, in diesem Buch ausreichend Anregungen gegeben zu haben, wie die Anfänge beraterischer Professionalisierung im Studium Sozialer Arbeit gestaltet werden können. Zugleich möchten wir ein Plädoyer gegen die Ökonomisierung von Qualifikationsprozessen und das Auslassen und Abkürzen und vermeintliche Verdichten hinterlegen. Insbesondere da es eine ethische Verpflichtung gegenüber den Nutzenden von Beratungen gibt. Die Herausbildung von Qualität, von Professionalität und Haltung als Säulen einer guten Beratung braucht Zeit und der Professionalisierungsweg reicht über ein grundständiges Studium hinaus – auch dies sollte an Hochschulen vermittelt werden.

Wir hoffen, es ist uns gelungen, eine bescheidene Grundausrüstung für die Reise als Berater*in angeboten und Lust auf das Abenteuer beraterischer Professionalisierung gemacht zu haben. Nun kommt es auf den weiteren Weg an. Gewissermaßen ist Beratung auch eine Reise ohne Ziel, zumindest wenn wir unter Ziel das finale Ankommen verstehen. Wir möchten Beratungslehrende und Beratungslernende in ihrem individuellen weiteren Unterwegs-Sein ausdrücklich dazu einladen, ein eigenes Profil herauszubilden, die von uns hier angebotenen Ideen auszuprobieren, zu modifizieren, zu verwerfen, neu zu schöpfen und in die eigene Idee von Beratung und Beratungslehre zu integrieren. Mit großer Wahrscheinlichkeit wird es auch so sein, dass wir in einigen Jahren anders an die Sache eines Werkes zu Beratungslehre im Studium Sozialer Arbeit herangehen würden und werden. Dies soll Gegenwart und Augenblick nicht entwerten, sondern eher ein demütiges Gewahr-Werden von Entwicklung sowie kontingenten Erfahrungen verdeutlichen und zugleich lustvolle Neugier auf weiteres Reisen anregen. Der Lektüreweg ist an dieser Stelle zu Ende, doch die Reise geht weiter – für Sie und für uns.

# Anhang

# Literatur

Abplanalp, E. & Bachmann, M. D. (2019). Immersive Virtual Reality und Persönlichkeitsentwicklung in Hochschulausbildungen. In J. Studer, E. Abplanalp & S. Disler (Hrsg.), *Persönlichkeitsentwicklung in Hochschulausbildungen fördern: Aktuelles aus Forschung und Praxis* (S. 146–161). Bern: hep.

Abplanalp, E., Cruceli, S., Disler, S., Pulver, C. & Zwilling, M. (2020). *Beraten in der Sozialen Arbeit: Eine Verortung zentraler Beratungsanforderungen*. Bern: Haupt/UTB.

Ader, S. (2021). »Es könnte so sein, aber auch ganz anders ...! – Kasuistische Zugänge in praxisbegleitenden Lehrveranstaltungen. In S. Burkard, H. Gabler, M. Kriener & A. Roth (Hrsg.), *Praxisphasen im Studium Sozialer Arbeit* (S. 160–177). Weinheim und Basel: Beltz Juventa.

Aghamiri, K. (2021). Doing Social Work – Ethnografische Praxisprotokolle als Mittel der Reflexion beruflichen Handelns. In S. Burkard, H. Gabler, M. Kriener & A. Roth (Hrsg.), *Praxisphasen im Studium Sozialer Arbeit* (S. 178–190). Weinheim und Basel: Beltz Juventa.

Albers, S. (2019). Ein Plädoyer für personenbezogene Arbeit im Hochschulstudium. In J. Studer, E. Abplanalp & S. Disler (Hrsg.), *Persönlichkeitsentwicklung in Hochschulausbildungen fördern: Aktuelles aus Forschung und Praxis* (S. 11–22). Bern: hep.

Andersen, T. (2018). *Das Reflektierende Team: Dialoge und Dialoge über die Dialoge*. 6. Auflage. Dortmund: Borgmann.

Anderson, L. W. & Krathwohl, D. (2001). *A Taxonomy for Learning, Teaching, and Assessing: A Revision of Bloom's Taxonomy of Educational Objectives*. New York: Longman.

Arnold, R. (1999). Lernkulturwandel. Begriffstheoretische Klärungen und erwachsenenpädagogische Illustrationen. *Literatur- und Forschungsreport Weiterbildung, 44*, S. 31–37.

Arnold, R. (2007). *Ich lerne, also bin ich. Eine systemisch-konstruktivistische Didaktik*. Heidelberg: Carl-Auer.

Arnold, R. (2012). Ermöglichungsdidaktik – die notwendige Rahmung einer nachhaltigen Kompetenzreifung. *Berufsbildung in Wissenschaft und Praxis, 41*(2), S. 45–48.

Arnold, R. (2018). *Wie man lehrt, ohne zu belehren. 29 Regeln für eine kluge Lehre. Das LENA Modell*. 4. Auflage. Heidelberg: Carl-Auer.

Arnold, R. (2019). *Nichtwissende Beratung: von der Intervention zur Übung*. Baltmannsweiler: Schneider Verlag Hohengehren.

Arnold, R. & Schön, M. (2017). Ermöglichungsdidaktik und die Unmöglichkeit, Beratung zu lehren. *Kontext, 48*(3), S. 243–252.

Arnold, R. & Schön, M. (2019). *Ermöglichungsdidaktik: Ein Lernbuch*. Bern: hep-Verlag.

Arnold, R. & Schüßler, I. (2003). *Ermöglichungsdidaktik. Erwachsenenpädagogische Grundlagen und Erfahrungen*. Baltmannsweiler: Schneider Verlag Hohengehren.

Arp, D. (2014). *Achtsamkeit to go: Meditation für Menschen auf dem Sprung*. München: Goldmann.

Aurel, M. (2019). *Selbstbetrachtungen*. Übersetzt und herausgegeben von Gernot Krapinger. Stuttgart: Reclam.

Bachmann, M. D., Abplanalp, E. & Born, J. (2019). Erfahrungen mit Virtual Reality in der Ausbildung von Sozialarbeitenden. *Impuls – Magazin des Departements Soziale Arbeit, 1/2019*, S. 10–11.

Baron, C. (2020). *Ein Mann seiner Klasse*. Berlin: Ullstein Buchverlage.

Barthelmess, M. (2016). *Die systemische Haltung: Was systemisches Arbeiten im Kern ausmacht*. Göttingen: Vandenhoeck & Ruprecht.

Bateson, G. (1982). *Geist und Natur. Eine notwendige Einheit.* Frankfurt a. M.: Suhrkamp.
Bauer, P. (2014). »Den Anfang gestalten ...«. Beraterische Erstgespräche von Beratungsnovizen. In P. Bauer & M. Weinhardt (Hrsg.), *Perspektiven sozialpädagogischer Beratung. Empirische Befunde und aktuelle Entwicklungen* (S. 232–251). Weinheim und München: Beltz Juventa.
Bauer, P. (2016). Psychosoziale Beratung und Lebensweltorientierung. In K. Grunwald & H. Thiersch (Hrsg.), *Praxishandbuch Lebensweltorientierte Soziale Arbeit* (S. 382–393). Weinheim und Basel: Beltz Juventa.
Bauer, P. & Weinhardt, M. (2014a): Die Entwicklung von Beratungskompetenz an der Hochschule. In S. Faas, P. Bauer & R. Treptow (Hrsg.), *Kompetenz, Performanz, soziale Teilhabe. Sozialpädagogische Perspektiven auf ein bildungstheoretisches Konstrukt* (S. 85–101). Wiesbaden: Springer VS.
Bauer, P. & Weinhardt, M. (Hrsg.) (2014b). *Perspektiven sozialpädagogischer Beratung.* Weinheim und Basel: Beltz Juventa.
Bauer, P. & Weinhardt, M. (2015). Methodenkompetenzerwerb im Studium. Das Beispiel Beratungslernen in Simulationsumgebungen. In E. Bolay, A. Iser & M. Weinhardt (Hrsg.), *Maja Heiners Impulse zur Professionalisierung der Sozialen Arbeit* (S. 91–103). Wiesbaden: Springer VS.
Bauer, P. & Weinhardt, M. (2016a). Vermitteln einer beraterischen Grundhaltung oder: Über die Schwierigkeit, Neugier, Offenheit und Anerkennung zu lehren und zu lernen. In M. Zipperle, P. Bauer, B. Stauber & R. Treptow (Hrsg.), *Vermitteln. Eine Aufgabe von Theorie und Praxis Sozialer Arbeit* (S. 205–216). Wiesbaden: Springer VS.
Bauer, P. & Weinhardt, M. (2016b). Professionalisierungs- und Kompetenzentwicklungsprozesse in der sozialpädagogischen Beratung. Eine Einführung. In P. Bauer & M. Weinhardt (Hrsg.), *Professionalisierung und Kompetenzentwicklungsprozesse in der sozialpädagogischen Beratung* (S. 1–8). Baltmannsweiler: Schneider Verlag Hohengehren.
Berg, K. I. (1999). *Familien-Zusammenhalt(en): Ein kurztherapeutisches und lösungsorientiertes Arbeitsbuch.* 6. Auflage. Dortmund: Verlag modernes Lernen.
Berking, M. & Rief, W. (2012). *Klinische Psychologie und Psychotherapie, Band II: Therapieverfahren.* Wiesbaden: Springer.
Beushausen, J. (2016). *Beratung lernen: Grundlagen Psychosozialer Beratung und Sozialtherapie für Studium und Praxis.* Opladen: Barbara Budrich/UTB.
Bieri, P. (2011). *Wie wollen wir leben?* 7. Auflage. St. Pölten: Residenz Verlag.
Biggs, J. (1996). Enhancing teaching through constructive alignment. *Higher Education, 32*(3), S. 347–364.
Biggs, J. & Tang, C. (2010). Applying constructive alignment to outcomes-based teaching and learning. *Training material for »quality teaching for learning in higher education« workshop for master trainers, Ministry of Higher Education, Kuala Lumpur, 53*(9), S. 23–25.
Blessing, D. (2015). Selbsteinschätzung und Vorerfahrung: Ein Vergleich zwischen Bachelor- und Diplomstudierenden hinsichtlich des Erwerbs von Beratungskompetenz. In M. Weinhardt (Hrsg.), *Beratungskompetenzerwerb. Pilotstudien aus der Arbeitsstelle für Beratungsforschung* (S. 104–121). Weinheim und Basel: Beltz Juventa.
Bock, K., Kupfer, A., Simon, R., Weinhold, K., & Wesenberg, S. (Hrsg.) (2014). *Beratung und soziale Beziehungen: Farewellschrift für Frank Nestmann.* Weinheim und Basel: Beltz Juventa.
Bock, L. (2022). *Achtsamkeit für Berufstätige: Wie du mit effektiven Übungen und positiver Psychologie Stress spürbar reduzierst. Mit Achtsamkeit zu mehr Gelassenheit, Resilienz und Lebensfreude.* neobooks Self-Publishing.
Böttger, C. (2022). *Der Selbstfürsorge Coach: Wie Sie mit den Powermethoden der Selbstliebe zu einem rundum glücklichen und zufriedenen Leben finden und Ihre Lebensqualität stark verbessern.* 2. Auflage. Eisenach: Books-World.
Bräutigam, B., Hörmann, M. & Märtens, M. (Hrsg.) (2022). *Alles Erfindung? Länderübergreifende Perspektiven auf Beratung und Psychotherapie.* Göttingen: Vandenhoeck & Ruprecht.
Bröckling, U. (2004). Empowerment. In U. Bröckling, S. Krasmann & T. Lemke (Hrsg.), *Glossar der Gegenwart* (S. 55–62). Berlin: Suhrkamp.
Bröckling, U. (2006). Und ... wie war ich? Über Feedback. *Mittelweg 36, 15*(2), S. 27–44.
Bröckling, U. (2007). *Das unternehmerische Selbst: Soziologie einer Subjektivierungsform.* Berlin: Suhrkamp.

Brüderl, L., Riessen, I. & Zens, C. (2021). *Therapie-Tools Selbsterfahrung*. 2. Auflage. Basel: Beltz.
Brüggemann, H., Ehret, K. & Klütmann, C. (2016). *Systemische Beratung in fünf Gängen. Ein Leitfaden*. 6., überarbeitete Auflage. Göttingen: Vandenhoeck & Ruprecht.
Buber, M. (1983). *Ich und Du*. 11., durchgesehene Auflage. Heidelberg: Lambert Schneider.
Bucay, J. (2015). *Komm, ich erzähl dir eine Geschichte*. Frankfurt a. M.: S. Fischer Verlag.
Bucay, J. (2018). *Der innere Kompass. Wege der Spiritualität*. Frankfurt a. M.: S. Fischer Verlag.
Bucay, J. (2021). *Selbstbestimmt leben. Wege zum Ich*. 2. Auflage. Frankfurt a. M.: S. Fischer Verlag.
Burkard, S. (2021). Reflexivität als eine zentrale Kompetenz. In S. Burkard, H. Gabler, M. Kriener & A. Roth (Hrsg.), *Praxisphasen im Studium Sozialer Arbeit* (S. 53–68). Weinheim und Basel: Beltz Juventa.
Caby, F. (2016). Reflektierendes Team. In T. Levold & M. Wirsching (Hrsg.), *Systemische Therapie und Beratung: das große Lehrbuch* (S. 250–255). Heidelberg: Carl-Auer.
Chbosky, S. (2021). *Das also ist mein Leben*. München: Heyne Verlag.
Conen, M.-L. (2021). Zwang hilft – zusammenzukommen. Mehr nicht! Voraussetzungen und zukünftige Entwicklungen in der Arbeit mit Zwangskontexten. In S. Erbring & J. Fischer (Hrsg.), *Zukunft der Beratung. Sozialmagazin, 5. Sonderband* (S. 210–222). Weinheim und Basel: Beltz Juventa,
Conen, M.-L. & Cecchin, G. (2022). *Wie kann ich Ihnen helfen, mich wieder loszuwerden. Therapie und Beratung in Zwangskontexten*. 8. Auflage. Heidelberg: Carl-Auer.
Conen, M.-L. (2012). Zur Hilfe gezwungen. *SozialAktuell*, 10/2012, S. 13–14.
Culley, S. (2015). *Beratung als Prozess. Lehrbuch kommunikativer Fertigkeiten*. Weinheim: Juventa.
Dahl, C. & Dlugosch, G. E. (2020). Besser leben! Ein Seminar zur Stärkung der Selbstfürsorge von psychosozialen Fachkräften. Prävention und Gesundheitsförderung. *Prävention und Gesundheitsförderung, 15*(1), S. 27–35.
De Shazer, S. (2010). *Worte waren ursprünglich Zauber. Von der Problemsprache zur Lösungssprache*. Heidelberg: Carl-Auer.
De Shazer, S. (2019). *Worte waren ursprünglich Zauber. Von der Problemsprache zur Lösungssprache*. Heidelberg: Carl-Auer.
De Shazer, S. (2022). *Der Dreh. Überraschende Wendungen und Lösungen in der Kurzzeittherapie*. 15. Auflage. Heidelberg: Carl-Auer.
Deutsche Gesellschaft für Beratung (2010). *Essentials einer Weiterbildung Beratung/Counseling*. Online verfügbar: https://dachverband-beratung.de/dokumente/DGfB_Weiterbildungsstandards_2010-03.pdf [27.02.2023].
Deutsche Gesellschaft für Systemische Therapie, Beratung und Familientherapie (2019). *Ethik-Richtlinien der Deutschen Gesellschaft für Systemische Therapie, Beratung und Familientherapie*. Beschlossen von der DGSF-Mitgliederversammlung am 18. September 2003 in Magdeburg. Änderung der Präambel und Änderung des Abschnitts »Onlineberatung« durch Beschluss der DGSF-Mitgliederversammlung am 21. September 2016 in Frankfurt. Ergänzungen beschlossen von den DGSF-Mitgliederversammlungen am 11. Oktober 2007 in Ulm, am 3. Oktober 2012 in Freiburg und am 18. September 2019 in Hamburg. Online verfügbar: https://www.dgsf.org/ueber-uns/ethik-richtlinien.htm [27.02.2023].
Deutscher Berufsverband für Soziale Arbeit & Fachbereichstag Soziale Arbeit (2016). *Deutschsprachige Definition Sozialer Arbeit des Fachbereichstag Soziale Arbeit und DBSH*. Online verfügbar: https://www.dbsh.de/media/dbsh-www/redaktionell/bilder/Profession/20161114_Dt_Def_Sozialer_Arbeit_FBTS_DBSH_01.pdf [27.02.2023].
Digel, S., Goeze, A. & Schrader, J. (2012). *Aus Videofällen lernen*. Bielefeld: W. Bertelsmann Verlag.
Dohm, H. (2013). *Werde, die Du bist*. Herausgegeben von Michael Holzinger. North Charleston: CreativeSpace Independent Publishing Platform.
Dostojewskij, F. (2008). *Verbrechen und Strafe*. Aus dem Russischen von Swetlana Geier. Frankfurt/M.: Fischer Taschenbuch Verlag.
Dörr, M. (2016). Beziehungsgestaltung und die Rolle der Selbstreflexion im Kontext psychoanalytisch-pädagogischer Beratung. In P. Bauer & M. Weinhardt (Hrsg.), *Professionalisierungs- und Kompetenzentwicklungsprozesse in der sozialpädagogischen Beratung* (S. 61–75). Baltmannsweiler: Schneider Verlag Hohengehren.

Drösser, C. (2011). *Der Musikverführer. Warum wir alle musikalisch sind.* Reinbek: Rowohlt.
Drösser, C. (2021). *Wie wir uns an Musik erinnern.* SWR2 Wissen, Sendung vom 03.08.2021. Online verfügbar: https://www.swr.de/swr2/wissen/wie-wir-uns-an-musik-erinnern-102.html [27.02.2023].
Dufourmantelle, A. (2018). *Lob des Risikos. Ein Plädoyer für das Ungewisse.* Berlin: Aufbau.
Duttweiler, S. (2007). Beratung als Ort neoliberaler Subjektivierung. In R. Anhorn, F. Bettinger & J. Stehr (Hrsg.), *Foucaults Machtanalytik und Soziale Arbeit. Eine kritische Einführung und Bestandsaufnahme* (S. 261–276). Wiesbaden: VS Verlag für Sozialwissenschaften.
Ebert, J. & Klüger, S. (2017). *Im Mittelpunkt der Mensch – Reflexionstheorien und -methoden für die Praxis der sozialen Arbeit.* 5. Auflage. Hildesheim: Georg Olms-Verlag.
Ebner-Eschenbach, M. v. (o.J.). *Erzählungen und andere Werke.* Urheberrechtsfreie Ausgabe. Kindle-Edition, Pos. 13787f.
Effinger, H. (2002). Reflexion berufsbezogenen Handelns? Ja, aber wie? Eine empirische Studie zur Ausbildungssupervision an Fachhochschulen für Soziale Arbeit in Deutschland. *Organisationsberatung, Supervision, Coaching,* 9(3), S. 245–269.
Ellgring, J. H. (1991). Audiovisuell unterstützte Beobachtung. In U. Flick, E. v. Kardoff, H. Keupp, L. v. Rosenstiel & S. Wolff (Hrsg.), *Handbuch qualitative Sozialforschung. Grundlagen, Konzepte, Methoden und Anwendungen* (S. 203–206). Weinheim: Beltz PsychologieVerlags-Union.
Engel, F. & Nestmann, F. (2020). Kritische Beratung und Macht. *Verhaltenstherapie & psychosoziale Praxis,* 52(1), S. 29–40.
Engel, F. & Nestmann, F. (2021). Beratung zwischen Kulturalisierung und Digitalisierung. In S. Erbring & J. Fischer (Hrsg.), *Zukunft der Beratung. Sozialmagazin, 5. Sonderband* (S. 31–46). Weinheim und Basel: Beltz Juventa.
Engel, F., Nestmann, F. & Sickendiek, U. (2014). »Beratung« – Ein Selbstverständnis in Bewegung. In F. Nestmann, F. Engel & U. Sickendiek (Hrsg.), *Das Handbuch der Beratung. Band 1: Disziplinen und Zugänge* (S. 33–44). Tübingen: dgvt-Verlag.
Engel, F., Nestmann, F. & Sickendiek, U. (2018). Beratung: Alte Selbstverständnisse und neue Entwicklungen. In S. Rietmann & M. Sawatzki (Hrsg.), *Zukunft der Beratung. Von der Verhaltens- zur Verhältnisorientierung* (S. 83–115). Wiesbaden: Springer VS.
Engel-Unterbrecher, C. & Haselbacher, C. (2019). Professionelle Entwicklung nicht ohne Persönlichkeitsentwicklung. In J. Studer, E. Abplanalp & S. Disler (Hrsg.), *Persönlichkeitsentwicklung in Hochschulausbildungen fördern: Aktuelles aus Forschung und Praxis* (S. 113–132). Bern: hep.
Engelhardt, E. M. (2021). *Lehrbuch Onlineberatung.* Göttingen: Vandenhoeck & Ruprecht.
Ernaux, A. (2021). *Die Scham.* Berlin: Suhrkamp Verlag.
Feltham, C. & Hanley, T. (2017). What Are Counselling and Psychotherapy? In C. Feltham, T. Hanley & L. A. Winter (Hrsg.), *The SAGE Handbook of Counselling and Psychotherapy* (S. 1–23). 4. Auflage. London: Sage.
Fischer, W. (2009). *Rekonstruktive Videoanalyse. Wahrnehmungs- und interaktionstheoretische Grundlagen, Methoden.* Online verfügbar: https://kobra.uni-kassel.de/handle/123456789/2009032326755 [21.02.2023].
Fischer, H. R., Borst, U. & Schlippe, A. v. (2019). *Was tun? Fragen und Antworten aus der systemischen Praxis: ein Kompass für Beratung, Coaching und Therapie.* Stuttgart: Klett-Cotta.
Foerster, H. v. (1993). *Wissen und Gewissen.* Frankfurt a.M.: Suhrkamp.
Foerster, H. v. & Pörksen, B. (2018). In jedem Augenblick kann ich entscheiden, wer ich bin. In B. Pörksen (Hrsg.), *Die Gewissheit der Ungewissheit. Gespräche zum Konstruktivismus* (S. 19–45). 4. Auflage. Heidelberg: Carl-Auer.
Fontane, T. v. (2013). *Graf Petöfy.* Berliner Ausgabe. Herausgegeben von Michael Holzinger. North Charleston: CreativeSpace Independent Publishing.
Fook, J., Ryan, M. & Hawkins, L. (1997). Towards a theory of social work expertise. *British Journal of Social Work,* 27(3), S. 399–417.
Forum Beratung der DGVT (2012). *Zweite Frankfurter Erklärung zur Beratung.* Online verfügbar: https://www.dgvt.de/fileadmin/user_upload/Dokumente/Handbuch_Beratung_Bd3_Zweite_Frankfurter_Erkla__rung.pdf [27.02.2023].

Forum Beratung in der DGVT. Engel, F., Greive, M., Küchenmeister, K., Kupfer, A., Mayer, M., Nestmann, F., Paulick, C., Sickendiek, U. & Wesenberg, S. (2022). *Dritte Frankfurter Erklärung zur Beratung*. Online verfügbar: https://www.dgvt.de/fileadmin/user_upload/Dokumente/2022-04-11-DritteFrankfurterErklaerung-ForumBeratung-DGVT.pdf [27.02.2023].

Foucault, M. (1986a). *Der Gebrauch der Lüste. Sexualität und Wahrheit 2*. Frankfurt a.M.: Suhrkamp.

Foucault, M. (1986b). *Die Sorge um sich. Sexualität und Wahrheit 3*. Frankfurt a.M.: Suhrkamp.

Foucault, M. (2004). *Hermeneutik des Subjekts. Vorlesung am Collège de France (1981/82)*. Frankfurt a.M.: Suhrkamp.

Foucault, M. (2005a). Gespräch mit Ducio Trombadori. In M. Foucault, *Schriften in vier Bänden. Dits et Ecrits. Band IV, 1980–1988*. Hrsg. von D. Defert und F. Ewald unter Mitarbeit von J. Lagrange (S. 51–119). Frankfurt a.M.: Suhrkamp.

Foucault, M. (2005b). Freundschaft als Lebensform. In M. Foucault, *Schriften in vier Bänden. Dits et Ecrits. Band IV, 1980–1988*. Hrsg. von D. Defert und F. Ewald unter Mitarbeit von J. Lagrange (S. 200–206). Frankfurt a.M.: Suhrkamp.

Foucault, M. (2005c). Zur Genealogie der Ethik: Ein Überblick über die laufende Arbeit. In M. Foucault, *Schriften in vier Bänden. Dits et Ecrits. Band IV, 1980–1988*. Hrsg. von D. Defert und F. Ewald unter Mitarbeit von J. Lagrange (S. 747–776). Frankfurt a.M.: Suhrkamp.

Foucault, M. (2005d). Die Ethik der Sorge um sich als Praxis der Freiheit. In M. Foucault, *Schriften in vier Bänden. Dits et Ecrits. Band IV, 1980–1988*. Hrsg. von D. Defert und F. Ewald unter Mitarbeit von J. Lagrange (S. 875–902). Frankfurt a.M.: Suhrkamp.

Freyberg, T. (2011). Resilienz – mehr als ein problematisches Modewort? In M. Zander (Hrsg.), *Handbuch Resilienzförderung* (S. 219–239). Wiesbaden: VS Verlag für Sozialwissenschaften.

Frisch, M. (2021). *Stiller*. Berlin: Suhrkamp Verlag.

Frühmann, R. & Petzold, H. (Hrsg.) (1994). *Lehrjahre der Seele. Lehranalyse, Selbsterfahrung, Eigentherapie in den psychotherapeutischen Schulen*. Paderborn: Junfermann Verlag.

Furman, B. (2013). *Es ist nie zu spät, eine glückliche Kindheit zu haben*. 7. Auflage; Erstausgabe 1997. Dortmund: Borgmann-Verlag.

Gahleitner, S. B. (2017). *Soziale Arbeit als Beziehungsprofession. Bildung, Beziehung und Einbettung professionell ermöglichen*. Weinheim und Basel: Beltz Juventa.

Gahleitner, S. B. (2020). *Professionelle Beziehungsgestaltung in der psychosozialen Arbeit und Beratung*. Tübingen: dgvt-Verlag.

Gahleitner, S. B., Kupfer, A. & Wesenberg, S. (2021). *Psychosoziale Beratung in klinisch-sozialen Handlungsfeldern*. In: In S. Erbring & J. Fischer (Hrsg.), *Zukunft der Beratung. Sozialmagazin, 5. Sonderband* (S. 329–342). Weinheim und Basel: Beltz Juventa.

Gahleitner, S. B. & Reichel, R. (2013). Integrative Orientierung. In H. Pauls, P. Stockmann & M. Reicherts (Hrsg.), *Beratungskompetenzen für die psychosoziale Fallarbeit* (S. 156–172). Freiburg i.B.: Lambertus.

Gahleitner, S. B., Reichel, R., Frank, C., Schigl, B. & Leitner, A. (2014a). Einleitung. In S. B. Gahleitner, R. Reichel, B. Schigl & A. Leitner (Hrsg.), *Wann sind wir gut genug? Selbstreflexion, Selbsterfahrung und Selbstsorge in Psychotherapie, Beratung und Supervision* (S. 7–16). Weinheim: Beltz.

Gahleitner, S. B., Reichel, R., Schigl, B. & Leitner, A. (Hrsg.) (2014b). *Wann sind wir gut genug? Selbstreflexion, Selbsterfahrung und Selbstsorge in Psychotherapie, Beratung und Supervision*. Weinheim: Beltz.

Galuske, M. (2013). *Methoden der Sozialen Arbeit. Eine Einführung*. 10. Auflage. Weinheim: Juventa.

Geenen, M.-J. (2011). *Reflektieren. Aus den Erfahrungen der Sozialen Arbeit lernen*. Bussum: Coutinho.

Giesecke, W. & Nittel, D. (Hrsg.) (2016), *Pädagogische Beratung über die Lebensspanne. Ein Handbuch*. Weinheim und Basel: Beltz Juventa.

Gödde, G. & Zirfas, J. (2021). *Therapieziel Selbstsorge*. Göttingen: Vandenhoeck & Ruprecht.

Goethe, J. W. v. (2013). *Maximen und Reflexionen*. Berliner Ausgabe. North Charleston: CreativeSpace Independent Publishing Platform.

Goffman, E. (1959). *The presentation of self in everyday life: Selections*. New York: Bantam.

Graßhoff, G. & Schweppe, C. (2012). Fallarbeit – Studium – Biographie. In R. Becker-Lenz, S. Busse, G. Ehlert & S. Müller-Hermann (Hrsg.), *Professionalität Sozialer Arbeit und Hochschule. Wissen, Kompetenz, Habitus und Identität im Studium Sozialer Arbeit* (S. 235–250). Wiesbaden: VS Verlag für Sozialwissenschaften.

Grimmer, A. & Tribe, R. (2001). Counselling psychologists' perceptions of the impact of mandatory personal therapy on professional development – an exploratory study. *Counselling Psychology Quarterly, 14*(4), S. 287–301.

Groeben, N., Wahl, D., Schlee, J. & Scheele, B. (1988). *Das Forschungsprogramm Subjektive Theorien*. Tübingen: Francke.

Großmaß, R. (2002). Gestaltung von Beratungsräumen als professionelle Kompetenz. In F. Nestmann & F. Engel (Hrsg.), *Die Zukunft der Beratung* (S. 187–199). Tübingen: dgvt-Verlag.

Großmaß, R. (2010). Hard to reach – Beratung in Zwangskontexten. In C. Labonté-Roset, H.-W. Hoefert & H. Cornel (Hrsg.), Hard to reach. Schwer erreichbare Klienten in der Sozialen Arbeit (S. 173–185). Berlin: Schibri-Verlag.

Großmaß, R. (2012). Freiwilligkeit in der Beratung – ein Mythos oder methodische Notwendigkeit? *Verhaltenstherapie & psychosoziale Praxis, 44*(1), S. 12–13.

Großmaß, R. (2014). Beratungsräume und Beratungssettings. In F. Nestmann, F. Engel & U. Sickendiek (Hrsg.), *Das Handbuch der Beratung. Band 1: Disziplinen und Zugänge* (S. 487–496). Tübingen: dgvt-Verlag.

Großmaß, R. (2015). Beratung als Haltung. *Verhaltenstherapie & Psychosoziale Praxis, 47*(1), S. 133–141.

Gumz, A. & Geyer, M. (2021). Wie wird psychodynamische Psychotherapie an der Universität lehrbar? *Psychodynamische Psychotherapie, 20*(2), S. 112–126.

Günther, M. (2019). *Pädagogisches Rollenspiel. Wissensbaustein und Leitfaden für die psychosoziale Praxis*. Wiesbaden: Springer.

Gussone, B. & Schiepek, G. (2000). *Die »Sorge um sich«: Burnout-Prävention und Lebenskunst in helfenden Berufen*. Tübingen: dgvt-Verlag.

Habermas, J. (1988). *Der Philosophische Diskurs der Moderne. Zwölf Vorlesungen*. Frankfurt a. M.: Suhrkamp.

Hahn, K. (2012). Wunderfrage. In J. Wirth & H. Kleve (Hrsg.), *Lexikon des systemischen Arbeitens. Grundbegriffe der systemischen Praxis, Methodik und Theorie* (S. 454–458). Heidelberg: Carl-Auer.

Handke, J. (2014). *Patient Hochschullehre: Vorschläge für eine zeitgemäße Lehre im 21. Jahrhundert*. Marburg: Tectum.

Hanses, A. (Hrsg.) (2004). *Biographie und Soziale Arbeit. Institutionelle und biographische Konstruktionen von Wirklichkeit*. Baltmannsweiler: Schneider Verlag Hohengehren.

Harter, K. (2015). Lern- und Bildungsprozesse von Studierenden – eine objektiv-hermeneutische Analyse. In M. Weinhardt (Hrsg.), *Beratungskompetenzerwerb. Pilotstudien aus der Arbeitsstelle für Beratungsforschung* (S. 42–65). Weinheim: Beltz.

Harter, K. & Lauinger, F. (2016). Die Bedeutung der Biographie beim Lernen von Beratung. In P. Bauer & M. Weinhardt (Hrsg.), *Professionalisierungs- und Kompetenzentwicklungsprozesse in der sozialpädagogischen Beratung* (S. 92–105). Baltmannsweiler: Schneider Verlag Hohengehren.

Haushofer, M. (2004). *Die Wand*. Berlin: List Verlag.

Helsper, W. (2021). *Professionalität und Professionalisierung pädagogischen Handelns: Eine Einführung*. Stuttgart: UTB.

Henry, W. E. (1977). Personal and social identities of psychotherapists. In A. S. Gurman & A. M. Razin (Hrsg.), *Effective psychotherapy: A handbook of research* (S. 47–62). Oxford: Pergamon.

Hinz, A. (2008). Organisationsformen von Beratung. In A. Rausch, A. Hinz & R. F. Wagner, *Modul Beratungspsychologie* (S. 205–249). Bad Heilbrunn: Julius Klinkhardt/UTB.

Hirschberg, R. (2012). Skalieren. In J. Wirth & H. Kleve (Hrsg.), *Lexikon des systemischen Arbeitens. Grundbegriffe der systemischen Praxis, Methodik und Theorie* (S. 375–378). Heidelberg: Carl-Auer.

Hoffmann, N. & Hofmann, B. (2012). *Selbstfürsorge für Therapeuten und Berater*. Weinheim: Beltz.

Hollstein-Brinkmann, H. & Knab, M. (Hrsg.) (2016). *Beratung zwischen Tür und Angel. Professionalisierung von Beratung in offenen Settings.* Wiesbaden: Springer VS.

Hörster, R. (2018), Sozialpädagogische Kasuistik. In H.-U. Otto, H. Thiersch, R. Treptow & H. Ziegler (Hrsg.), *Handbuch Soziale Arbeit. Grundlagen der Sozialarbeit und Sozialpädagogik* (S. 1563–1571). 6. Auflage. München: Ernst Reinhardt.

Istvandity, L. (2019). *The Lifetime Soundtrack Music and Autobiographical Memory.* Sheffield: Equinox Publishing.

Jent. S. & Scura, N. (2022). *Beratungskompetenzentwicklung – Möglichkeiten und Grenzen am Beispiel der Ernährungsberatung.* Vortrag auf der 2. Berner Tagung »Beratung lehren – Erfahrungen und Reflexionen aus Wissenschaft und Praxis«, 14. Januar 2022.

Kafka, F. (2023). *Der Prozeß.* Berlin: Suhrkamp Verlag.

Kalbheim, E. (2022). *Selbstfürsorge für Dummies.* Weinheim und Berlin: Wiley-VCH.

Kämmerer, A., Kapp, F. & Rehahn-Sommer, S. (2011). Selbsterfahrung in der modernen Verhaltenstherapieausbildung. *Psychotherapeutenjournal,* 2/2011, S. 146–151.

Kast, V. (2021). *Der Schatten in uns. Die subversive Lebenskraft.* Mannheim: Patmos.

Keupp, H. (2013). Fit für was? Beratung als Aktivierungsschema fürs Hamsterrad. In F. Nestmann, F. Engel & U. Sickendiek (Hrsg.), *Das Handbuch der Beratung. Band 3: Neue Beratungswelten* (S. 1723–1740). Tübingen: dgvt-Verlag.

Keupp, H. (2014). Selbstsorge in der Risikogesellschaft. In S. B. Gahleitner, R. Reichel, B. Schigl & A. Leitner (Hrsg.), *Wann sind wir gut genug? Selbstreflexion, Selbsterfahrung und Selbstsorge in Psychotherapie, Beratung und Supervision* (S. 18–31). Weinheim & Basel: Beltz Juventa.

Kindermann, K. & Riegel, U. (2016). Subjektive Theorien von Lehrpersonen. Variationen und methodische Modifikationen eines Forschungsprogramms. *Forum Qualitative Sozialforschung, 17*(2), Art. 1.

Kindl-Beilfuß, C. (2012). *Fragen können wie Küsse schmecken: Systemische Fragetechniken für Anfänger und Fortgeschrittene.* Heidelberg: Carl-Auer.

Kindl-Beilfuß, C. (2015). *Ein Himmel voller Fragen. Systemische Interviews, die glücklich machen.* Heidelberg: Carl-Auer.

Kitamura, K. (2022). *Intimitäten.* München: Hanser Verlag.

Kleve, H. (2005). Ausbildungssupervision als sozialarbeitswissenschaftliche Praxis. *Supervision,* 1/2005, S. 27–33.

Klug, W. & Zobrist, P. (2016). *Motivierte Klienten trotz Zwangskontext.* München: Ernst Reinhardt.

Knab, M. (2008). Beratung zwischen Tür und Angel. Perspektiven für Professionalisierung, Forschung und eine gerechtere Infrastruktur. *Beratung Aktuell, 9*(2), S. 113–126.

Knab, M. (2013). Beratung zwischen Tür und Angel. Professionelle Gestaltung von offenen Settings – ein Beitrag für mehr Gerechtigkeit. F. Nestmann, F. Engel & U. Sickendiek (Hrsg.), *Das Handbuch der Beratung. Band 3: Neue Beratungswelten* (S. 1525–1535). Tübingen: dgvt-Verlag.

Knab, M. (2014). Beratung zwischen Tür und Angel und die Frage der Gerechtigkeit. Ein Beitrag zur Professionalisierung offener Beratungssettings. In P. Bauer & M. Weinhardt (Hrsg.), *Perspektiven sozialpädagogischer Beratung* (S. 83–101). Weinheim und Basel: Beltz Juventa.

Knab, M. (2016). Beratung zwischen Tür und Angel. In K. Grunwald & H. Thiersch (Hrsg.), *Praxishandbuch Lebensweltorientierte Soziale Arbeit* (S. 394–405). Weinheim und Basel: Beltz Juventa,

Knab, M. & Bartjes, H. (2021). Kostbarkeiten der Beratung zwischen Tür und Angel für eine gerechtere Teilhabe. Ein Beitrag zur fachlichen Profilierung offener Beratungssettings. In S. Erbring & J. Fischer (Hrsg.), *Zukunft der Beratung. Sozialmagazin, 5. Sonderband* (S. 122–135). Weinheim und Basel: Beltz Juventa.

Koob, D. (2020). Über das Lesen und Schreiben von Geschichten. In D. Koob (Hrsg.), *Belletristische Literatur im Studium der Sozialen Arbeit* (S. 9–40). Leverkusen: Barbara Budrich.

Korthagen, F. A. J., Koster, B., Melief, K. & Tigchelaar, A. (2003). *Docenten leren reflecteren.* 2. Auflage. Baarn: Nelissen.

Korzybski, A. (1994). *Science and Sanity: An Introduction to Non-Aristotelian Systems and General Semantics.* 5. Auflage. New York: International Non-Aristotelian Library.

Kröger, C. & Vogt, M. (2020). »… es kostet unglaublich viel Mut, Beratung in Anspruch zu nehmen«. Konzeption und Evaluation des person- und erfahrungsorientierten Begleitstudiums Beratung an der Hochschule Coburg. *Beratung Aktuell, 21*(4), S. 20–37.

Kück, A. (2014). *Unterrichten mit dem Flipped Classroom Konzept: Das Handbuch für individualisiertes und selbständiges Lernen mit neuen Medien.* Mülheim a. d. Ruhr: Verlag an der Ruhr.

Kupfer, A. (2019). Geschlecht plus X. Eine intersektionale Perspektive auf professionelle Kompetenzen in Beratung. *Verhaltenstherapie & psychosoziale Praxis, 51*(4), S. 789–801.

Kupfer, A. & Mayer, M. (im Druck): *Sozialpädagogische Beratung.* Bad Heilbrunn: Julius Klinkhardt/UTB.

Kupfer, A. & Sickendiek, U. (2022). Beratung. In G. Ehlert, H. Funk & G. Stecklina (Hrsg.), *Grundbegriffe Soziale Arbeit und Geschlecht* (S. 68–72). Weinheim: Beltz Juventa.

Kupfer, A., Wesenberg, S., Gahleitner, S. B. & Nestmann, F. (2021). *Beratung und Psychotherapie. Aktuelle Entwicklungen im Spannungsfeld von Abgrenzung und fruchtbarer Kooperation.* Tübingen: dgvt-Verlag.

Laertius, D. (2008). *Leben und Meinungen berühmter Philosophen. Erster Band.* Aus dem Griechischem von Otto Apelt, herausgegeben von Klaus Reich. Hamburg: Felix Meiner Verlag.

Lauinger, F. (2015). Beraten lernen?! Biographisch-informelle Einflüsse auf Lern- und Bildungsprozesse von Studierenden während Studium und Beratungspraktikum. In M. Weinhardt (Hrsg.), *Beratungskompetenzerwerb. Pilotstudien aus der Arbeitsstelle für Beratungsforschung* (S. 18–39). Weinheim und Basel: Beltz Juventa.

Levold, T. (2016). Kommunikation und Beobachtung: Die Kybernetik 2. Ordnung. In T. Levold & M. Wirsching (Hrsg.), *Systemische Therapie und Beratung: das große Lehrbuch* (S. 53–58). Heidelberg: Carl-Auer.

Levold, T. & Osthoff, K. (2016). Aus- und Weiterbildung. In T. Levold & M. Wirsching (Hrsg.), *Systemische Therapie und Beratung: das große Lehrbuch* (S. 510–521). Heidelberg: Carl-Auer.

Lieb, H. (1997). *Selbsterfahrung für Psychotherapeuten: Konzepte, Praxis, Forschung.* Bern: Hogrefe.

Lindemann, H. (2021). Beratung und Coaching lernen mit Simulationen und Videoanalysen. In H. Lindemann & S. Trumpa (Hrsg.), *Hochschullehre systemisch? Theoretische und praktische Impulse für Didaktik und Methodik* (S. 293–305). Göttingen: Vandenhoeck & Ruprecht.

Lindemann, H. (2023). *Systemisch-lösungsorientierte Gesprächsführung in Beratung, Coaching, Supervision und Therapie. Ein Lehr-, Lern- und Arbeitsbuch für Ausbildung und Praxis.* Erweiterte und aktualisierte Auflage. Göttingen: Vandenhoeck & Ruprecht.

Ludewig, K. (2012). Auftrag. In J. Wirth & H. Kleve (Hrsg.), *Lexikon des systemischen Arbeitens. Grundbegriffe der systemischen Praxis, Methodik und Theorie* (S. 36–39). Heidelberg: Carl-Auer.

Macho, T. (1999). Zur Ideengeschichte der Beratung. Versuch einer Einführung. In G. Prechtl (Hrsg.), *Das Buch von Rat und Tat. Ein Lesebuch aus drei Jahrtausenden* (S. 16–47). München: Eugen-Diederichs-Verlag.

Maier-Gutheil, C. & Weinhardt, M. (2020). Beratungskompetenzentwicklung aus didaktischer Perspektive. In S. Benedetti, S. Lerch & H. Rosenberg (Hrsg.), *Beratung pädagogisch ermöglichen* (S. 45–60). Wiesbaden: Springer VS.

Maturana, H. R. & Varela, F. J. (1982). Biologie der Kognition [1970]. In H. R. Maturana, *Erkennen: Die Organisation und Verkörperung von Wirklichkeit.* Braunschweig: Vieweg.

Maturana, H. R. & Varela, F. J. (2018). *Der Baum der Erkenntnis: Die biologischen Wurzeln menschlichen Erkennens.* Frankfurt a. M.: Fischer.

Mayer, M. (2018). Professionalisierungswege und Charakteristika psychosozialer Beratung. *Beratung Aktuell, 19*(3), S. 52–65.

Mayer, M. (2019). Zeit in der Beratung: Das Ende der Uhrenzeit und die neue Suche nach der Kontrolle über unsere Lebenszeit. *Verhaltenstherapie & psychosoziale Praxis, 51*(2), S. 303–310.

Mayer, M. (2022). Beratung. In Deutscher Verein für öffentliche und private Fürsorge (Hrsg.), *Fachlexikon der Sozialen Arbeit* (S. 93–95). 9., Auflage. Baden-Baden: Nomos.

Mays, D., Ladinig, B., Carlitscheck, J., Franke, S. & Kissgen, R. (2013). Handeln unter Druck. Methoden der Entschleunigung. *Praxis Schule,* 1/2013, S. 34–36.

McLeod, J. (2004). *Counselling. Eine Einführung in Beratung.* 2. Auflage. Tübingen: dgvt-Verlag.

McLeod, J. (2011). *Beraten lernen: das Übungsbuch zur Entwicklung eines persönlichen Beratungskonzepts.* Tübingen: dgvt-Verlag.

McLeod, J. & McLeod, J. (2011). *Counselling Skills: A Practical Guide For Counsellors And Helping Professionals: A practical guide for counsellors and helping professionals.* 2. Auflage. Berkshire: Open University Press.

Middendorf, T. (2019). Ausbildungssupervision im Studium der Sozialen Arbeit. In J. Studer, E. Abplanalp & S. Disler (Hrsg.), *Persönlichkeitsentwicklung in Hochschulausbildungen fördern: Aktuelles aus Forschung und Praxis* (S. 184–198). Bern: hep.

Middendorf, T. (2021). *Professionalisierung im Studium der Sozialen Arbeit. Eine sozialisationstheoretische Perspektive auf Ausbildungssupervision.* Weinheim und Basel: Beltz Juventa.

Moch, M. (2006). Wissen – Verstehen – Können: Kompetenzerwerb durch reflexive Praxisanleitung im Studium der Sozialen Arbeit. *Neue Praxis, 36*(5), S. 532–544.

Molter, H. & Wolter, B. (2020). Systemische Didaktik. In P. Bauer & M. Weinhardt (Hrsg.), *Systemische Kompetenzen entwickeln. Grundlagen, Lernprozesse und Didaktik* (S. 176–187). Göttingen: Vandenhoeck & Ruprecht.

Mora, T. (2004). *Alle Tage.* München: Luchterhand Literaturverlag.

Mücke, K. (2019). *Probleme sind Lösungen. Systemische Beratung und Psychotherapie – ein pragmatischer Ansatz. Lehr- und Lernbuch.* 5. Auflage. Berlin: Ökosysteme Verlag.

Müller, H. J. (2016). Ermöglichungsdidaktik zwischen Selbst- und Fremdsteuerung. Reflexionen zur wechselseitigen Verschränkung raumgebender und raumnehmender didaktischer Elemente. In I. Schüssler, T. Prescher, C. G. Tutor & R. Arnold (Hrsg.), *Ermöglichungsdidaktik: Offene Fragen und Potenziale* (S. 159–188). Bielefeld: wbv.

Musil, R. (2005). *Der Mann ohne Eigenschaften. Erstes und zweites Buch.* Reinbek bei Hamburg: Rowohlt Verlag.

Nestmann, F. (1996). Psychosoziale Beratung – ein ressourcentheoretischer Entwurf. *Verhaltenstherapie & psychosoziale Praxis, 28*(3), S. 359–376.

Nestmann, F. (2012). Zwangsberatung ist keine Beratung. Beratung braucht die Freiheit der Wahl. *Verhaltenstherapie & psychosoziale Praxis, 44*(1), S. 23–28.

Nestmann, F. & Engel, F. (Hrsg.) (2002). *Die Zukunft der Beratung.* Tübingen: dgvt-Verlag.

Nestmann, F., Engel, F. & Sickendiek, U. (Hrsg.) (2013). *Das Handbuch der Beratung – Band 3: Neue Beratungswelten: Fortschritte und Kontroversen.* Tübingen: dgvt-Verlag.

Nestmann, F., Engel, F. & Sickendiek, U. (Hrsg.) (2014a). *Das Handbuch der Beratung. Band 1: Disziplinen und Zugänge.* 3. Auflage. Tübingen: dgvt-Verlag.

Nestmann, F., Engel, F. & Sickendiek, U. (Hrsg.) (2014b). *Das Handbuch der Beratung. Band 2: Ansätze, Methoden und Felder.* 3. Auflage. Tübingen: dgvt-Verlag.

Nestmann, F., Engel, F. & Sickendiek, U. (2014c). Statt einer »Einführung«: offene Fragen »guter Beratung«. In F. Nestmann, F. Engel & U. Sickendiek (Hrsg.), *Das Handbuch der Beratung. Band 2: Ansätze, Methoden und Felder* (S. 599–607). Tübingen: dgvt-Verlag.

Nestmann, F. & Sickendiek, U. (2011). Beratung. In H.-U. Otto & H. Thiersch (Hrsg.), *Handbuch Soziale Arbeit. Grundlagen der Sozialarbeit und Sozialpädagogik* (S. 109–119). München: Ernst Reinhardt.

Nestmann, F. & Sickendiek, U. (2018). Beratung. In H.-U. Otto, H. Thiersch, R. Treptow & H. Ziegler (Hrsg.), *Handbuch Soziale Arbeit. Grundlagen der Sozialarbeit und Sozialpädagogik* (S. 110–120). 6., überarbeitete Auflage. München: Ernst Reinhardt.

Neumann, E. (1964). *Tiefenpsychologie und neue Ethik.* München: Kindler.

Ochs, M. (2020). Die erkenntnistheoretischen Säulen und praxeologischen Grundorientierungen systemischen Arbeitens. In P. Bauer & M. Weinhardt (Hrsg.), *Systemische Kompetenzen entwickeln. Grundlagen, Lernprozesse und Didaktik* (S. 134–157). Göttingen: Vandenhoeck & Ruprecht.

Ortmann, K. (2018). *Soziale Arbeit als Beratung.* Göttingen: Vandenhoeck & Ruprecht.

Otto, H.-U. (2018). Dual – Ende oder Wende des Studiums einer modernen Sozialen Arbeit. *Neue Praxis 48*(3), S. 297–299.

Patrzek, A. & Scholer, S. (2018). *Systemisches Fragen in der kollegialen Beratung.* Weinheim: Beltz.

Paulick, C. (2018a). *Eine Spurensuche anormaler Identität im Werk Michel Foucaults.* Weinheim und Basel: Beltz Juventa.

Paulick, C. (2018b). Macht. In *socialnet Lexikon* [online]. Bonn: socialnet, 17.09.2018. Online verfügbar: https://www.socialnet.de/lexikon/Macht [30.08.2023].

Paulick, C. (2019). Ressourcenorientierung. In *socialnet Lexikon* [online]. Bonn: socialnet, 01.04.2019. Online verfügbar: https://www.socialnet.de/lexikon/Ressourcenorientierung [30.08.2023].

Paulick, C., (2020). Systemischer Ansatz. In *socialnet Lexikon* [online]. Bonn: socialnet, 23.10.2020. Online verfügbar: https://www.socialnet.de/lexikon/Systemischer-Ansatz [30.08.2023].

Paulick, C. (2021). Die Kunst der Irritation – Selbstreflexionen in der Hochschullehre. In H. Lindemann & S. Trumpa (Hrsg.), *Hochschullehre: systemisch? Theoretische und praktische Impulse für Didaktik und Methodik* (S. 164–178). Göttingen: Vandenhoeck & Ruprecht.

Paulick, C. & Wesenberg, S. (2019). »Echt ätzend, dass ich hierherkommen muss ...«. Beratung mit (noch) nicht-kooperativen Jugendlichen. *Beratung Aktuell, 20*(1), S. 19–33.

Paulick, C. & Wesenberg, S. (2020). Blind Date mit sich selbst – Hochschuldidaktische Zugänge zu Selbsterfahrung und Selbstreflexion als zentrale Elemente beraterischer Professionalität. *Beratung Aktuell, 21*(4), S. 4–19.

Pauls, H. & Reicherts, M. (2013). Allgemeine Basiskompetenzen für sozialtherapeutische Beratung – ein Konzept zur Systematisierung. In H. Pauls, P. Stockmann & M. Reicherts (Hrsg.), *Beratungskompetenzen in der psychosozialen Fallarbeit. Ein sozialtherapeutisches Profil* (S. 57–78). Freiburg i. Br.: Lambertus.

Peck, M. S. (1986). *Der wunderbare Weg*. München: Goldmann.

Pessoa, F. (1997). *Die Stunde des Teufels und andere seltsame Geschichten*. Zürich: Amman Verlag.

Pessoa, F. (2003). *Das Buch der Unruhe des Hilfsbuchhalters Bernado Soares*. Zürich: Amman Verlag.

Pfab, W. (2020). *Kompetent beraten in der Sozialen Arbeit. Bausteine für eine gute Beratungsbeziehung*. München: Ernst Reinhardt.

Pieterse, A. L., Lee, M., Ritmeester, A. & Collins, N. M. (2013). Towards a model of self-awareness development for counselling and psychotherapy training. *Counselling Psychology Quarterly, 26*(2), S. 190–207.

Polutta, A. (2020). Die Bedeutung von Praxis- und Theoriestudium für die Fachlichkeit Sozialer Arbeit. Herausforderungen, Kontroversen und Perspektiven. *SozialExtra, 5/2020*, S. 265–269

Preuß, C., Cordes-Finkenstein, V. & Löw, M. (2020). »Peer to Peer«: Lernbegleitung in den universitären Praxisphasen durch kollegiale Fallberatung. In F. Hesse & W. Lütgert (Hrsg.), *Auf die Lernbegleitung kommt es an! Konzepte und Befunde zu Praxisphasen in der Lehrerbildung* (S. 145–166). Bad Heilbrunn: Verlag Julius Klinkhardt,

Rauschenbach, T. (2020). Sozialpädagogik an drei Orten. In P. Cloos, B. Lochner & H. Schoneville (Hrsg.), *Soziale Arbeit als Projekt* (S. 145–158). Wiesbaden: Springer VS.

Reddemann, L. (2001). Psychohygiene in der Traumatherapie. *Psychotraumatologie, 2*(4), S. 22.

Reddemann, L. (2003). Überlegungen zu Psychohygiene und burn-out-Prophylaxe von TraumatherapeutInnen. Erfahrungen und Hypothesen. *Zeitschrift für Psychotraumatologie und Psychologische Medizin, 1*(1), S. 79–85.

Reddemann, L. (2005). Selbstfürsorge. In O. Kernberg, B. Dulz & F. Eckert (Hrsg.), *Wir: Psychotherapeuten über sich und ihren »unmöglichen« Beruf* (S. 563–569). Stuttgart: Schattauer.

Reed, A. (2022). *Unverwundbar durch Resilienz: Die Power-Strategie zum Aufbau psychischer Widerstandskraft für dauerhafte Selbstsicherheit, Zufriedenheit und Gelassenheit*. Selbstverlag.

Reich, K. (2012). *Konstruktivistische Didaktik; Das Lehr- und Studienbuch mit Online-Methodenpool*. Weinheim und Basel: Beltz Juventa.

Reichel, R. (2005a). Teil 1: Die Beratungslandschaft. In R. Reichel (Hrsg.), *Beratung – Psychotherapie – Supervision: Einführung in die psychosoziale Beratungslandschaft* (S. 17–90). Wien: facultas.

Reichel, R. (2005b). Aus- und Weiterbildung in der Beratungslandschaft. In R. Reichel (Hrsg.), *Beratung – Psychotherapie – Supervision: Einführung in die psychosoziale Beratungslandschaft* (S. 114–124). Wien: facultas.

Ritscher, W. (2017). *Systemische Modelle für die Soziale Arbeit: Ein integratives Lehrbuch für die Theorie und Praxis*. Heidelberg: Carl-Auer.

Roessler, M. & Gaiswinkler, W. (2012). Ziel. In J. Wirth & H. Kleve (Hrsg.), *Lexikon des systemischen Arbeitens. Grundbegriffe der systemischen Praxis, Methodik und Theorie* (S. 486–472). Heidelberg: Carl-Auer.

Rohr, D. & Baum, R. (2019). Professionalisierung als narratives Identitätsprojekt: Selbsterzählungen als Forschungszugang und Reflexionsprojekt. *Zeitschrift für systemische Therapie und Beratung, 37*(4), S. 155–163.

Rohr, D., den Ouden, H. & Rottlaender, E.-M. (2016). *Hochschuldidaktik im Fokus von Peer Learning und Beratung.* Weinheim und Basel: Beltz Juventa.

Rohr, D., Hummelsheim, A. & Höcker, M. (Hrsg.) (2016). *Beratung lehren. Erfahrungen, Geschichten, Reflexionen aus der Praxis von 30 Lehrenden.* Weinheim und Basel: Beltz Juventa.

Rosenstreich, G. (2021). Diversitätsgerechte Beratungsarbeit. In S. Erbring & J. Fischer (Hrsg.), *Zukunft der Beratung. Sozialmagazin, 5. Sonderband* (S. 87–104). Weinheim und Basel: Beltz Juventa.

Roth, A. (2021). Lernarrangements im Spannungsfeld von Hochschule und beruflicher Praxis. In S. Burkard, H. Gabler, M. Kriener & A. Roth (Hrsg.), *Praxisphasen im Studium Sozialer Arbeit* (S. 36–52). Weinheim und Basel: Beltz Juventa.

Roth, A., Kriener, M. & Burkard, S. (2021). Zur Relevanz begleiteter Praxisphasen für die Entwicklung von Professionalität im Studium Soziale Arbeit. In S. Burkard, H. Gabler, M. Kriener & A. Roth (Hrsg.), *Praxisphasen im Studium Sozialer Arbeit* (S. 20–35). Weinheim und Basel: Beltz Juventa.

Salomon, A. (1926). *Soziale Diagnose.* Berlin: Heymanns.

Salomon, A. (1928). *Leitfaden der Wohlfahrtspflege.* 3., überarbeitete Auflage. Leipzig: Teubner.

Satir, V. (2020). *Selbstwert und Kommunikation: Familienhilfe für Berater und zur Selbsthilfe.* 24. Auflage. Stuttgart: Klett-Cotta Verlag.

Sauer, S. (2012). Beratung als Kernkompetenz in der Sozialen Arbeit. *Soziale Arbeit*, 07/2012, S. 249–254.

Schäfer, P. & Bartosch, U. (2016). *Qualifikationsrahmen Soziale Arbeit – QR SozArb. Version 6.0.* Online verfügbar: https://www.fbts-ev.de/qualifikationsrahmen-soziale-arbeit [26.03.2023].

Schindler, W. (2020). Kollegiale Beratung. In *socialnet Lexikon* [online]. Bonn: socialnet, 10.08.2020. Online verfügbar: https://www.socialnet.de/lexikon/Kollegiale-Beratung [30.08.2023].

Schlippe, A. v. (2012). Reflektierendes Team. In J. Wirth & H. Kleve (Hrsg.), *Lexikon des systemischen Arbeitens. Grundbegriffe der systemischen Praxis, Methodik und Theorie* (S. 328–331). Heidelberg: Carl-Auer.

Schlippe, A. v. (2016). Das Auftragskarussell: Ein Instrument der Klärung eigener Erwartungserwartungen. In T. Levold & M. Wirsching (Hrsg.), *Systemische Therapie und Beratung – das große Lehrbuch* (S. 223–227). 2. Auflage. Heidelberg: Carl-Auer.

Schlippe, A. v. & Kriz, J. (1996). Das Auftragskarussell. Eine Möglichkeit der Selbstsupervision in der systemischen Therapie und Beratung. *SystemFamilie, 9*(3), S. 106–110.

Schlippe, A. v. & Molter, H. (2012), Auftragskarussell. In J. Wirth & H. Kleve (Hrsg.), *Lexikon des systemischen Arbeitens. Grundbegriffe der systemischen Praxis, Methodik und Theorie* (S. 39–43). Heidelberg: Carl-Auer.

Schlippe, A. v. & Schweitzer, J. (2016). *Lehrbuch der systemischen Therapie und Beratung I: Das Grundlagenwissen.* 3. unveränderte Auflage. Göttingen: Vandenhoeck & Ruprecht.

Schlippe, A. v. & Schweitzer, J. (2017). *Systemische Interventionen.* 3. Auflage. Göttingen: Vandenhoeck & Ruprecht/UTB.

Schmid, B., Veith, T. & Weidner, I. (2013). *Einführung in die kollegiale Beratung.* Heidelberg: Carl-Auer.

Schmid, J. (2022). Fürsorge. In *socialnet Lexikon* [online]. Bonn: socialnet, 11.02.2022. Online verfügbar: https://www.socialnet.de/lexikon/1773 [30.08.2023].

Schmidbauer, W. (1977). *Hilflose Helfer. Über die seelische Problematik der helfenden Berufe.* Reinbek: Rowohlt.

Schmidbauer, W. (1983). *Helfen als Beruf.* Reinbek: Rowohlt.

Schmidt, G. (2016). 2.3.9 Hypnosystemische und hypnotherapeutische Techniken. In T. Levold & M. Wirsching (Hrsg.), *Systemische Therapie und Beratung: das große Lehrbuch* (S. 261–268). Heidelberg: Carl-Auer.

Schmidt, G. (2017). Berater als »Realitätenkellner« und Beratung als koevolutionäres Konstruktionsritual für zieldienliche Netzwerkaktivierungen – einige hypnosystemische Implikationen. In W. A. Leeb, B. Trenkle, & M. F. Weckenmann (Hrsg.), *Der Realitätenkellner.*

*Hypnosystemische Konzepte in Beratung, Coaching und Supervision* (S. 18–34). 2. Auflage. Heidelberg: Carl-Auer.
Schmidt, G. (2019). Das Orchester der Sinne nutzen für erfolgreiche »Lösungssinfonien« – Hypnosystemische multisensorische Strategien für kraftvolle ganzheitliche Lösungen. In M. Bohne, M. Ohler, G. Schmidt & B. Trenkle (Hrsg.), *Reden reicht nicht!? Bifokal-multisensorische Interventionsstrategien für Therapie und Beratung* (S. 171–216). 2. Auflage. Heidelberg. Carl-Auer.
Schmidt, G. (2021). *Liebesaffären zwischen Problem und Lösung. Hypnosystemisches Arbeiten in schwierigen Kontexten.* 9. Auflage. Heidelberg: Carl-Auer.
Schneider, S. (2006). *Sozialpädagogische Beratung. Praxisrekonstruktion und Theoriediskurse.* Tübingen: dgvt-Verlag.
Schneider, S. (2012). Jenseits von Forschungsseminaren ... – Offene Fragen zur Grundlegung von Professionalität im Studium Sozialer Arbeit. In R. Becker-Lenz, S. Busse, G. Ehlert & S. Müller-Hermann (Hrsg.), *Professionalität Sozialer Arbeit und Hochschule. Wissen, Kompetenz, Habitus und Identität im Studium Sozialer Arbeit* (S. 271–284). Wiesbaden: Springer VS.
Schnettler, B. & Knoblauch, H. (2009). Videoanalyse. In S. Kühl, P. Strodtholz & A. Taffertshofer (Hrsg.), *Handbuch Methoden der Organisationsforschung* (S. 272–297). Wiesbaden: Springer.
Schubert, F.-C. & Knecht, A. (2015). Ressourcen – Merkmale, Theorien und Konzeptionen im Überblick: eine Übersicht über Ressourcenansätze in Soziologie, Psychologie und Sozialpolitik. In *Social Science Open Access Repository (SSOAR)* [online]. Online verfügbar: https://nbn-resolving.org/urn:nbn:de:0168-ssoar-50698-1 [19.03.2019].
Schubert, F.-C., Rohr, D. & Zwicker-Pelzer, R. (2019). *Beratung. Grundlagen – Konzepte – Anwendungsfelder.* Wiesbaden: Springer.
Schulze, H. (2018). Macht in der Beratung und wie wir in der Beratung Gesellschaft machen. In H. Schulze, D. Höblich & M. Mayer (Hrsg.), *Macht – Diversität – Ethik in der Beratung: Wie Beratung Gesellschaft macht* (S. 31–56). Opladen, Berlin und Toronto: Barbara Budrich.
Schulze, H., Höblich, D. & Mayer, M. (Hrsg.) (2018). *Macht – Diversität – Ethik in der Beratung: Wie Beratung Gesellschaft macht.* Opladen, Berlin und Toronto: Barbara Budrich.
Schüßler, I. (2012). Ermöglichungsdidaktik – Grundlagen und zentrale didaktische Prinzipien. In I. Schüßler, E. Nuissl & W. Gieseke (Hrsg.), *Reflexionen zur Selbstbildung: Festschrift für Rolf Arnold* (S. 131–151). Bielefeld: W. Bertelsmann Verlag.
Schütze, F. (1996). Organisationszwänge und hoheitsstaatliche Rahmenbedingungen im Sozialwesen: Ihre Auswirkungen auf die Paradoxien des professionellen Handelns. In A. Combe & W. Helsper (Hrsg.), *Pädagogische Professionalität* (S. 183–276). Frankfurt a.M.: Suhrkamp.
Schütze, F. (2021). *Professionalität und Professionalisierung in pädagogischen Handlungsfeldern: Soziale Arbeit.* Opladen, Berlin & Toronto: Barbara Budrich/UTB.
Schwing, R. (2014). Auftragsklärung. In T. Levold & M. Wirsching (Hrsg.), *Systemische Therapie und Beratung: das große Lehrbuch* (S. 172–174). Heidelberg: Carl-Auer.
Schwing, R. (2016). 2.1.1 Therapeutische Beziehung und Strukturierung des Erstinterviews. In T. Levold & M. Wirsching (Hrsg.), *Systemische Therapie und Beratung: das große Lehrbuch* (S. 156–166). Heidelberg: Carl-Auer.
Schwing, R. & Fryszer, A. (2018). *Systemisches Handwerk: Werkzeug für die Praxis.* 14. Auflage. Göttingen: Vandenhoeck & Ruprecht.
Seibert, U. (1978). *Soziale Arbeit als Beratung: Ansätze und Methoden für eine nicht-stigmatisierende Praxis.* Weinheim: Beltz.
Seifert, J. W. (2021). *Visualisieren Präsentieren Moderieren.* Offenbach a.M.: Gabal Verlag.
Seithe, M. (2012). *Schwarzbuch Soziale Arbeit.* Wiesbaden: VS Verlag für Sozialwissenschaften.
Selvini Palazzoli, M., Boscolo, L., Cecchin, G. & Prata, G. (1981). Hypothetisieren – Zirkularität – Neutralität. Drei Richtlinien für den Leiter der Sitzung. *Familiendynamik,* 6(2), S. 123–139.
Sickendiek, U. (2021). *Feministische Beratung. Diversität und Soziale Ungleichheit in Beratungstheorie und Praxis.* Tübingen: dgvt-Verlag.
Sickendiek, U., Engel, F. & Nestmann, F. (2008). *Beratung: Eine Einführung in sozialpädagogische und psychosoziale Beratungsansätze.* 3. Auflage. Weinheim: Juventa.

Simon, F. B. (1993). *Unterschiede, die Unterschiede machen: Klinische Epistemologie: Grundlage einer systemischen Psychiatrie und Psychosomatik.* Frankfurt a. M.: Suhrkamp.
Simon, F. B., (2012). Zirkuläres Fragen. In J. Wirth & H. Kleve (Hrsg.), *Lexikon des systemischen Arbeitens. Grundbegriffe der systemischen Praxis, Methodik und Theorie* (S. 472–475). Heidelberg: Carl-Auer.
Simon, F. B. (2017). *Einführung in Systemtheorie und Konstruktivismus.* Heidelberg: Carl-Auer Compact.
Simon, F. B. & Rech-Simon, C. (2018). *Zirkuläres Fragen: Systemische Therapie in Fallbeispielen: Ein Lernbuch.* Carl-Auer.
Skovholt, T. M. & Jennings, L. (Hrsg.) (2004). *Master therapists: Exploring expertise in therapy and counseling.* Boston: Allyn & Bacon.
Staub-Bernasconi, S. (2018). *Soziale Arbeit als Handlungswissenschaft. Soziale Arbeit auf dem Weg zu kritischer Professionalität.* 2., vollständig überarbeitete u. aktualisierte Auflage. Opladen, Berlin & Toronto: Barbara Budrich/UTB.
Steiner, T. & Berg, I. K. (2016). *Handbuch lösungsorientiertes Arbeiten mit Kindern.* 7. Auflage. Heidelberg: Carl-Auer.
Stimmer, F. & Ansen, H. (2016). *Beratung in psychosozialen Arbeitsfeldern: Grundlagen – Prinzipien – Prozess.* Stuttgart: Kohlhammer.
Stimmer, F. & Weinhardt, M. (2010). *Fokussierte Beratung in der Sozialen Arbeit.* München: Ernst Reinhardt.
Strasser, J. (2006). *Erfahrung und Wissen in der Beratung: Theoretische und empirische Analysen zum Entstehen professionellen Wissens in der Erziehungsberatung.* Göttingen: Cuvillier Verlag.
Strasser, J. (2014). Reflexion von Erfahrungen und Fehlern. Eine Voraussetzung für die berufliche Wissensentwicklung von Beraterinnen und Beratern. In P. Bauer & M. Weinhardt (Hrsg.), *Perspektiven sozialpädagogischer Beratung. Empirische Befunde und aktuelle Entwicklungen* (S. 196–213). Weinheim und München: Beltz Juventa.
Strasser, J. (2016). Zur Rolle des Wissens in der psychosozialen Beratung. In P. Bauer & M. Weinhardt (Hrsg.), *Professionalisierung und Kompetenzentwicklungsprozesse in der sozialpädagogischen Beratung* (S. 11–22). Baltmannsweiler: Schneider Verlag Hohengehren.
Strasser, J. (2021). Wissenserwerb und die künftige Professionalisierung von Beratung. In S. Erbring & J. Fischer (Hrsg.), *Zukunft der Beratung. Sozialmagazin, 5. Sonderband* (S. 47–60). Weinheim und Basel: Beltz Juventa.
Strasser, J. & Gruber, H. (2015). Learning processes in the professional development of mental health counselors: knowledge restructuring and illness script formation. *Advances in Health Sciences Education, 20*(2), S. 515–530.
Sulz, S. K. D. (Hrsg.) (2019a). *Selbsterfahrung – qualifizierte und empirisch evaluierte Konzepte. Sonderheft Psychotherapie, 24(2).* Gießen: Psychosozial Verlag.
Sulz, S. K. D. (2019b). Editorial. In S. K. D. Sulz (Hrsg.), *Selbsterfahrung – qualifizierte und empirisch evaluierte Konzepte. Sonderheft Psychotherapie,* 24(2) (S. 4–7). Gießen: Psychosozial Verlag.
Szeteli, P. (2015). Die Nutzung von Simulationsklienten im Rahmen einer innovativen Lehrveranstaltung zum Erwerb von Beratungskompetenz. In M. Weinhardt (Hrsg.), *Beratungskompetenzerwerb. Pilotstudien aus der Arbeitsstelle für Beratungsforschung* (S. 68–100). Weinheim und Basel: Beltz Juventa.
Thiersch, H. (2004). Lebensweltorientierte Soziale Beratung. In F. Nestmann, F. Engel & U. Sickendiek (Hrsg.), *Das Handbuch der Beratung. Band 2: Ansätze, Methoden und Felder* (S. 699–708). Tübingen: dgvt-Verlag.
Thomä, D. (2015). *Erzähle Dich selbst. Lebensgeschichte als philosophisches Problem.* 2. Auflage. Berlin: Suhrkamp.
Tietze, K.-O. (2020). *Kollegiale Beratung: Problemlösungen gemeinsam entwickeln.* 4. Auflage. Reinbek: Rowohlt.
Tietze, K.-O. (2021). Kollegiale Beratung für Studienberatende. In T. Grüneberg, I. Blaich, J. Egerer, B. Knickrehm, M. Liebchen, L. Lutz, U. Nachtigaller & R. Thiel (Hrsg.), *Handbuch Studienberatung. Berufliche Orientierung und Beratung für akademische Bildungswege, Band 2* (S. 960–964). Bielefeld: wbv/UTB.

Trenkle, B. (2010). *Das 2. Ha-Handbuch der Witze zu Hypnose und Psychotherapie*. 4. Auflage. Heidelberg: Carl-Auer.
Trenkle, B. (2017). *Das Ha-Handbuch der Psychotherapie*. 10. Auflage. Heidelberg: Carl-Auer.
Völter, B. (2008). Verstehende Soziale Arbeit. Zum Nutzen qualitativer Methoden für professionelle Praxis, Reflexion und Forschung. *Forum qualitative Sozialforschung*, 9(1), Art. 56. Online verfügbar: https://www.qualitative-research.net/index.php/fqs/article/view/327/716 [23.02.2023].
Völter, B. (2013). Professionelles Handeln wahrnehmen und reflektieren lernen. Ethnografische Praxisprotokolle als Link zwischen Studium und beruflicher Praxis. *SozialExtra*, 11–12/2013, S. 26–29.
Völter, B. (2015). Ethnografisches Praxisprotokoll. In R. Rätz & B. Völter (Hrsg.), *Wörterbuch Rekonstruktive Soziale Arbeit* (S. 63–66). Opladen, Berlin und Toronto: Barbara Budrich.
Völter, B., Cornel, H., Gahleitner, S. B. & Voß, S. (Hrsg.) (2020). *Professionsverständnisse in der Sozialen Arbeit*. Weinheim und Basel: Beltz Juventa.
Wahl, D. (2002). Mit Training vom trägen Wissen zum kompetenten Handeln? *Zeitschrift für Pädagogik*, 48(2), S. 227–241.
Wahl, D. (2010). Lernumgebungen erfolgreich gestalten, Vom trägen Wissen zum kompetenten Handeln. *Aufgelesen*, 6/2010, S. 1–6.
Wahl, D. (2013). *Lernumgebungen erfolgreich gestalten: Vom trägen Wissen zum kompetenten Handeln*. 3. Auflage. Bad Heilbrunn: Julius Klinkhardt.
Wälte, D. & Borg-Laufs, M. (Hrsg.) (2021). *Psychosoziale Beratung. Grundlagen, Diagnostik, Intervention*. 2., aktualisierte Auflage. Stuttgart: Kohlhammer.
Wälte, D. & Lübeck, G. (2021). Was ist psychosoziale Beratung? In D. Wälte & M. Borg-Laufs (Hrsg.), *Psychosoziale Beratung. Grundlagen, Diagnostik, Intervention* (S. 25–30). Stuttgart: Kohlhammer.
Wandhoff, H. (2016). *Was soll ich tun? Eine Geschichte der Beratung*. Hamburg: Corlin Verlag.
Weinhardt, M. (2002a). *Teilzeitjobs im Sozialpädagogikstudium: das verheerende Versprechen*. Blogbeitrag vom 5. Juli 2022. Online verfügbar: https://marcweinhardt.de/teilzeitjobs-im-sozialpaedagogikstudium-das-verheerende-versprechen/ [12.01.2023].
Weinhardt, M. (2013). Methodenkompetenzerwerb im Studium? – Chancen und Grenzen der Methodenausbildung an der Hochschule am Beispiel psychosozialer Beratung. *Sozialmagazin*, 11–12/2013, S. 61–69.
Weinhardt, M. (2014a). Beraterische Basisqualifikation im Studium? Eine qualitative Längsschnittstudie zum Beratungskompetenzerwerb an der Hochschule. *Kontext*, 45(1), S. 37–51.
Weinhardt, M. (2014b). Kompetenzentwicklung in der psychosozialen Beratung am Beispiel von Studierenden der Erziehungswissenschaft. In P. Bauer & M. Weinhardt (Hrsg.), *Perspektiven sozialpädagogischer Beratung. Empirische Befunde und aktuelle Entwicklungen* (S. 214–231). Weinheim und München: Beltz Juventa.
Weinhardt, M. (Hrsg.) (2015a). *Beratungskompetenzerwerb. Pilotstudien aus der Arbeitsstelle für Beratungsforschung*. Weinheim und Basel: Beltz Juventa.
Weinhardt, M. (2015b). Einleitung. In M. Weinhardt (Hrsg.), *Beratungskompetenzerwerb. Pilotstudien aus der Arbeitsstelle für Beratungsforschung* (S. 9–17). Weinheim und Basel: Beltz Juventa.
Weinhardt, M. (2018a). *BeraLab – wirksam beraten lernen*. Blogbeitrag vom 12. Februar 2018. Online verfügbar: https://marcweinhardt.de/beralab-wirksam-beraten-lernen/ [23.02.2023].
Weinhardt, M. (2018b). *Kompetenzorientiert systemisch beraten lernen: Gebrauchsanweisung für die eigene Professionalisierung*. Göttingen: Vandenhoeck & Ruprecht.
Weinhardt, M. (2019). Beratungskompetenzerwerb im Studium: Lern- und Bildungsprozesse im Horizont subjektorientierter Professionalisierung. In O. Dörner, C. Iller, I. Schüßler, C. Maier-Gutheil & C. Schiersmann (Hrsg.), *Beratung im Kontext des Lebenslangen Lernens. Konzepte, Organisation, Politik, Spannungsfelde*r (S. 143–156). Opladen, Berlin und Toronto: Barbara Budrich.
Weinhardt, M. (2021). Beratungsprofessionalisierung in frühen Stadien: Der Einfluss von Persönlichkeitsmerkmalen und Selbstwirksamkeitserwartung. *Empirische Pädagogik*, 34(2), S. 288–301.

Weinhardt, M. (2022b). *Avatare und Virtuelle Realität im Beratungslernen: Sie kommen auch hier, die digitalen Dinge*. Blogbeitrag vom 15. Januar 2022. Online verfügbar: https://marcweinhardt.de/avatare-und-virtuelle-realitaet-im-beratungslernen-sie-kommen-auch-hier-die-digitalen-dinge/ [23.02.2023].

Weinhardt, M., Bauer, P., Lohner, E. M., Schmitz, A.-K., Christiani, L. & Eder-Curelli, C. (2022). Beratungslernen im Studium. Ergebnisse einer Pilotstudie zur Umsetzung eines videogestützten Beratungslabors im Horizont pandemiebedingter Digitalität. *e-beratungsjournal, 18*(2), S. 38–55.

Weinhardt, M. & Kelava, A. (2016). Die performanzorientierte Erfassung psychosozialer Beratungskompetenz in Forschung und Lehre im Rahmen einer Simulationsumgebung. *Neue Praxis, 46*(4), S. 363–377.

Wendt, P. U. (2021). *Lehrbuch Methoden der Sozialen Arbeit*. Weinheim and Basel: Beltz Juventa.

White, M. (2010). *Landkarten der narrativen Therapie*. Heidelberg: Carl-Auer.

Widulle, W. (2016). Beratungslernen in Regelstudiengängen. In P. Bauer & M. Weinhardt (Hrsg.), *Professionalisierung und Kompetenzentwicklungsprozesse in der sozialpädagogischen Beratung* (S. 23–34). Baltmannsweiler: Schneider Verlag Hohengehren.

Widulle, W. (2020). *Gesprächsführung in der Sozialen Arbeit*. 2., durchgesehene Auflage. Wiesbaden: Springer VS.

Willemse, J. & Ameln, F. v. (2018). *Theorie und Praxis des systemischen Ansatzes. Die Systemtheorie Watzlawicks und Luhmanns verständlich erklärt*. Wiesbaden: Springer.

Willutzki, U. (2013). Ressourcen: Einige Bemerkungen zur Begriffsklärung. In J. Schaller & H. Schemmel (Hrsg.), *Ressourcen: Ein Hand- und Lesebuch zur psychotherapeutischen Arbeit* (S. 61–82). 2., vollständig überarbeitete u. erweiterte Auflage. Tübingen: dgvt Verlag.

Witte, W. (2009). Supervision als non-formeller Lernort in Studiengängen der Sozialen Arbeit. *Soziale Arbeit, 58*(5), S. 170–181.

Witte, N. & Rosenthal, G. (2011). Analyse videographierten Datenmaterials. In G. Rosenthal, *Interpretative Sozialforschung. Eine Einführung* (S. 121–138). 3., aktualisierte u. ergänzte Auflage. Weinheim: Juventa.

Yalom, I. D. (2010). *Der Panama-Hut: oder Was einen guten Therapeuten ausmacht*. München: btb Verlag.

Yanagihara, H. (2017). *Ein wenig Leben*. München: Hanser Berlin.

Zito, D. & Martin, E. (2021). *Selbstfürsorge und Schutz vor eigenen Belastungen für Soziale Berufe: Mit Online-Materialien*. Weinheim und Basel: Beltz Juventa.

Zürcher, A. (2019). *Beratungslernen in einer geschützten Lernumgebung mit Simulationsklienten: Entwicklung eines standardisierten Beobachtungsinstruments zur Einschätzung systemisch-orientierten Beratungshandelns in der psychosozialen Beratung*. Dissertation, Universität Tübingen. Online verfügbar: https://publikationen.uni-tuebingen.de/xmlui/bitstream/handle/10900/85483/2018_DissertationAnkeZ%c3%bcrcher_Final.pdf [29.03.2023].

Zwack, J. & Zwack, M. (2016). Jenseits der Methoden – wie bleiben wir wach in Lehre und Beratung? In D. Rohr, A. Hummelsheim & M. Höcker (Hrsg.), *Beratung lehren. Erfahrungen, Geschichten, Reflexionen aus der Praxis von 30 Lehrenden* (S. 47–62). Weinheim und Basel: Beltz Juventa.

Zwicker-Pelzer, R. (2010). *Beratung in der sozialen Arbeit*. Bad Heilbrunn: Julius Klinkhardt/ UTB.

Zwicker-Pelzer, R. (2021). Beratung als Handlungskonzept zwischen Sozialer Arbeit und Therapie. In S. Erbring & J. Fischer (Hrsg.), *Zukunft der Beratung. Sozialmagazin, 5. Sonderband* (S. 61–75). Weinheim und Basel: Beltz Juventa.

# Anhang A: Zehn Bücher, die Ihre Professionalität bereichern können

Das Lesen von Belletristik sensibilisiert für Lebenswelten und schafft Einblicke in andere Biographien, Milieus, Kulturen oder historische Kontexte. Es lassen sich Zusammenhänge und Wechselwirkungen von Individuum und Gesellschaft, Subjektpositionen und Vergesellschaftungsprozesse verstehen, so dass gelegentlich die Welt als kontingent erscheint. Lesen erweitert Wortschatz und Sprachkompetenz, es schafft Irritationen von vermeintlich Vertrautem und eröffnet Möglichkeiten eines Bekanntwerdens mit unendlich vielen anderen Lebensentwürfen. Bücher schulen Empathie, lassen Subjektperspektiven nachfühlen, geben Einblicke in seelische Untiefen und trainieren das Aushalten von herausfordernden Themen. Stets ist Lesen etwas radikal-individuelles, durch Lektüren kann gänzlich Neues eröffnet und Unbekanntes erschlossen werden. Belletristik schärft das Denken und erweitert die emotionale Klaviatur. Manchmal ist Lesen schlichtweg eine Erfahrung, die nicht nur die Persönlichkeit, sondern auch die Professionalität von Berater*innen bereichern kann.

## 1 Ein Mann seiner Klasse – Christian Baron

Dieses Buch bietet die Möglichkeit, sich mit den Themen Männlichkeit*, häuslicher Gewalt, Klassismus und Sucht auseinanderzusetzen. Es hilft dabei, zu verstehen, wie familiale Loyalitäten zusammenspielen können, stellt Fragen, inwieweit niemand allein krank ist, wo Verantwortung beginnt oder endet und welche Zumutungen an Kindheit gestellt werden können. Gleichzeitig ist es ein wunderbares Buch über den Reichtum von Reflexivität als Bewältigungshandeln über Emanzipationsprozesse und Selbstschöpfungsmöglichkeiten. Inwieweit handelt es sich hier um Belletristik, Autobiografie oder eine Art von autobiographischem Roman? Und welche Kraft liegt in derartigem Schreiben und Lesen? Christian Baron wird vermutlich lange nachhallen.

## 2 Das also ist mein Leben – Stephen Chbosky

Dieses Buch sensibilisiert für die Herausforderungen der Zeit, die wir Pubertät nennen. Der fünfzehnjährige Protagonist schildert in Briefen seine Erfahrungen von Verlust, Ängsten, Liebe, Freundschaft oder Rausch. Und in diesem Schreibstil findet sich auch eine große Besonderheit dieses Werkes. Es wird aus der Eigenbetrachtung eines sensiblen Teenagers formuliert, der seine Zugriffsversuche auf das Leben schildert und sich dabei in der Diffusität von Gefühlsintensitäten selbst zunehmend ausleuchtet und nach Wegen sucht, dies mitzuteilen. Gleichzeitig werden sukzessive verkapselte Themen wie Selbsttötung oder sexualisierte Gewalt freigelegt, bei deren Bewältigung sich die Frage nach dem Hinzuziehen professioneller Hilfeformate stellt. Einerseits ein Jugendbuch, andererseits ein Werk, in dem sich vieles für das beraterische Agieren mit Jugendlichen lernen lässt.

## 3   Verbrechen und Strafe – Fjodor Dostojewskij

Dieser Roman der Weltliteratur – in früheren Übersetzungen mit »Schuld und Sühne« tituliert – besitzt eine enorme Vielschichtigkeit und Komplexität. Was bewog den Jurastudenten Raskolnikow zum Doppelmord? Armut, Milieu, Ideologie, Rassismus oder Größenwahn? Inwieweit handelt es sich um nachträgliche Rationalisierungen und Motivbestimmungen oder Täterstrategien? Dostojewskij schildert die gedanklichen Abgründe, innerliche Zerrissenheit und Erklärungsversuche eines Täters, der zunehmend sein eigenes Leiden in den Vordergrund rückt und nebenher versucht, die Strafermittlungsbehörden von seiner Unschuld zu überzeugen. Das Buch ist weit mehr als ein psychologisches Eintauchen in die Gedankenwelten eines Mörders, es stellt die großen Fragen nach Kategorien von Schuld, Sünde, Moral, Strafe, Verbrechen, Sühne und Resozialisierung, die insbesondere durch die facettenreichen Nebenfiguren kontrastiert werden.

## 4   Erinnerung eines Mädchens – Annie Ernaux

Welchen Stellenwert für das weitere Leben, für die Entwicklung der Persönlichkeit, für die Identität als Frau kann ein einzelnes Ereignis einnehmen? Wie lässt sich auf ein Gewalterleben zurückblicken, welches über ein halbes Jahrhundert zurückliegt und durch anwachsende Scham distant und präsent zugleich ist? Annie Ernaux ist ein Genie darin, das eigene Leben zur Literatur zu machen und biographische Erinnerungen schonungslos in nahezu chirurgischer Genauigkeitsherstellung zu formulieren. Kein Wort ist zu viel und zugleich offerieren die in Fragmenten formulierten Erinnerungen mehr als ein autobiographisches Selbstportrait, vielmehr werden nebenher gesellschaftliche Strukturen, in denen Sexismus und Klassismus Hand in Hand gehen, skizziert. Wie kann über sich selbst gesprochen werden, wenn die Erinnerungen zu schmerzhaft und schamerfüllt werden? Welche Formulierungsfeinheiten helfen dabei, sich diesen Erinnerungen anzunähern? Und: Was kann es für das Selbstverhältnis bewirken, die Deutungshoheit über sich selbst und die eigene Gewordenheit nach mehreren Jahrzehnten durch das Schreiben zurückzugewinnen?

## 5   Stiller – Max Frisch

Ist es gänzlich möglich, aus seinem Leben zu fliehen und ein anderes Leben zu beginnen? Und wie lang lässt sich ein neu begonnenes Leben durchhalten, bis es von Vergangenheitsanhaftungen eingeholt wird? Inwieweit kann die eigene Identität abgelegt werden und ein neues Selbstkonzept realisiert werden? Welche Spuren hinterlässt jemand im Leben von anderen, wenn er aus dem eignen versucht, auszubrechen? Wie sehr ist jemand, trotz aller Fluchtbemühungen und Veränderungswünsche letztlich an seine eigene Identität gekettet? Max Frisch stellt in »Stiller« radikal Fragen nach den Ausbruchsmöglichkeiten des bürgerlichen Subjekts, thematisiert Suchbewegungen sowie Überforderungen von Männlichkeiten* aber auch die Grenzen der Ich-Häutungen. Ein Roman, der die Sehnsucht des ungelebten Lebens verfolgt und vom gelebten Leben eingeholt wird.

## 6     Alle Tage – Terezia Mora

Was bewegt einen Menschen, der fehlerfrei zehn Sprachen spricht, kaum zu sprechen? Welche Rolle spielt Sprache für Welterschließung, für Heimat, für Zugehörigkeit und Identität? Wie kann ein Zugang zu jemanden gefunden werden, dem die Erfahrungen der Selbstzugänglichkeit fehlen? Terezia Mora gelingt es auf brillante Art und Weise, die Feinheiten und Vielfältigkeiten von Nähe und Distanz zu thematisieren. Ein Buch über Erinnerungen, die Kraft innerer Bilder, über den Einfluss des Selbstverhältnisses auf Beziehungen zu anderen und über Ausbruchsversuche aus biographischen Vergangenheitsaufschichtungen.

## 7     Die Wand – Marlen Haushofer

Ein leises Buch, welches zugleich metaphernreich verschiedene Reflexionsfolien übereinanderlegt. Was bedeutet Überleben, wenn von einem Moment auf den anderen die Welt stehenbleibt? Wer bin ich, wenn mir der Zugang zu anderen versperrt bleibt? Was ist jemand in der Lage zu bewältigen, wenn ein Ereignis das ganze Leben zu verändern droht? Marlen Haushofer schreibt behutsam und zugleich kraftvoll über die Themen von Einsamkeit und Emanzipation, über das Bedrohliche am Männlichen und über Feminismus, über Entfremdung und Naturverbundenheit, über Angst(-Bewältigung) und Verkapselt-Sein. Sollte es stimmen, dass es Bücher gibt, die für immer nachhaltig in der Leser*innenbiographie bleiben und die wiederholt gelesen werden müssen, dieses ist ein solches.

## 8     Der Prozeß – Franz Kafka

In diesem Roman geht es um das Gefühl des Undurchsichtigen, des Ausgeliefert-Seins und der Fremdbestimmung. Die Kategorien von Schuld und Unschuld verwässern in Verwaltungsstrukturen, die über das Subjekt verfügen ebenso wie die Selbstbeobachtungen und versuchte Verstehensprozeduren des Protagonisten. Kafka gelingt es, innere Landschaften des Unbewussten mit institutionellen Strafmechanismen zu vermischen. In einer Welt, in der anonyme Strukturen alles über das Subjekt zu wissen scheinen, beginnen Verinnerlichungen von Machtmechanismen. Ein foucaultscher Sound durchzieht das Werk und lässt den Facettenreichtum von Machtformen anklingen. Vieles ist nebelhaft und finster. Versuche, das Nebulöse zu durchdringen, Zugriffsformen und Kontrolle gegenüber Machtpraktiken zu erlangen, scheinen aussichtslos.

## 9 Intimitäten – Katie Kitamura

Dies ist ein Buch über die Vielschichtigkeiten, Komplexitäten und Widersprüchlichkeiten von Nähe. Fremd in Den Haag und frisch in der Rolle als Simultandolmetscherin am Internationalen Gerichtshof, überlagern sich für die Protagonistin, beruflich wie privat, Balanceanforderungen von Nähe und Distanz, die sich zunehmend als Fragen der Kompliziertheiten von Nähe erweisen. Welchen Bedeutsamkeiten kommt Sprache, Kommunikation und Wahrnehmung bei? Wie ist es um Nähe bestellt, wenn es darum geht, Gewalttaten präzise zu beschreiben und als Dolmetscherin in ein sprachliches Arbeitsbündnis mit dem Angeklagten zu treten und eng zusammenzuarbeiten? Wie nah darf die eigene Betroffenheit gehen? Inwieweit stellt Nähe (sei es gewünschte, nicht-gewünschte, gesuchte, unerwiderte, körperliche, emotionale) eine eindeutige Kategorie von Beziehungen dar? Welche Wechselwirkungen und Schnittmengen gibt es zwischen privaten, professionellen und Formen von Selbstbeziehungen?

## 10 Ein wenig Leben – Hanya Yanagihara

Mit äußerster Sensibilität versteht es Hanya Yanagihara, die Themen sexualisierte Gewalt, Diskriminierung, selbstverletzendes Verhalten und Selbsttötung in all ihren Bewältigungsfacetten zu schildern. Es ist ein Buch über Schönheit und Schrecken, über Zärtlichkeit und Gewalt. Mit großer Empathie wird jemand in all den Untiefen von Empfindungshorizonten geschildert, der versucht, am Leben teilzunehmen, und stets vom Gefühl begleitet wird, falsch zu sein. Zugleich ist es ein Roman über die Kraft der Freundschaft, über Unterstützungs- und Hilfeversuche des sozialen Umfeldes, aber auch über die Grenzen von Zuwendung und die Autonomie des Menschen. Letztlich bleibt die Frage: Wem gehört mein Leben?

# Anhang B.1: Selbstreflexionen (besonders geeignet für Einzelarbeit)

> **Online-Material zum Download**
>
> Die Arbeitsblätter im Anhang B.1 und B.2 (markiert durch einen Verweis) stehen Ihnen ergänzend als Online-Material[2] zur Verfügung, das Sie unter folgendem Link herunterladen können:
>
>  https://dl.kohlhammer.de/978-3-17-039262-5

## Nähe und Distanz – Helfen als Beruf(ung) (→ Arbeitsblatt 1)

1. Welche Bedeutung hat(te) Helfen in meinem Leben?

2. Welche Faszination geht für mich vom Helfen als Beruf aus?

3. Was geht in mir vor, wenn mich Klient*innen nach meinem Privatleben fragen?

4. Was geht in mir vor, wenn mich Kolleg*innen nach meinem Privatleben fragen?

5. Wie gehe ich mit diesen Anfragen um? Welche Informationen gebe ich von mir preis?

| | gegenüber Klient*innen | gegenüber Kolleg*innen |
|---|---|---|
| 1 | | |
| 2 | | |
| 3 | | |

---

2 Wichtiger urheberrechtlicher Hinweis: Alle zusätzlichen Materialien, die im Download-Bereich zur Verfügung gestellt werden, sind urheberrechtlich geschützt. Ihre Verwendung ist nur zum persönlichen und nichtgewerblichen Gebrauch erlaubt. Jede Verwendung außerhalb der engen Grenzen des Urheberrechts ist ohne Zustimmung des Verlags unzulässig und strafbar. Das gilt insbesondere für Vervielfältigungen, Übersetzungen, Mikroverfilmungen und für die Einspeicherung und Verarbeitung in elektronischen Systemen.

| gegenüber Klient*innen | gegenüber Kolleg*innen |
|---|---|
| 4 | |
| 5 | |
| 6 | |
| 7 | |

6. Welche definitiv nicht?

| gegenüber Klient*innen | gegenüber Kolleg*innen |
|---|---|
| 1 | |
| 2 | |
| 3 | |
| 4 | |
| 5 | |
| 6 | |
| 7 | |

7. Stichwort Duzen/Siezen: Wer darf was? (Lebensalter, Geschlecht*, Kontext/ Handlungsfeld ...)

8. Wie gehe ich damit um, wenn ich Klient*innen zufällig außerhalb des Arbeitskontextes treffe?

9. Inwieweit spielt für mich die lokale Nähe/Entfernung meines Arbeitsortes und meines privaten Kiezes eine Rolle?

10. Wie gehe ich mit Anfragen um, sich nach dem Praktikum zu sehen? Welche Parameter wären dann anders? (Zeit? Ort? ...)

11. Wie gehe ich mit Anfragen von Klient*innen um, meine private Handynummer, Adresse (...) zu geben?

12. Wie gehe ich mit Anfragen von Kolleg*innen um, meine private Handynummer, Adresse (...) zu geben?

13. Unter welchen Umständen bin/war ich bereit, Überstunden zu machen?

14. Unter welchen Umständen habe/lasse ich das Diensthandy an?

Anhang

15. Inwieweit ist es sinnvoll, negative Gefühle gegenüber Klient*innen zu zeigen/zu thematisieren? (Stichwort Gegenübertragung)

16. Inwieweit sind Helfer*innen eine Leinwand, auf die Klient*innen alles projizieren können? Welche Konsequenzen ergeben sich daraus? (Sichtwort Übertragung)

17. Wie gehe ich damit um, wenn ich eine*r Klient*in nicht helfen konnte? Wie intensiv beschäftigt mich das?

18. Wie gehe ich damit um, wenn ich von eine*r Klient*in/Klient*innensystem abgelehnt werde?

19. Inwieweit fühle ich mich für meine Klient*innen und die Lösung ihrer Probleme verantwortlich?

20. Woran genau bemerke ich zu viel Nähe?

21. Woran genau bemerke ich zu viel Distanz?

22. Stichwort Nähe-Distanz-Lernen: Welche Erfahrung im Spannungsfeld von Nähe und Distanz war für mich im Praxissemester unglaublich wichtig, hat zugleich die Gewissheit hinterlassen, etwas in Zukunft zu ändern oder definitiv beizubehalten oder auszubauen?

23. Angenommen es gibt eine Art biographisch verortbare »eigene Bedürftigkeit« von Helfer*innen. Inwieweit konnten Sie in Hilfeprozessen (im Praktikum) bei sich beobachten, dass Ihre Bedürfnisse, Emotionen, Ängste oder Wünsche in den Hilfeprozess hineingewirkt haben?

## Verherztheiten – Affinität (Hingezogen-Sein zu Klient*innen) (→ Arbeitsblatt 2)

1. Wie bin ich, wenn ich verliebt bin?

2. Was ändert sich dadurch in meinem Erleben?

3. Welche Signale sendet mein verliebter Körper? Wie verhält es sich mit meinem Denken?

4. Wie verändert sich mein Auftreten/Verhalten, wenn ich verliebt bin?

5. Wie bin ich in meiner Biographie mit Verliebtsein umgegangen?

6. Was tue ich dafür, dass mich jemand als potentielle*n Liebespartner*in wahrnimmt?

7. Unter welchen Umständen entwickle ich starke emotionale Zuneigung?

8. Unter welchen Umständen entwickle ich eine sexuelle Anziehung gegenüber einer anderen Person?

9. Wie reguliere ich starke emotionale Zuneigung?

10. Wie reguliere ich Empfindungen sexueller Anziehung?

11. Woran bemerkt mein privates Umfeld, dass ich verliebt bin?

12. Woran bemerkt mein professionelles Umfeld, dass ich verliebt bin?

13. Was genau bedeutet das Abstinenzgebot für mich?

14. Welche Formen der Anerkennung in beruflichen Kontexten wünsche ich mir?

15. Wieviel Körpernähe ist in einer professionellen (Hilfe-)Beziehung angemessen?

16. Wieviel emotionale Nähe ist in einer professionellen (Hilfe-)Beziehung angemessen?

17. Woran merke ich den Unterschied zwischen »verliebter« Vorfreude und reiner Sympathie gegenüber eine*r Klient*in?

18. Welche Ressourcen und Fähigkeiten habe ich, um meine professionelle Rolle zu wahren?

19. Was sind meine Ausstiegsmomente aus der Hilfebeziehung?

20. Was wäre ich ggf. bereit, für eine Beziehung zu eine*r Klient*in aufzugeben? (Job, Intimpartner*innenschaft, Familie ...)

21. Wem würde ich im Falle eines Verliebtseins gegenüber eine*r Klient*in was, wann und wie transparent machen? Und was nicht?

22. Welche Frage würde ich gern noch reflektieren?

## Selbstreflexion zu eigenen Resilienzfaktoren – Es ist nie zu spät, eine glückliche Kindheit zu haben (→ Arbeitsblatt 3)

Im Rahmen der Recherche für sein Buch »Es ist nie zu spät eine glückliche Kindheit zu haben« (Furman 1997/2013) inserierte Ben Furman 1996 in zwei Familienzeitschriften eine kleine Anzeige, welche Menschen mit einer »schwierigen Kindheit« adressierte. Er bat sie vor dem Hintergrund der geplanten Publikation, ihm zu schreiben und drei Fragen zu beantworten. Diese lauteten (ebd., S. 7):

1. »Was hat Ihnen persönlich geholfen, die schwierigen Kindheitserlebnisse zu bewältigen?

2. Was haben Sie aus Ihrer schwierigen Kindheit gelernt?

3. Wie haben Sie später im Leben die Erfahrungen gesammelt, die Ihnen in der Kindheit gefehlt haben?«

Auch wenn sich Ben Furman bereits intensiv mit Aspekten von Bewältigung schwieriger Kindheitserlebnisse beschäftigte, stellten die etwa dreihundert erhaltenen Briefe einen Augenöffner für ihn dar und verdeutlichten ihm, »dass wir nicht Gefangene unserer Vergangenheit sind, auch wenn unsere Kindheitserlebnisse uns sehr wohl prägen mögen« (ebd., S. 18).

»Ich konnte auch vorher theoretisch erklären, wie eine schwierige Kindheit später im Leben wertvoll erscheinen kann, aber erst nach der Lektüre dieser Briefe wurde ich davon überzeugt, dass der Mensch ein Wesen ist, das prinzipiell alles überstehen kann. Inzwischen glaube ich, dass ein Mensch die Fähigkeit besitzt, seine Vergangenheit – und das darin enthaltene, möglicherweise ungeheure Leid – eher als eine Quelle der Kraft als einen Ursprung des Schlechten zu begreifen« (ebd., S. 7 f.).

### Literatur

Furman, Ben (2013). Es ist nie zu spät, eine glückliche Kindheit zu haben. 7. Auflage; Erstausgabe 1997. Dortmund: Borgmann-Verlag.

## Das Leben nehmen – Selbstreflexion (→ Arbeitsblatt 4)

1. Welche Vorstellung habe ich davon, was nach dem Tod passiert?
2. Wem gehört mein Leben?
3. Wem gehört mein Tod?
4. Welche Haltung/Einstellung habe ich zum Thema »Selbsttötung«?
5. Mit welchem Begriff benenne ich dieses Verhalten? Mit welchem nicht?
6. Welche biographischen Erfahrungen habe ich mit dem Thema Selbsttötung?
7. In welchen Phasen/Situationen meines Lebens habe ich selbst über Selbsttötung nachgedacht?
8. Wie genau habe ich privat auf Selbsttötungsandeutungen/-ankündigungen anderer reagiert?
9. Wie lässt sich dies mit einer professionellen Haltung kontextualisieren?
10. Wie genau habe ich in professionellen Kontexten auf Selbsttötungsandeutungen/-ankündigungen anderer reagiert?
11. Was wünschte ich mir, wenn ich beabsichtigte, mir das Leben zu nehmen?
12. Wie sähe in diesem Fall mein »Sehnsuchtsfreitod« aus?
13. Inwieweit betrachte ich Selbsttötungsphantasien als präsuizidale Handlungen?
14. Auf einer Skala von 1 bis 10: Wie professionell fühle ich mich im Umgang mit suizidalen Klient*innen?
15. Was genau brauche ich, um mich professionell im Umgang mit suizidalen Klient*innen zu fühlen?
16. Woran würde ich Professionalität bei mir erkennen? Woran würde dies mein Team bemerken? Woran meine Klient*innen?
17. Welche Unterschiede mache ich bezogen auf das Lebensalter von suizidalen Klient*innen?
18. Unter welchen Bedingungen könnte ich das Selbsttötungsverhalten eines Menschen nachvollziehen?

19. In welchem Zusammenhang stehen Krankheit und Selbsttötung nach meiner Wahrnehmung?

20. Welche Frage wünschte ich mir, dass sie hier gestellt worden wäre?

## Soundtrack meines Lebens – Eine Autobiographische Methode

Musik ist etwas ganz Besonderes. Sie hat unmittelbaren Einfluss auf unsere Stimmungen, kann uns zum Beispiel traurig oder melancholisch machen. Sie kann uns aber auch euphorisch werden lassen und Seelentanzmomente herzaubern. Eine Art von MoodManagement.

Musik hat Einfluss auf Alltagstempo, Lebensenergie und Erinnerungen. Sie ist etwas Unmittelbares und eine Form von Erfahrung. Musik ist intim. Sie verschaltet persönliche Rückbesinnungen mit Stimmungen und Gedanken mit dem Körper. Musik ist der unmittelbar erlebte Gegenwartsmoment, das Jetzt, das sich im singenden und tanzenden *Ich* findet. Musik ist auch eine Möglichkeit, in die Vergangenheit zu reisen, gewissermaßen ein Ohr zur Biographie.

In vielen Phasen unseres Lebens hat Musik eine besondere Bedeutung. Ein Gedanke, den auch Friedrich Nietzsche, Lauren Istvandity und Floyd in »Absolute Giganten« formulieren:

»Ohne Musik wäre das Leben ein Irrtum.« (Friedrich Nietzsche)

»Der Soundtrack des Lebens ist ein metaphorischer Kanon der Musik, die dein Leben begleitet. Wenn man über die wichtigen Ereignisse seines Lebens nachdenkt, dann sind die oft von Musik begleitet. Manchmal hat man da bewusst eine bestimmte Musik gespielt, aber meistens lief die zufällig. Und all das führt zu dieser langen Reihe von Melodien, die deine Geschichte erzählen« (Lauren Istvandity in Drösser 2021, S. 6).

»Es müsste immer Musik da sein. Bei allem, was du machst. Und wenn's so richtig Scheiße ist, dann ist wenigstens noch die Musik da. Und an der Stelle, wo es am allerschönsten ist, da müsste die Platte springen und du hörst immer nur diesen einen Moment« (Filmfigur Floyd in »Absolute Giganten« 1999 [Film]).

Wenn Sie die Zitate lesen, was geht Ihnen spontan durch den Kopf? An welche Lieder, Melodien, Situationen, in denen Musik bzw. ein bestimmtes Stück in ihrem Leben eine besondere Rolle gespielt hat, denken Sie?

Die Bedeutungen einzelner Musiktitel sind hoch subjektiv und biographisch verortet. Angenommen es gäbe einen Soundtrack Ihres Lebens, also eine Zusammenstellung von genau 13 Titeln, die in deiner Biographie von besonderer Bedeutung waren, welche genau wären das?

Wäre es ein rein melancholischer Soundtrack? Oder ein eher euphorischer? Ein Mix? Oder etwas ganz anderes? Und was wären die Geschichten dahinter?

Wie fühlt sich diese Reise in die Vergangenheit heute an? Heute, wenn wir von einem Punkt der Weisheit aus milde auf uns zurückschauen? Vielleicht weil wir seitdem viel über uns gelernt haben? Oder dankbar sind, dass wir tief empfinden konnten oder können? Vielleicht weil wir ganz ressourcenbewusst wissen, woran wir gewachsen sind? Was wir gelernt haben? Was wir aushalten können? Oder weil wir einfach über uns schmunzeln müssen?

Es gibt ganz verschiedene Formen, einen Soundtrack des Lebens zusammenzustellen. Wir können uns auf verschiedene Lebensphasen konzentrieren und zum Beispiel den Ausnahmezustand Pubertät fokussieren.

Oder wir erstellen einen Ressourcensoundtrack und suchen nach Songs, die uns an Momente im Leben erinnern, in denen wir über uns selbst hinausgewachsen sind und unter den damaligen individuellen Gegebenheiten brilliert haben. Momente, in denen wir uns frei gefühlt haben? Oder ganz und gar selbstbestimmt? Momente, in denen wir eine absolut großartige Selbstbeziehung hatten und ganz in uns selbst geborgen waren? Oder etwas ganz anderes …

Nehmen Sie sich also gern die Zeit für eine ganz individuelle sowie aktive autobiographische Reise und erstellen als Geschenk für sich selbst einen Soundtrack Ihres Lebens (→ Arbeitsblatt 5).

1. _____
2. _____
3. _____
4. _____
5. _____
6. _____
7. _____
8. _____
9. _____
10. _____
11. _____
12. _____
13. _____

### Quellen zur Vertiefung

Drösser, Christoph (2021). *Wie wir uns an Musik erinnern.* SWR2 Wissen, Sendung vom 03.08.2021. Online verfügbar: https://www.swr.de/swr2/wissen/wie-wir-uns-an-musik-erinnern-102.html

Drösser, Christoph (2011). *Der Musikverführer. Warum wir alle musikalisch sind.* Reinbek: Rowohlt.

Istvandity, Lauren (2019). *The Lifetime Soundtrack Music and Autobiographical Memory.* Sheffield: Equinox Publishing.

# Anhang B.2: Selbstreflexionen (geeignet für Einzelarbeit oder dyadische Arbeit in Interview-/Gesprächsform)

## Professionelle Beziehung(en) (→ Arbeitsblatt 6)

1. Wie genau bauen Sie eine (Arbeits-)Beziehung zu Klient*innen auf?
2. Wie genau bauen Sie eine (Arbeits-)Beziehung zu Kolleg*innen auf?
3. Welche Zeit geben Sie sich jeweils dabei?
4. Was sind Ihre bewährten Kompetenzen dabei?
5. Was sind Ihre Geheimrezepte, wenn es mal etwas herausfordernder wird?
6. Was muss jemand tun, damit Sie ihm*ihr vertrauen?
7. Welches Kompliment von Klient*innen wäre für Sie grenzüberschreitend? Welche Äußerung? Welche Handlung?
8. Welches Kompliment von Kolleg*innen wäre für Sie grenzüberschreitend? Welche Äußerung? Welche Handlung?
9. Stichwort Körperkontakt: Was ist legitim, was beziehungsfördernd? Was ist übergriffig?
10. Wie beenden Sie eine Arbeitsbeziehung? Was kommunizieren Sie wann und wie an wen?
11. Wie gehen Sie mit Geschenken um?
12. Welche Unterschiede machen Sie dabei bezüglich Lebensaltern/Geschlecht/Handlungsfeldern?
13. Welches Abschiedsritual schätzen Sie besonders?

Anhang B.2: Selbstreflexionen (Einzelarbeit und Interview-/Gesprächsform)

# Selbstreflexion – Meine Schattenklient*in und ich

## Einführende Gedanken

Für die eigene Professionalität kann es sehr gewinnbringend sein, sich mit Aversionen gegenüber Klient*innen auseinanderzusetzen und sich diese genauer anzuschauen. Anschlussnehmend an Überlegungen und Konzepte der Tiefenpsychologie (C. G. Jung, Erich Neumann, Verena Kast) findet sich die Idee des Schattens einer Persönlichkeit. Hierunter sind eigene Anteile, Eigenschaften oder Verhaltensaspekte zu verstehen, die vermeintlich negativ besetzt sind, abgelehnt werden, ungelebt oder verdrängt sind. Sie befinden sich metaphorisch im Schatten der Persönlichkeit. Manchmal kann eine intensive Aversion gegenüber Klient*innen auch eine Möglichkeit sein, sich diese Ablehnung unter der Perspektive von Schattenprojektion genauer anzuschauen. Also, inwiefern könnte das Gegenüber etwas mit meinem Schatten zu tun haben? Dies kann ein erster Schritt für die eigene Schattensensibilität oder gar Schattenintegration sein (vgl. Arnold 2019, S. 180 ff., 210 f.; Kast 2021; McLeod 2011, S. 44 f.; Neumann 1949).

## Selbstreflexion (→ Arbeitsblatt 7)

1. Welche*r Klient*in hätte in Ihren Augen das Prädikat »besonders schwierig« verdient?

2. Welche genauen Attribute fallen Ihnen genau ein? Welches Alter, welches »Geschlecht«, welche Tätigkeit, welcher Wohnort etc.?

3. Nennen Sie drei typische Formulierungen/Sätze, die ihn*sie unverwechselbar machen.

4. Geben Sie ihm*ihr einen wenig respektvollen Namen, der aus mindestens 5 Wörtern besteht.

5. Beschreiben Sie Ihre*n Klient*in en detail entlang aller Sinneskanäle (VAKOG). Es geht hierbei um Ihre ganz persönlichen Assoziationen und die inneren Bilder, die vor Ihnen entstehen.

| Sinneskanal (VAKOG) | Meine Selbstbeobachtungen und Wahrnehmungen |
|---|---|
| V wie **visuell**: das Sehen | |
| A wie **auditiv**: das Hören von Geräuschen und Tönen | |

| Sinneskanal (VAKOG) | Meine Selbstbeobachtungen und Wahrnehmungen |
|---|---|
| K wie **kinästhetisch**: das Fühlen durch Tasten, Berührungen unserer Haut, aber auch Kopfschmerzen, Magendrücken und Verspannungen | |
| O wie **olfaktorisch**: das Riechen | |
| G wie **gustatorisch**: das Schmecken | |

6. Welche Emotionen können Sie aktuell bei sich beobachten?

Nehmen Sie nun einen kurzen Moment, legen Sie die Notizen auf den Boden und treten ein paar Schritte zurück und spüren Ihren Wahrnehmungen nach. Vielleicht gelingt es Ihnen, nicht nur durch die genommenen Schritte, etwas Distanz zwischen sich und dem ersten Blatt zu schaffen. Nehmen Sie nun die zweite Seite der Selbstreflexion zur Hand.

Angenommen der*die schwierige Klient*in hat Ihnen neue Perspektivierungen auf Sie selbst geschenkt …

1. Was haben Sie durch den*die schwierige Klient*in Neues von sich lernen dürfen?

2. Welche Grenzen haben Sie entdeckt?

3. Woran genau sind Sie gewachsen?

4. Von welchen Ihrer Kompetenzen/Ressourcen konnten Sie profitieren? Von welchen noch? Und von welchen noch?

5. Mit einem Wort: Wofür sind Sie dem*der schwierigen Klient*in dankbar?

Überlegen Sie, inwieweit das Verhalten dieser Person eigene Anteile bei Ihnen berührt. Anteile, die Sie vielleicht nicht an sich mögen, oder zurückstellen, oder unterdrücken.

1. Welche Verhaltensanteile dieser Person könnten für Ihre Professionalität nützlich sein, sei es in übersteigerter oder abgemilderter Form?

2. In welchen Situationen/Settings genau? In welchen Situationen/Settings wäre dies absolut/kontraproduktiv?

3. Wie genau könnten Sie diese Verhaltensanteile integrieren?
4. Welche Widerstände nehmen Sie bei dem Gedanken daran wahr?
5. Wer in Ihrem Leben/Team würde Ihnen dennoch dazu raten, diese Widerstände zu überwinden? Wer in Ihrem Leben/Team würde Sie ermahnen, diese Widerstände zu respektieren?

**Quellen zur Vertiefung**

Arnold, Rolf (2019). *Nichtwissende Beratung: von der Intervention zur Übung*. Baltmannsweiler: Schneider Verlag Hohengehren.
McLeod, John (2011). *Beraten lernen: das Übungsbuch zur Entwicklung eines persönlichen Beratungskonzepts*. Tübingen: dgvt.
Neumann, Erich (1964). *Tiefenpsychologie und neue Ethik*. München: Kindler.
Kast, Verena (2021). *Der Schatten in uns. Die subversive Lebenskraft*. Mannheim: Patmos.

# Selbstsorge (→ Arbeitsblatt 8)

1. Was genau bedeutet Selbstsorge für Sie?
2. Welche Fähigkeiten/Kompetenzen haben Sie im Studium hinsichtlich Selbstsorge erworben?
3. Worin genau unterscheidet sich Selbstsorge in der Sozialen Arbeit im Vergleich zu anderen Professionen?
4. Wem erzählen Sie privat von Ihrem beruflichen Alltag?
5. Worin genau unterscheiden sich für Sie Privatleben und öffentliches Leben?
6. Welche Unterschiede gibt es zwischen objektiver und subjektiver Arbeitszeit?
7. Welche Bedeutsamkeit hat Wertschätzung für Ihren Berufskontext?
8. Welche Formen von Wertschätzung sind Ihnen besonders wichtig?
9. Stichwort Ablehnung: Wie gehen Sie mit Ablehnung durch Kolleg*innen um?
10. Stichwort Ablehnung: Wie gehen Sie mit Ablehnung durch Klient*innen um?
11. Stichwort Geheimnisträger*in: Wem erzählen Sie von belastenden professionellen Kontexten/Situationen?

12. Was genau tun Sie bei Grenzüberschreitungen? Wo liegen Ihre Grenzen?

13. Was genau könnten Sie tun, um spätestens nach den ersten drei Jahren Berufspraxis ganz sicher Ihren ersten Burnout zu haben?